옥
한
흠

목사가 목사에게 2

일러두기
독자들의 이해를 돕기 위해 '편집자 주'를 본문 아래에 수록했다.

목사가 목사에게 2

자신을 디딤돌로
하여 평신도를 예
수의 제자로 견
고히 세운다는 것

옥한흠

하온

CONTENTS

자리매김을 위한 자기비움의 길

PART
03

아비의 마음으로 전하다

03

PART

자리매김을 위한 자기비움의 길

아비의
마음으로
전하다

내가 나 된 것은 하나님의 은혜로 된 것이니 내게 주신 그의 은혜가 헛되지 아니하여
내가 모든 사도보다 더 많이 수고하였으나 내가 한 것이 아니요 오직 나와 함께 하신
하나님의 은혜로라(고전 15:10).

Chapter 01

교회에 대한 생각

어떤 교회로
세우길 원하는가

교회의 주인은
하나님입니다

에베소서 5:22-27

22 아내들이여 자기 남편에게 복종하기를 주께 하듯 하라

23 이는 남편이 아내의 머리 됨이 그리스도께서 교회의 머리 됨과 같음이니
그가 바로 몸의 구주시니라

24 그러므로 교회가 그리스도에게 하듯 아내들도 범사에 자기 남편에게 복
종할지니라

25 남편들아 아내 사랑하기를 그리스도께서 교회를 사랑하시고 그 교회를
위하여 자신을 주심 같이 하라

26 이는 곧 물로 씻어 말씀으로 깨끗하게 하사 거룩하게 하시고

27 자기 앞에 영광스러운 교회로 세우사 티나 주름 잡힌 것이나 이런 것들
이 없이 거룩하고 흠이 없게 하려 하심이라

너무나 소중한 교회이기에

예수님은 교회의 머리가 되십니다. 또한 교회가 예수님의 신부요 아내라면, 반대로 예수님은 교회의 남편이 되십니다. 따라서 예수님에게 교회는 너무나 소중하고 아름다우며, 바라만 봐도 행복한 대상입니다. 이 교회를 죽기까지 사랑하셔서 자기 생명을 주셨고, 지금도 가장 사랑하고 계십니다. 오늘도 교회를 바라보시며 교회를 향한 꿈을 놓지 않으십니다. 흠과 티가 없는 영광스러운 신부로 맞이할 그날을 바라보고 계십니다. 지상 교회는 아직 알곡과 가라지가 섞여 있고 교회 지도자의 잘못으로 촛대를 옮기기도 하시지만, 주님은 흠 없는 신부의 모습을 그리며 소망을 품고 계십니다.

우리는 교회의 지체이자 내 양을 치라는 주님의 말씀에 순종하며 교회를 책임지고 있는 사람들입니다. 너무나 소중한 대상을 맡고 있기에 그만큼 긴장해야 합니다. 부담을 가져야 합니다. 또한 굉장한 긍지와 기쁨, 흥분을 가져야 합니다. 우리가 무슨 일을 하는 사람인지 한시도 잊지 말아야 할 것입니다.

얼마 전 한국기독교목회자협의회(이하 한목협)와 기독교윤리실천운동(이하 기윤실)이 한자리에 모여 목회 세습 문제와 관련하여 심도 깊은 이야기를 나누었습니다. 세습 제도를 반대하는 입장에서 완고한 태도를 취하는 사람들의 주장은 이것입니다. 교회의 주인은 하나님이므로 담임목사가 결코 사유화해선 안 된다는 것입니다. 그들의 이야기를 들으면서 충분히 일리가 있다고 생각했습니다. 교회는 예수님의 신부요, 하나님이 가장 사랑하시는 대상입니다. 그런 교회를 향해 어떻게 목사가 권한을 휘두르고 야심을 채우기 위해 사유화를 계획할 수 있습니까?

우리가 목회하는 교회는 단순히 건물이 아닙니다. 눈에 보이지 않는 예수님의 신부이자 굉장히 소중한 존재입니다. 이 존재를 위해서 특별히 책임지고 뛰는 사람이라면 꿈과 사랑, 그리고 주님의 안목을 가지고 교회를 바라보아야 합니다. 그러면 때를 따라 돕는 은혜를 주실 것입니다. 감사함으로 감격함으로 주님을 기쁘시게 하는 사역이 되길 바랍니다.

2000. 8. 31.　11

교회의 생명력은
강인합니다

출애굽기 1:1-14

1 야곱과 함께 각각 자기 가족을 데리고 애굽에 이른 이스라엘 아들들의 이름은 이러하니

2 르우벤과 시므온과 레위와 유다와

3 잇사갈과 스불론과 베냐민과

4 단과 납달리와 갓과 아셀이요

5 야곱의 허리에서 나온 사람이 모두 칠십이요 요셉은 애굽에 있었더라

6 요셉과 그의 모든 형제와 그 시대의 사람은 다 죽었고

7 이스라엘 자손은 생육하고 불어나 번성하고 매우 강하여 온 땅에 가득하게 되었더라

8 요셉을 알지 못하는 새 왕이 일어나 애굽을 다스리더니

9 그가 그 백성에게 이르되 이 백성 이스라엘 자손이 우리보다 많고 강하도다

10 자, 우리가 그들에게 대하여 지혜롭게 하자 두렵건대 그들이 더 많게 되

면 전쟁이 일어날 때에 우리 대적과 합하여 우리와 싸우고 이 땅에서 나
갈까 하노라 하고

11 감독들을 그들 위에 세우고 그들에게 무거운 짐을 지워 괴롭게 하여 그
들에게 바로를 위하여 국고성 비돔과 라암셋을 건축하게 하니라

12 그러나 학대를 받을수록 더욱 번성하여 퍼져나가니 애굽 사람이 이스라
엘 자손으로 말미암아 근심하여

13 이스라엘 자손에게 일을 엄하게 시켜

14 어려운 노동으로 그들의 생활을 괴롭게 하니 곧 흙 이기기와 벽돌 굽기
와 농사의 여러 가지 일이라 그 시키는 일이 모두 엄하였더라

멈출 수 없는 성장보고서 13

본문은 이스라엘의 운명이나 미래에 대해서 선명하고 자세하게 언급하고 있습니다. 길지 않은 구절이지만 출애굽기 말씀을 통해 우리의 영적 생활을 돌아보고 교훈을 받았으면 합니다.

우리는 본문에서 두 가지 점을 주목할 필요가 있습니다.

첫째로 하나님의 백성과 하나님의 나라는 반드시 번창하고 승리한다는 사실입니다.

이에 대해선 우리가 확신하는 바이기도 합니다. 일반적으로 이스라엘을 인도하는 지도자가 바뀌거나 백성들을 영적으로 지탱해 주는 중심 세력이 사라지면, 공동체의 결속력이 약화될 것으로 생각합니다. "요셉과 그의 모든 형제와 그 시대의 사람은 다

죽었고"(6절). 우리는 이 말씀에서 이스라엘 백성이 마치 기둥이 꺾인 듯한 엄청난 충격을 받았을 것으로 추측할 수 있습니다. 계시의 말씀을 직접 들은 조상이 다 죽게 된 것입니다. 가나안 땅을 바라보면서 그 땅을 하나님이 주신 기업이라고 믿었던 조상이 이제는 그들 곁에 없습니다. 이로써 이스라엘의 신앙이 좌초될지도 모른다는 정신적 위기를 느꼈을 것입니다. 하지만 이스라엘 자손은 자녀를 많이 낳고 번성했습니다(7절).

우리나라 기독교 역사에서도 거룩한 종들이 많았지만, 지금까지 생존한 분들은 없습니다. 하지만 기독교 박해기에 감옥에서 승리했던 위대한 선배들로 인해, 오늘날까지 한국 교회가 등불을 꺼뜨리지 않고 건재할 수 있었다고 믿습니다. 신실한 지도자들을 통해 시련 속에서도 한국 교회의 신앙적 토대를 닦아 갔고, 그 결과 오늘날까지 견실히 그 맥을 유지하고 있습니다. 기독교 역사를 통해 우리는 이러한 사실을 실제적으로 들여다볼 수 있습니다. 일제 강점기 시절, 우리 민족을 향한 극심한 탄압과 정신적, 문화적 피해는 이루 말할 수 없을 정도였습니다. 그러나 하나님께서는 이러한 엄청난 비극을 통해 하나님의 백성이 번성할 수 있는 기반을 마련해 주셨습니다.

하나님의 나라는 한낱 인간에 의해 좌지우지되지 않습니다. 역사상 교회의 영광을 가리는 일들이 벌어지기도 했지만, 결국 하나님께서는 그것을 돌이켜서 영광을 받으셨습니다. 하나님의 교회가 번성하고 온 땅에 가득할 날이 온다는 사실을 믿으십시오. 그때까지 하나님의 백성으로서 하나님의 뜻을 이루며 살아가야 합니다.

이스라엘도 430년간 애굽에서 노예로 생활했을 때 '어려운 노동'(14절)을 감내해야 했습니다. 당시 성벽을 쌓기 위해 벽돌 만드는 작업이 필수였는데, 흙 이기기와 벽돌 굽기는 고역 중의 고역이었습니다. 절단한 볏짚에 물을 먹여 쌓아 두었다가 진흙에 넣어 반죽한 뒤, 적당한 크기로 벽돌을 만들고 불에 굽는 작업은 엄청난 중노동이었습니다.

제 뇌리에서 사라지지 않는 건 이걸 반죽하는 일입니다. 여러분이 직접 경험해 봐야 고통의 정도를 가늠할 수 있겠지만, 한 10분 하면 주저앉아 버릴 정도였습니다. 게다가 보릿고개로 인해 다들 먹고살기 힘들어 세 끼 모두 자주 죽으로 때우던 시기였습니다. 제대로 먹지도 못한 채 그런 일을 하는 것은 죽지 못해 하는 일이나 다름없었습니다. 집에 오면 거의 기진맥진하여 가정을 챙기기도 힘들었고, 급기야 영양실조에 걸리기 일쑤였습니다.

이처럼 인생을 살다 보면 원치 않는 상황에 놓이게 되는, 그렇다고 이를 거부할 수도 없는 때가 있습니다. 이스라엘의 노예 생활이 그러했고, 우리가 통과해야 할 뜨거운 광야 길이 그러합니다. 그러나 이 시기는 결단코 하나님의 응답과 무관한 시기가 아닙니다. 반대로 하나님의 응답과 가장 근접한 시기일 수 있습니다.

흔히 우리는 내가 원하는 대로 이루어져야 기도 응답이라고 말합니다. 모든 일이 잘 되어야만 하나님의 은혜를 받았다고 말합니다. 복을 받아야 하나님의 나라가 이 땅에 편만해질 것이라고 생각합니다. 반대로 예수 믿어 고생하고, 져야 할 십자가도 많고, 사망의 음침한 골짜기를 걷게 되면, 하나님의 교회는 힘을 잃고 주저앉을 것이라고 생각합니다. 그러나 우리는 하나님의 시각으로 볼 수 있어야 합니다. 신앙생활 하면서 사람들이 좋아하는 것을 좋아하고, 사람들이 싫어하는 것을 싫어하는 수준을 벗어나야 합니다.

고난을 통한 희망 보고서

둘째로 고난을 통해 하나님의 백성이 번성하게 된다는 사실입니다.

여러분의 사역 보고서에 보면 살아갈 소망이 없어 보이는 어려운 분들이 많습니다. 그러나 우리는 기억합니다. 이것이 하나님의 백성을 위축시키지 못함을 말입니다. 오히려 역사적으로 볼 때 고난은 하나님의 교회에 힘을 실어 주었고, 교회를 교회답게 만들 때가 많았습니다. 따라서 고난이 하나님의 백성을 번성하게 한다는 시각을 가져야 합니다.

한 예로 우리 교회에서 신앙생활을 잘하던 한 가정의 이야기입니다. 오랜 기간 기도하던 중 남편의 사업이 잘되어 30평 되는 아파트에서 100평으로 옮기는 물질적인 축복을 받게 되었습니다. 그런데 그만 예수님에 대한 첫 열심과 첫사랑을 잃어버리고 말았습니다. 그 후로 외국도 자주 드나들고 아이들마저 멀리하면서 결국 영적으로 생기가 사라졌습니다. 여러분은 어떻게 생각합니까? 물질적인 축복만 보고 이를 복이라고 말할 수 있을까요? 하나님의 백성에게 이것은 결코 복이 아닙니다.

저는 바로 왕이 전략가로서 자격이 없다고 생각합니다. 오히려 19세기 중반부터 본격화된 미국의 대 인디언 정책들을 놓고 볼 때 미국이 훨씬 전략가라고 생각합니다. 미국 정부는 복지 정책의 일환으로 인디언들에게 매달 무상으로 최소 생활비를 지원하면서 자유를 주었습니다. 그 결과 젊은이들이 직업을 갖고자 하는 의욕을 상실했고, 카지노와 술 문화가 발달하면서 알코올 중독자로 전락해 버렸습니다.

반면에 요셉을 알지 못하는 애굽의 새 왕은 이와 정반대의 방법을 선택합니다. 요셉을 알던 종족이 다 죽어 과거를 알 수 없는 상황에서 이스라엘 백성을 멸족시키기 위해 그들을 학대하기로 한 것입니다. 하지만 이스라엘에겐 도리어 이를 악물고 생존의지를 불태우도록 하는 계기가 되었습니다.

여러분이 사역하면서 꼭 기억해야 할 사실이 있습니다. 고난이 하나님의 백성을 결코 약하게 하지 못한다는 사실입니다. 그러므로 교회나 성도, 개인을 볼 때 부정적인 패러다임에 사로잡혀선 안 됩니다. 아무리 어려운 가정일지라도 하나님이 이 가정에 때를 따라 은혜를 주시도록 믿음 가운데 소망해야 합니다. 이것은 우리 개인에게도 적용되는 부분입니다.

제 경우 장모님이 중환자실에 계실 때, 하루에 두 번씩 병실로 달려가곤 했습니다. 연세가 90이 다 된, 생명이 꺼질 대로 꺼진 상태라 하더라도 그 영혼을 바라보는 생각이 계산적이면 굉장히 위험합니다. 자칫 젊은 사람들의 생각이 이렇게 되기 쉽습니다. 중환자실에서 생명을 붙잡고 씨름하다 보니 생명의 소중함을 더욱 절실히 느낄 수 있었습니다. 그래서 나중에는 자녀들의 흩어진 마음이 하나로 모아져, 어머니를 집으로 모시고 가서 함께 예배드리는 가운데 하나님이 불러가시면 좋겠다는 생각으로 바뀌었습니다.

한창때 장모님은 사별의 아픔을 딛고 운수사업을 시작해 홀로 세 남매를 키우셨습니다. 그런데 자녀들이 머리가 좋았는지 다들 고향을 떠나 도시로 유학 가서 공부하며 생활하다 보니, 어느새 부모와 자식 간의 정도 소원해졌습니다. 오순도순 보듬고 살아온 세월이 길지 않아 성인이 되어 가정을 이룬 후에도 결속력이 없었습니다. 그러다 이번 일로 자주 만나 서로 대화하면서 가족애를 다지게 된 것입니다.

당장 인정하기 힘들더라도 인생에서 만나게 되는 고난은 유익이 있습니다. 이런 관점으로 하나님의 교회와 백성들을 바라보십시오. 하나님의 교회는 절대로 고난과 고통 때문에 망하지 않습니다. 이것이 출애굽기 1장이 보여 주는 엄청난 진리입니다.

오늘을 살아가는 신약시대 하나님의 백성에게도 이 원리가 그대로 통한다는 사실을 믿고 힘을 내어 살아가길 바랍니다.

2001. 8. 28.

Chapter 02

교역자를 위한 당부

어떤 사역자로
쓰임받길 원하는가

기도에
성공하라[1]

마태복음 6:9-13

9 그러므로 너희는 이렇게 기도하라 하늘에 계신 우리 아버지여 이름이 거룩히 여김을 받으시오며

10 나라가 임하시오며 뜻이 하늘에서 이루어진 것 같이 땅에서도 이루어지이다

11 오늘 우리에게 일용할 양식을 주시옵고

12 우리가 우리에게 죄 지은 자를 사하여 준 것 같이 우리 죄를 사하여 주시옵고

13 우리를 시험에 들게 하지 마시옵고 다만 악에서 구하시옵소서 (나라와 권세와 영광이 아버지께 영원히 있사옵나이다 아멘)

---

1   2003. 12. 16. 화요 교역자 회의 1 옥한흠 목사님이 인도하신 마지막 화요 교역자 기도 모임이다. 이날 두 편의 메시지를 전해 주셨는데 그 첫 번째 메시지다. 평소 기도의 본이 되어 주셨던 목사님은 절대로 기도에 실패하지 말 것을 당부하시며, 주기도문을 통한 목사님의 기도 방법을 말씀해 주셨다.

주기도문을 통한 기도

기도 시간마다 항상 기도가 잘 되는 것은 아닙니다. 어떤 때는 진통하는 기도를 하다가 마칠 때도 있고, 어떤 때는 은혜의 지성소에 깊이 들어가 그 속에서 기쁨과 만족을 얻을 때도 있습니다. 또 어떤 때는 시간이나 상황, 감정, 성령의 인도하심 등 다양한 변수들로 인해 기도에 영향을 받곤 합니다. 그래서 항상 기도 시간이 즐겁다고 말하는 사람은 거짓말하는 사람이라고 생각합니다. 항상 기도가 잘 된다고 하는 사람도 제가 볼 때 솔직한 사람이 아닙니다.

지금까지 25년 동안 주기도문 송을 항상 불렀던 이유가 있습니다. 기도가 안 될 때, 중언부언하는 기도로 빠지기 쉬울 때, 항상 제 자신을 지켜 주는 보루가 되었기 때문입니다. 주님이 가르쳐 주시는 기도를 하면, 제가 기도를 잘 못 해도 그것으로 보완되고 완성되며 하나님을 만족시킬 수 있다는 확신이 있었기 때문입니다. 말을 많이 한다고 기도가 아니지 않습니까? 우리는 쉴 새 없이 말을 해야 기도를 잘한다고 생각하는데, 그것은 한국적인 기도 문화일 뿐 성경적인 기도 문화는 아닙니다. 또 묵상기도만 기도라는 말도 일방적인 말입니다. 기도는 부르짖는 기도도 있고, 유창한 기도도 있고, 어떤 때는 씨름하는 기도도 있습니다. 또한 묵상하는 기도도 있고, 외마디 소리로 끝나는 기도도 있습니다. 이처럼 다양한 기도가 성경에 나옵니다.

그러나 주님은 이보다 더 중요한 기도의 본질과 틀을 우리에게 가르쳐 주셨습니다. 그래서 저는 주기도문으로 이렇게 기도합니다. 먼저 "하늘에 계신 우리 아버지여"라고 기도한 후 다음과 같이 기도를 이어갑니다. "하나님, 저는 사랑받는 하나님의 아들입니다. 제가 하나님을 아버지라 부르게 해 주신 분도 하나님이시고, 저를 잠잠히 보며 기뻐하시는 분도 하나님이십니다. 따라서 제가 기도를 잘 못 해도, 제 기도가 답답해도 제 기도를 들어주세요." 즉 "하늘에 계신 우리 아버지여"라고 할 때, '아버지'라는 말 속에서 기도의 끈을 찾는 것입니다.

이어서 "이름이 거룩히 여김을 받으시오며 나라가 임하시오며 뜻이 하늘에서 이루어진 것 같이 땅에서도 이루어지이다"라고 기도한 후 이렇게 기도합니다. "하나님, 이것이 최고의 기도인데 이 일을 위해 오늘 제가 어떤 사람이 되어야 합니까? 이 일을 위해 오늘 제가 어떻게 살아야 합니까? 이 기도가 성취되기 위해 오늘 제가 어떤 사람이 되어야 합니까?"라고 질문하면서 묵상하다 보면 기도가 자연스럽게 연결됩니다.

그런 다음 "오늘 우리에게 일용할 양식을 주시옵고"라는 기도를 주님 앞에 아뢰다 보면 이런 고백을 하게 되지 않겠습니까? "주님, 아직도 제가 돈 문제에 매여 있는 사람은 아닌가요? 물질에 대한 탐욕이 아직도 저를 지배하고 있진 않나요? 일용할 양식이면 족한데 너무 많은 것을 취하려 하진 않나요?"

계속해서 용서의 문제, 죄 사함의 문제, 시험에 빠지지 않게 해달라는 기도를 이어가면 되는데, 이 얼마나 중요한 기도입니까? 끝으로 "다만 악에서 구하시옵소서"라는 기도와 함께 악에 빠지지 않도록, 악과 손잡지 않도록 기도하는 것입니다.

이런 기도를 한 마디 한 마디 묵상하면서 조용히 성령의 인도하심을 기다리면 적어도 기도에 실패한 채로 자리에서 일어나진 않습니다. 우리에게 가장 비참한 것은 기도에 실패하고 일어나는 것입니다. 장 칼뱅Jean Calvin은 "주기도문에는 우리가 하나님 앞에 구할 수 있는 모든 것이 총괄되어 있다"라고 말했습니다. 즉 주기도문 하나에 우리가 드릴 수 있는 모든 기도가 다 담겨 있다는 것입니다. 또한 3, 40분 동안 쉬지 않고 기도했다 할지라도 하나님 보시기에 불완전한 기도를 완전케 하는 마지막 기도가 바로 주기도문이라고 말하는 사람도 있습니다.

기도에 성공하는 세 가지 방법

제가 공식적으로 여러분과 교역자 회의로 모여 이야기하는 것도 이번이 아마 마지막일 것입니다. 다음부터는 새로 오신 담임목사님이 허락하지 않으면 이 자리에 못 오게 될 것입니다. 마지막 시간에 제가 여러분에게 부탁하는 것은 바로 '기도'에 대한 부분입니다. 저도 기도 때문에 무척 고생한 사람 중 한 사람입니다. 어떤 때는 아무 이유 없이 기도가 콱콱 막히기도 하고, 기분이나 상황에 따라 막히기도 합니다. 그러면서도 성도들 앞에서는 항상 기도하는 목사로서의 이미지를 지켜야 하기 때문에, 제 위선과 내적인 갈등을 최소화하기 위해 "어떻게 하면 기도에 성공할 수 있을까?"를 놓고 많이 고민해 왔습니다. 그래서 이 시간을 통해 여러분에게 "꼭 기도에 성공하라"고 말하고 싶습니다.

한번 다음 세 가지 방법을 여러분의 기도에 적용해 보십시오.

첫 번째는 앞서 말했듯이 주기도문을 통해서 우리의 기도를 이어가는 방법입니다.

두 번째는 오정현 목사님이 오신 후 배웠듯이 찬양을 기도로 승화시키는 방법입니다. 마음이 답답하고 기도가 막힐 때 찬양을 계속 반복하여 부르고 묵상하다 보면, 마음이 열리고 기도가 끊어지지 않게 됩니다. 제게는 중요한 기도의 방법 중 하나인데, 찬양이 기도가 되고 그래서 기도가 이어지게 하는 것을 말합니다.

세 번째는 처음부터 기도가 안 되면 중보기도 대상자들을 위해 기도하는 방법입니다. 여러분에게 제자훈련생이나 기도하고 있는 사람들이 있을 것입니다. 그러면 아예 그 이름들을 놓고 처음부터 기도하는 것입니다. 중보기도를 하다 보면 기도가 그칠 줄을 모릅니다. 그렇게 한참 기도하다 보면 내 기도도 해야겠다는 생각이 드는데, 그런 과정을 통해 깊이 기도에 젖어들 수 있습니다. 이처럼 아무리 사탄이 기도를 방해하려고 해도 방해할 수 없게 만드는 지혜가 우리에게 있다고 생각합니다.

이 시간 특별히 기도에 실패하지 않는 비결을 말씀 드리는 이유는, 기도에 실패하면 안 되기 때문입니다. 교역자는 새벽기도회에 나왔다고 기도하는 사람이 아닙니다. 그 점을 꼭 기억하십시오. 새벽예배를 위해서 봉사는 해도 기도는 못 하는 경우가 많습니다. 뒤에서 안내로 봉사하다 보면 피곤이 밀려옵니다. 이윽고 자리에 앉아 기도하려 하면 졸음이 쏟아지고, 오늘 해야 할 일들이 머릿속을 가득 메웁니다. 그러면 제대로 기도도 못 하고 일어설 때가 많습니다.

저는 새벽기도회가 교역자를 위한 기도의 전당은 아니라고 생각합니다. 우리에게 기도의 전당은 따로 있습니다. 즉 각자에게 있는 기도의 비밀입니다. 여러분에게 이 기도의 비밀, 기도의 골방이 있습니까? 그저 남 보기에 그럴듯하게 새벽예배에 나와서 한두 시간 기도하는 것, 이 자체로는 교역자에게 절대로 만족스러운 기도의 시간이 될 수 없습니다.

우리 교회에 새벽기도가 정착된 것은 너무나 감사한 일입니다. 그 대신 새벽기도에 마귀가 파놓은 함정이 있다는 사실을 꼭 기억하십시오. 몇 부에 걸쳐 새벽예배를 하는 교회라 할지라도 저는 기도의 영성에 관한 한 절대로 신뢰하지 않습니다. 교회에 왔다 갔다 할는지 모르지만, 기도했다는 벅찬 마음이 그로 하여금 둥둥 뜨게 할는지 모르지만, 진정한 기도의 골방은 없다고 생각합니다. 따라서 교역자들은 새벽이든, 밤이든, 다른 어느 시간이든지 나름대로 기도의 골방을 꼭 사수하도록 하십시오. 그리하여 절대로 기도에 실패하는 일이 없도록 위의 세 가지를 마음에 두고 자신의 상황에 맞게 기도하십시오.

목회자의 기도 시간

어떤 사람은 자기 전에 한두 시간씩 정해 놓고 아주 기가 막힌 시간을 갖는 경우도 봤습니다. 기도가 아주 체질화된 경우였습니다. 이처럼 누구에게도 양도할 수 없고 무엇과도 바꿀 수 없는 나만의 기도 시간을 위해 자신에게 제일 좋은 시간을 확보하십시오. 그 시간을 놓치면 그날 하루는 기도에 실패할 수 있다는 위기의식이 여러분에게 있어야 합니다.

저는 새벽에 일어나 엎드려 기도하면 보통 한 시간 안에는 눈을 잘 뜨지 않습니다. 이미 오랫동안 굳어진 기도 습관입니다만, 새벽에 기도하는 체질이다 보니 낮이나 저녁에 기도하려면 오히려 시간이 잘 안 갑니다. 그래서 아침 시간을 놓쳐 버리면 기도에 실패할 확률이 거의 80퍼센트입니다. 물론 책상 앞에 앉아 잠깐씩 기도는 합니다. 그러나 제가 정말 원하는 바, 기도의 지성소에 들어갔다가 나오는 은혜를 체험하려면 아침 시간을 통해서만 가능합니다. 그러다 보니 모임 약속이 아침 여섯 시나 일곱 시인 경우, 참석을 꺼리게 됩니다. 대부분의 목사님들은 새벽기도 체질이어서 새벽 다섯 시에 나와 새벽기도를 한 뒤 모임에 참석하면 됩니다. 하지만 제겐 그 시간이 기도하는 시간이기 때문에 이 시간을 방해받는 게 너무나 싫습니다.

이 시간 제가 성경 말씀도 읽지 않고 기도에 대해서 서두를 꺼낸 이유는 그만큼 기도가 중요하기 때문입니다. 지난 35년간 사역하고 나서 드리는 이야기입니다. 사실 목회자만큼 위선자가 되기 쉬운 직업도 없습니다. 목회자만큼 위선자가 될 확률이 높은 사람도 없습니다. 그리고 그 위선이 악습으로 몸에 배면 양심도 없어집니다. 따라서 여러분이 얼마나 무서운 벼랑 끝에 서 있는지 알아야 합니다. 이 사실을 명심하십시오.

주님 중심의
사고를 가지라[2]

빌립보서 1:12-21

12 형제들아 내가 당한 일이 도리어 복음 전파에 진전이 된 줄을 너희가 알

기를 원하노라

13 이러므로 나의 매임이 그리스도 안에서 모든 시위대 안과 그 밖의 모든

사람에게 나타났으니

14 형제 중 다수가 나의 매임으로 말미암아 주 안에서 신뢰함으로 겁 없이

하나님의 말씀을 더욱 담대히 전하게 되었느니라

15 어떤 이들은 투기와 분쟁으로, 어떤 이들은 착한 뜻으로 그리스도를 전

파하나니

2 　　2003. 12. 16. 화요 교역자 회의 2 옥한흠 목사님이 인도하신 마지막 화요 교역자 기
도 모임이다. 이날 두 편의 메시지를 전해 주셨는데 그 두 번째 메시지다. 사역자라면
평생 '마음에 새겨야 할 말씀'과 요한복음 17장의 예수님의 기도를 연상시키는 '가슴 절
절한 기도'가 함께한 사역자들의 마음을 달구었다. 오늘날 모든 사역자들의 가슴에도
먹먹한 감동으로 임하길 소원해 본다.

16 이들은 내가 복음을 변증하기 위하여 세우심을 받은 줄 알고 사랑으로 하나

17 그들은 나의 매임에 괴로움을 더하게 할 줄로 생각하여 순수하지 못하게 다툼으로 그리스도를 전파하느니라

18 그러면 무엇이냐 겉치레로 하나 참으로 하나 무슨 방도로 하든지 전파되는 것은 그리스도니 이로써 나는 기뻐하고 또한 기뻐하리라

19 이것이 너희의 간구와 예수 그리스도의 성령의 도우심으로 나를 구원에 이르게 할 줄 아는 고로

20 나의 간절한 기대와 소망을 따라 아무 일에든지 부끄러워하지 아니하고 지금도 전과 같이 온전히 담대하여 살든지 죽든지 내 몸에서 그리스도가 존귀하게 되게 하려 하나니

21 이는 내게 사는 것이 그리스도니 죽는 것도 유익함이라

바울이 가진 사고의 패턴

바울이 어떤 상황에서 이 말씀을 기록하고 있는지 익히 알고 있을 것입니다. 이 시간 두 가지를 이야기할 때에 성령의 인도하심을 받길 바랍니다.

오늘 본문을 보면서 저는 바울이 가졌던 사고의 패턴, 생각의 패턴을 발견할 수 있었습니다. 생각이 하나의 패턴이 되기까지는 상당한 시간이 걸립니다. 은혜도 필요하고, 시간도 필요하고, 습관화되는 과정도 필요합니다. 어떻게 생각하느냐에 따라 습관의

패턴이 결정됩니다. 나쁜 생각으로 습관화가 진행되면 나쁜 생각의 패턴으로 고착되고, 반대로 좋은 생각으로 습관화가 진행되면 좋은 생각의 패턴으로 자리 잡게 됩니다.

바울에게 생각의 패턴은 두 가지로 나타납니다.

그 첫 번째는 자기에게 일어난 모든 일은, 그것이 좋아 보이든 나빠 보이든 상관없이 그 결과에 대해 항상 '긍정적인 사고'를 했다는 점입니다.

그 이유는 하나님께서 하나님의 영광을 위해 긍정적인 결과를 예비해 주실 것이기 때문입니다. 사실 복음을 전하는 선교사의 입장에서 볼 때, 서바나까지 가겠다는 꿈을 가진(롬 15:23, 28) 사람의 입장에서 볼 때, 더욱이 지금 감옥에 갇혀 있는 상황에서 볼 때, 이러한 사고는 말이 안 됩니다. 쇠사슬에 매인 바 된 몸으로 무슨 복음을 전합니까? 하나에서 열까지, 열에서 백까지 부정적인 상황입니다. 긍정적으로 볼 만한 상황이 하나도 없습니다. 그럼에도 모든 상황을 긍정적으로 바라본다고 합시다. 오히려 사람들은 이를 대단하게 보기보다, 자기를 합리화하는 억지 해석쯤으로 치부해 버려 공감을 꺼려할 수도 있습니다.

하지만 바울은 담대히 고백합니다. "내가 감옥에 갇혔어도 복음은 매이지 않고 더 힘 있게 증거되고 있다." 어떻게 그런 말을 할 수 있을까요? 물론 바울이니까 특별한 계시가 있었는지도 모릅니다. 그러나 본문에 바울이 특별한 계시를 받았다는 내용은 없습니다. 제가 볼 때 바울이 가진 사고의 패턴에서 비롯된 것은

31

아닌가 생각합니다.

당시 빌립보 교회는 바울이 2차 전도여행 중에 개척한 교회로 (행 16:6-15), 그로부터 약 10년이 지나 로마 감옥에 투옥된 상황에서 본 서신을 기록한 것으로 학자들은 추정합니다. 바울이 본격적으로 사역을 시작한 1차 전도여행 기점으로 따지면 대략 15년에서 20년이 지난 후입니다. 그동안 바울은 하나님의 사람으로서, 복음의 증인으로서 나름대로 습관이 있었는데, 그 습관이 하나의 긍정적인 틀로 형성된 것 같습니다. '겉보기엔 이렇게 되면 완전히 손해야. 그런데 지나고 보니 손해가 아니고 하나님이 주신 은혜였어. 오히려 더 좋은 방향으로 하나님이 인도하셨지 뭐야.' 바울은 이런 경험들을 계속 쌓아가면서 나름대로 생각을 굳혀 갔습니다. '내게 일어난 일이 좋게 보이지 않아도 주님의 복음에 유익이 되지 절대로 해가 되지 않는다'라는 신념이 사고의 패턴으로 자리 잡게 되었습니다.

바울의 사고를 열어 준 사역지

우리에게도 이런 사고가 필요합니다. 세상에서 말하는 긍정적인 사고는 일부러 긍정적으로 보려는 사고의 방식일 뿐 이에 대한 확실한 근거를 제공하진 못합니다. 그러나 바울의 사고를 보면 하나님이 주시는 은혜와 체험, 하나님의 계획과 섭리, 그리고 자비하심에 이르기까지 그 확실한 근거를 성경에서 발견할 수 있습니다. 또한 이 모든 것들을 종합해 볼 때, 하나님이 나를 복음의 종으로, 선교사로 불렀으면 내게 일어나는 어느 것 하나도 손해가 아님을 고백할 수 있게 됩니다.

따라서 항상 긍정적으로, 전향적으로, 미래지향적으로 보십시오. 우리가 이러한 사고의 패턴을 가지고 한생을 살 수 있다면 그만큼 삶의 모습도 달라지게 될 것입니다. 항상 그런 건 아니지만 제게도 이런 경향이 있습니다. 물론 제가 긍정적으로 생각하고 싶어도 잘 안 될 때가 있지만, 지나온 세월을 돌아볼 때면 더 긍정적으로 생각하게 됩니다.

제겐 바울과 같은 사고의 패턴을 갖게 된 결정적인 이유가 하나 있습니다. 여러분도 아시겠지만 제가 신학교 시절 부교역자로 섬기는 교회에서 장로와 부딪치는 바람에 쫓겨난 일이 있었습니다. 담임목사님은 교회 앞에 제 사임 광고를 하고는 장로님 눈치만 살폈습니다. 지금도 그 일에 대해선 후회하진 않습니다. 다만 아이 둘을 데리고 교회 앞으로 이사까지 왔는데 부임한 지 얼마 안 되어 오갈 데 없는 신세가 된 것입니다.

오죽 답답하면 개척할 데를 찾아 대낮에 불광동 지역을 돌아다녔겠습니까? 수중에 돈도 한 푼 없이 말입니다. 마침 주택 위로 조그만 언덕이 있었는데, 그곳에 100평 남짓 되는 공터가 있었습니다. 여기에 천막을 치고 교회를 하면 어떨까도 생각해 보았는데, 그때 당시 제가 30대 초반인 점을 감안하면 참 한심한 순간이 아닐 수 없었습니다. 딱히 갈 길도 없고, 유학 길에 오른다 해도 가족을 데리고 갈 형편도 못 되었습니다.

하지만 제겐 나름대로의 소신이 있었습니다. '나는 잘못해서 밀려난 사람이 아니라 옳은 일을 위해서 희생한 사람이야. 비록 그 교회를 섬긴 지는 1년 10개월 정도 밖에 안 되지만, 90여 명의 주일학교 아이들을 450명으로 부흥시킨 유능한 목사가 아닌가. 교회 앞에 마지막 인사를 할 때도 눈물바다가 될 정도로 나를 아끼는 사람들이 얼마나 많은데….' 하지만 그것도 잠시, 앞으로 어떻게 해야 할지 눈앞이 캄캄했습니다. 아내는 어찌할 바를 몰라 기도만 하고 있었습니다. 교역자에게는 가끔 이런 순간이 찾아옵니다.

오늘의 나를 만든 사역지

그러고 나서 한 주쯤 지나 갑자기 김희보 목사님[3]에게서 만나자는 연락이 왔습니다. 김 목사님은 당시 제가 다니는 신학교에서 구약 소선지서를 강의하셨는데, 호세아서 강의에서 많은 은혜를 받았었습니다. 한번은 아모스서 특별 과제를 제가 자청해서 한

---

3 고(故) 김희보 목사님(1919-2002)은 전 총신대학교 총장(1972.3-1980.2)이자 전 성도교회 담임목사(1960.7-1972.2)로 섬기셨다.

적이 있었는데, 제출한 보고서를 보신 후 칭찬을 아끼지 않으셨습니다. 아마도 그때 눈여겨보신 것 같습니다.

마침 김희보 목사님이 담임하시는 교회에서 제 친구 전도사가 주일학교 사역으로 고전하던 중 갑자기 미국을 가게 되어 제게 기회가 온 것입니다. 친구 전도사 아내의 직업이 간호사였는데, 당시 의사나 간호사는 미국 진출이 쉬워서 간호사와 결혼한 목사들은 날개를 단 거나 다름없었습니다. 제 소식을 들은 친구가 "옥 전도사가 그만 두었는데 제 대신 이곳에서 사역하면 어떨까요?" 하고 목사님께 여쭤본 모양이었습니다. 이렇게 해서 목사님과 면담을 하고 2주 후, 그 교회의 전도사로 부임하게 되었습니다.

한번 생각해 보십시오. 그때 성도교회를 가지 않았다면 오늘의 제가 존재할 수 있을까요? 절대로 그렇지 않습니다. 성도교회에 갈 때까지 전 '제자훈련'의 '제'자도 몰랐고, 알았다 해도 흥미는커녕 오히려 거부반응을 보였던 사람이었습니다. 왜냐하면 철저히 교회 입장에 서 있던 사람이었기 때문입니다. 평소 네비게이토나 여러 선교단체에서 교회에 대한 비판을 자주 해 왔기에 좋은 인상을 가질 수 없었습니다. C.C.C.(한국대학생선교회)를 세운 김준곤 목사님이 젊은이들의 가슴에 복음의 불을 지필 때에도 남의 일처럼 생각했습니다. 교회와 관계없는 것으로 생각했습니다. 그때만 해도 제 눈이 전혀 열리지 않았을 뿐더러 신학생들이 갖고 있는 은근한 자부심 외엔 아무것도 없었습니다. 당시 저희 반백 명 중 정규 대학을 나온 학생이 다섯 명도 채 안 되었는데, 전부 가난한 시골 출신에 신학교 예과 및 본과 출신이었습니다. 반면에 저는 일반 대학교 졸업 후 신학교를 들어갔기 때문에 교회에서도 인정해 주는 부분이 있었습니다.

무엇보다도 존경받는 김희보 목사님에게서 처음으로 목회가 무엇인가를 배울 수 있어 감사했습니다. 게다가 제가 전도사인데도 불구하고 수석 부목사 자리에 세워 주서서 교회를 전반적으로 볼 수 있는 눈을 키울 수 있었습니다. 게다가 장년부 목양 사역을 하면서 사역의 불모지와도 같은 대학부까지 맡게 되어 제 자신이 목회자로 거듭나는 계기가 되었습니다.

심지어 첫 사역지에서의 사임 사건조차도, 바울의 목회 유형과 사고의 패턴이 내 안에 자리 잡게 되는 기틀이 되었습니다. '내가 하나님의 부르심을 받은 확실한 종이라면 내게 일어나는 모든 일은 개인적인 호불호를 떠나 다 하나님께서 선히 인도하신다. 내 사역에 절대로 손해가 되지 않게 하신다'라는 생각이 흔들리지 않는 확신으로 자리 잡게 되었으니 말입니다. 5년에 걸친 이런 일련의 과정이 없었다면 오늘의 전 절대로 존재하지 않았을 것입니다.

엘리트 그룹, 척박한 목회 환경

마지막 시간이므로 지금까지 여러분에게 하지 않았던 이야기를 하나 하겠습니다.

미시간에서 신학석사 과정을 마치고 웨스트민스터신학교로 옮기는 과정에서 8개월가량 여유가 생겨 미시간 주에 있는 새기노Saginaw 장로교회로 옮겼습니다. 그곳은 교역자 없이 4, 50명 가량 모이는 교회로, 의사만 30명이 넘었습니다. 미국에서 한창 의대 출신을 받아들이던 그 무렵, 내로라하는 전문인들이 한국으로 치면 천안 정도의 작은 도시에 개업하기 시작했습니다. 그 덕에 갑자기 생활이 안정되자 커다란 집을 짓고는 서로 질세라 앞다투어 경쟁했습니다. 이러한 모습은 교회 안에서도 역력하여, 나머지 10퍼센트의 의사가 아닌 다른 직종의 사람들은 기가 죽어서 교회에도 못 나오는 형편에 이르렀습니다. 막상 교회에 나와도 상처 받기 일쑤였습니다.

제가 찾아간 교회가 그런 곳이다 보니 목사를 위해 얻어 놓은 집이라 해봐야 너무나 형편없는 곳이었습니다. 큰 집 지붕 밑에 있는 다락방이면 그나마 괜찮았겠지만, 전형적인 서민 주거형 단독주택에 딸린 다락방이었습니다. 링컨이 살던 집보다는 어느 정도 개량된, 나무로 지은 옛날 오두막 형태였습니다. 그런데 세를 놓기 위한 목적이었는지 올라가는 계단을 바깥으로 낸 지붕 밑 원룸형 다락이었습니다. 솔직한 심정으로 그때부터 마음이 상했

습니다. 그들이 누리는 양질의 생활 수준에 비하면 목사에 대한
예우치곤 너무 박했습니다. 그래도 갔습니다. '8개월만 있으면 떠
나는데 한번 경험이나 하자. 의사들을 제자훈련 시켜 사람 한번
만들자'라는 마음으로 갔습니다. 하지만 사람을 만들 여건도, 제
자훈련을 할 수 있는 기회도 전혀 주어지지 않았습니다.

영주권 무산, 하나님의 인도

그러던 중 유혹을 하나 받았습니다. 당시 제가 칼빈신학교에 갈
때 3년 간 공부를 마친 후 한국으로 돌아간다는 서약과 함께 학교
로부터 장학금을 받았었습니다. 하지만 한국을 떠난 목사 열 명
중 아홉 명은 미국에서 눌러 앉기 일쑤였습니다. 공항에서 "나,
다시 돌아옵니다"라는 말을 거짓말로 받아들이지 진짜로 믿는 사
람은 하나도 없었습니다. 그래서 미국으로 떠나는 목사들을 향해
'애국심 없이 자기 영달만을 위해 사는 목사'로 매도하곤 했습니
다. 이런 사회적 분위기 때문에라도 전 제가 섬기던 성도교회 대
학부 학생들에게 반드시 돌아온다고 굳게 약속했습니다.

그 후 1년 반, 비교적 순조롭게 석사 과정을 마치고 이제 1년
반을 남겨둔 시점이었습니다. 사방에서 한국으로 돌아가지 말라
고 저를 붙들었습니다. 괜찮은 목회자다 싶으면 이미 다니는 교
회가 있으면서도 우르르 찾아와 "우리 교회합시다" 하는 시대였

습니다. 이런 일이 반복되자 제 생각이 좀 바뀌었습니다. '한번 실험적으로 영주권 신청을 해 보자. 하나님께서 나를 미국에 살게 하실 건지, 한국에 살게 하실 건지 모르잖아?' 이런 마음으로 주사위를 던져 봤습니다. 그때만 해도 영주권 신청을 하면 100퍼센트 받을 수 있었습니다. 게다가 변호사의 도움을 받아 신청한다면 영주권 취득은 그만큼 확실했습니다. '만일 미국에서 살게 하신다면 칼빈신학교와 등을 돌리게 돼도, 내 서약을 스스로 파기해 버리는 꼴이 돼도 해 볼 만하지 않을까?' 이 정도로 생각이 쏠렸습니다.

게다가 의사 몇 사람이 찾아와 저를 설득하기 시작했습니다. "목사님, 영주권 신청 좀 합시다. 뭐 하러 한국에 갑니까? 지형학적으로도 한국은 공산화될 것입니다. 지금은 소련과 중국이 갈등 국면이지만 나중에 화해 무드로 접어들고, 시베리아 복선 철도가 완공되어 블라디보스톡까지 기차가 다니면 한국이 공산화되는 건 금방입니다. 그런데 거길 왜 갑니까?" 물론 일리가 있습니다. 지도를 보면 금방이라도 공산화될 것 같은 위기가 느껴지니 말입니다. 우리가 무슨 힘이 있습니까?

결국 전 영주권 신청에 동의했고, 그 후 디트로이트 이민국에서 면접하러 오라는 연락을 받았습니다. 그런데 면접 현장에서, 영주권을 취득하려면 적어도 3년 이상의 목회경력을 요하는데 짧아서 안 되겠다는 답을 들었습니다. 한국에서의 목회경력이 전혀 인정되질 않아 미국에서 목회한 경력만 따지면 1년 정도가 모자랐습니다. 물론 변호사를 통해 정확히 절차를 밟았다면 이런 일은 없었을 것입니다. 하지만 의사들 가운데에는 은근히 제가 영주권 취득을 원하지 않는 사람도 있어 어설프게 서류를 만들어 적당히 신청한 결과였습니다.

최종적인 연락은 여러 날 후에 왔습니다. 아니나 다를까 거절된 것입니다. 이제라도 변호사를 통해 신청하면 충분히 취득할 수 있겠지만, 이것 또한 하나님의 선한 인도하심이란 생각이 들었습니다. '나는 매여도 주님의 복음은 절대로 매이지 않는다. 내 입장에서 원하던 일이 안 되도—사실 원하던 일도 아니고 한번 해 본 일이지만—주님께서 하시고자 하는 일은 절대로 방해받지 않는다.' 만일 그때 영주권이 나왔다면 어떻게 됐겠습니까? 미국에서 무슨 일을 할지 모르지만 저보다 몇 배나 똑똑하고 탁월한 친구들, 간호사를 아내로 둔 먹고사는 데 지장 없는 친구들, 또 유명한 신학교와 일반대에서 박사과정을 밟은 친구들까지 다 교제권에 두고 만났을 것입니다.

신대원 재학 시절, '비블리온'이라는 독서그룹을 만들어 그 친구들과 같이 활동했었는데, 원서를 읽은 후 서로 비평하고 요약하던 모임으로 학생들 사이에서 유명했습니다. 당시 제가 책임자로 있었는데, 그 그룹의 일원이었던 친구들이 다들 머리가 좋다 보니 거의 미국으로 유학을 갔었습니다. 하지만 요즘 가서 그때 그 친구들을 만나 보면 솔직한 이야기로 참 아까운 인재가 사장되었구나 하는 안타까운 마음이 듭니다. 물론 이것도 사람의 생각이긴 합니다. 그 목사님들에 대해선 하나님의 특별한 뜻과 섭리가 있을 테니 말입니다.

이런 몇 가지 경험들이 축적되어 제겐 바울이 가진 사고의 패턴이 형성되었습니다. 그래서 제가 원하든 원하지 않든 인생의 벼랑에 섰을 때, 절체절명의 위기를 만났을 때, 원하던 대로 이루어지지 않았을 때에라도 하나님은 절대로 실패하지 않으신다는 확신이 있습니다.

긍정적인 하나님의 뜻과 섭리

이번에 은퇴를 앞당기면서 인간적으로 생각하면 허전한 마음도 없잖아 있습니다. '괜히 말을 해서 이러지도 저러지도 못하는구나. 속된 말로 빼도 박도 못하고 내 말에 밀려가는구나. 생각해보면 바보 같은 짓을 했구나. 내가 그렇게 안 해도 우리 교회에서 물러나라고 피켓 들고 시위할 사람도 없는데…' 하는 인간적인 생각도 스쳐 지나가곤 합니다. 또 지방이다 어디다 후배들이 사역하는 목회지에 다니다 보니 그것도 만만치 않습니다. 이걸 할 바에야 차라리 목회를 더 할 걸 하는 생각도 들었습니다.

게다가 오랫동안 함께 사역했던 목회자들이 사임을 했습니다. 지난번 옥광석 목사님이 그만둘 때에도 이곳에서 오랫동안 신앙생활을 해 온 교인들, 특히 순장들의 마음이 얼마나 허탈했는지 모릅니다. 사임한 목회자들의 빈 자리로 인해 힘들어하는 교인이 있다고 들었습니다. "이제 어느 교역자를 의지하고 교회에 정을 붙이겠어요? 아는 교역자가 하나도 없는 걸요." 그들의 마음이 충분히 이해가 됩니다. 교회에 와도 아는 사람이 없으니 말입니다.

그런 말들을 들으면 참 마음이 아픕니다. 한편으론 내가 괜히 은퇴한다고 했나 하면서도, 다른 한편으론 바울이 했던 사고를 하기 시작합니다. '여기에 하나님의 긍정적인 섭리가 작용하고 있다. 시간이 지나면 반드시 드러날 것이다. 분명한 뜻과 섭리가 있다.' 여러분도 바울이 가진 사고의 패턴을 자기 것으로 만드십시오. 이것은 시간과 과정, 경험을 필요로 합니다. 여러분의 장래가 절대로 후회스럽지 않도록 하십시오.

주님 중심의 사고

바울이 가진 생각의 패턴 두 번째는 살든지 죽든지 '주님 중심의 사고'를 했다는 점입니다. 어떻게 바울은 철저하게 주님 중심의 사고를 할 수 있었을까요? 20절에 "살든지 죽든지 내 몸에서 그리스도가 존귀하게 되게 하려 하나니"라는 말씀을 주목해 보십시오. 이 말은 그리스도만 존귀하게 된다면 나는 이래도 좋고 저래도 좋다, 나는 죽어도 좋고 살아도 좋다는 말입니다. 어떻게 이런 고백을 할 수 있을까요?

우리가 성도들에게는 항상 '주님 제일주의', '주의 영광을 앞세운 사람'이라는 인상이 박혀 있지만, 실제로 그런가에 대한 질문에 확답할 수 있는 사람은 적습니다. 솔직히 말해서 교역자들만큼 자기 야심이 많은 사람도 드뭅니다. 주님을 위해서가 아니라 자기 야심과 꿈을 위해서 목회에 생명을 거는 사람이 많습니다. 교역자가 얼마나 빠지기 쉬운 심각한 함정인지 모릅니다. 이렇게 말하는 데는 이유가 있습니다. '정말 주님을 위한다면 저렇게는 안 할 텐데' 하는 일들을 서슴없이 하기 때문입니다. 그런 사람들이야말로 자기 야심에 사로잡혀 있는 사람입니다. 얼마든지 예수님의 이름으로 자신을 포장하고 자기 자신을 위해 일할 수 있습니다.

하지만 바울을 보면 철저하게 주님 중심으로 사역합니다. 어떻게 그럴 수 있을까요? "내가 살아도 주님을 위해서", 이 말에는 저도 긍정합니다. 그러나 "내가 죽어도 주님을 위해서", 이 말에는 아직 긍정하지 못합니다. 내가 주님을 위해 죽을 정도로 철저히 주님 중심의 마음을 갖고 있냐고 제게 물을 때에 아직 부족하기 때문입니다. 우리 역시 매일 주님 앞에서 자신을 쳐 복종시키면서, 나의 생각이 오직 주님 중심으로 자리매김할 수 있도록 씨름해야 합니다. 절대로 쉽게 되는 일이 아닙니다. 저는 여러분을 볼 때에 주님 중심이라고 생각하지 않습니다. 말은 쉽게 하지만 정말 몇 사람 외에는 "진짜 내가 죽어도 주님만 존귀하게 된다면 죽음을 택하겠습니다"라고 실행에 옮길 정도는 아니라고 봅니다.

그래서 목사라는 직업이 어려운 것입니다. 감사한 것은 완전하신 하나님께서 우리를 불렀다는 사실입니다. 우리가 불완전한 줄 알면서도 우리를 부르셨습니다. 우리가 안 되는 것이 많음을 알면서도 우리를 부르셨습니다. 그 이유는 우리에게서 주님을 닮아갈 수 있는 가능성을 보셨기 때문입니다. 따라서 우리 교회에 오기 3년 전의 사고와 3년 후의 사고가 달라야 합니다. 이곳에서의 사역을 끝내고 하나님이 인도하시는 다른 길을 가게 될 때는, 이곳에 처음 들어왔을 때와 현격히 다른 사람이 되어야 합니다. 즉 바울의 사고 패턴을 여러분의 것으로 소유하고 있어야 합니다.

바울을 보십시오. 어떻게 철저하게 주님 중심일 수 있습니까? "나의 간절한 기대와 소망을 따라 아무 일에든지 부끄러워하지 아니하고 지금도 전과 같이 온전히 담대하여 살든지 죽든지 내 몸에서 그리스도가 존귀하게 되게 하려 하나니 이는 내게 사는 것이 그리스도니 죽는 것도 유익함이라"(20-21절). 어떻게 이럴 수가 있습니까? 제가 이 본문으로 얼마든지 설교할 수는 있습니다. 그러나 제 자신을 위한 말씀으로 받아들이기엔 아직도 상당한 진통이 필요합니다. 어떻게 이럴 수 있습니까? 이제 이 말씀을 여러분에게 숙제로 던집니다. 여러분도 씨름하십시오.

지금까지 우리는 바울의 두 가지 사고의 패턴에 대해서 생각해 보았습니다.

첫째는 마치 감옥에 갇힌 것 같은 절망적인 상황 속에서도 하나님이 나를 향해 갖고 계신 뜻은 절대로 부정적으로 전개되지 않는다는 것입니다. 하나님께 영광이 되도록 반드시 선하게 인도하신다는 분명한 의식을 가진다면 어떤 일을 만나도 이겨낼 수 있습니다.

둘째는 바울처럼 죽든지 살든지 철저하게 그리스도 중심으로, 그리스도를 우선하여 살아야 한다는 것입니다. 어떻게 이것이 가능할까요? 정말 우리는 이렇게 할 수 있습니까? 이렇게 생각할 수 있습니까? 만일 그렇지 못하다면 우리의 부족한 부분을 놓고 노력해야 하지 않겠습니까? 끊임없이 닮아가야 하지 않겠습니까? 인생의 황금기를 지난 60대 중반의 선배 목사가 이런 문제를 놓고 아직도 씨름한다는 이 말이 여러분에게 소망이 되었으면 합니다. 이를 위해 우리가 계속 기도하고 노력하면 하나님께서 분명 우리를 다듬어 주시리라고 믿습니다.

교역자들을 위한 마지막 기도

다 같이 한목소리로 자신을 위해서 기도합니다. 그런 다음 제가 여러분을 위해 기도하면, 이것으로 저와의 마지막 화요 교역자 기도 모임도 끝나게 됩니다. 다 같이 간절한 마음으로 기도하겠습니다.

자비로우신 하나님 아버지여, 우리를 이른 아침에 불러 모아 주시고, 또 이렇게 따로 모여 한 주간 주님 앞에서 해야 할 사역을 앞두고 말씀으로 은혜 주시니 감사합니다. 성령이시여, 이 자리에 임재해 주시고 우리를 불쌍히 여겨 주시옵소서. 정말 성령의 역사는 능력이 있습니다. 정말 성령이 임재하시는 곳에, 주의 영광이 임재하는 곳에 사람은 바뀌게 되어 있으며 진정한 마음의 변화는 일어나게 되어 있습니다. 하나님의 영광을 보는 그 자리에서 우리가 회개하지 않고 마음에 숨긴 죄를 그대로 간직할 수 없음을 우리는 압니다. 변화산상에 올라 주의 영광을 본 베드로와 요한과 야고보가 완전히 다른 사람이 된 것처럼, 주의 임재와 영광을 이 시간 우리가 보게 되면 우리도 달라질 수 있습니다. 바울처럼 바꾸어 주시옵소서. 내 몸이 감옥에 매여도 복음은 매이지 않는다고 큰소리쳤던 사도 바울처럼 우리에게도 은혜를 주시옵소서.

하나님 아버지시여, 내가 살아도 내가 죽어도 내 몸으로 그리스도가 존귀하게 여김을 받을 수만 있다면 죽는 것도 유익하다고 고백한 사도 바울처럼 철저하게 주님 중심의 사람이 될 수 있도록 우리를 바꾸어 주시옵소서. 얄팍한 인간의 감정이 성령의 감동이라고 속지 않게 하시고, 어떤 분위기가 성령의 임재라고 속지 않게 하시고, 성령의 임재, 성령의 역사, 성령의 능력은 우리가 알지 못하는 깊은 내면의 세계를 바꾸어 놓는 감동인 것을 우리가 아오니, 주의 말씀을 가지고 우리를 감동하여 주시옵소서. 주님의 말씀이 내 마음의 귀에서 떠나지 않고 항상 메아리쳐 울릴 수 있도록 주의 말씀을 철저하게 내 마음에 박아 주시고, 성령께서 그 말씀이 살아 역사하도록 인도해 주시길 원하옵나이다. 말씀 한 마디 한 마디가 나의 사고를 바꾸고 나의 감정과 나의 모든 습관을 바꾸어 놓는 귀한 역사가 있게 하여 주시옵소서. 그리하여 내가 설교하지 않아도, 내가 나 자신을 변명하지 않아도, 세상 사람들이 나를 볼 때에 작은 예수로 볼 수 있도록 내 삶이 주님을 닮아가고 내 인격이 주님을 닮아갈 수 있도록 축복해 주시옵소서.

지난 25년 동안 사랑의교회를 인도하신 주님, 감사합니다. 너무나 초라하여 처음에 교역자 한두 명과 함께 일하던 그때가 생각납니다. 그리고 25년 동안 사랑의교회를 위해 땀과 눈물을 흘리며 일하다 주님이 보내신 곳에 흩어져 있는 많은 주의 종들을 생각합니다. 그리고 너무나 중요한 시기에 이 교회에 부름을 받고 후임목사님과 함께 교회의 내일을 위하여 힘을 다해 충성해야 할 종들을 이 시간 생각합니다.

아버지 하나님, 우리 모두에게 은혜를 주셔서 우리 모두가 사도 바울이 되진 못할지라도 사도 바울을 본받으려고 몸부림치는 신실한 종들이 되게 하시고, 그 결과 우리의 사역을 통해 풍성한 열매가 넘치도록 인도해 주시옵소서. 그리고 우리 교회에서 이렇게 훈련을

47

받고 목회 경험을 쌓는 주의 종들, 이후 한국 교회를 갱신하고 한국 교회에 새로운 부흥을 가져다 주는 일에 특별히 쓰임받는 종들이 되게 해 주시기를 기도합니다. 한 사람 한 사람을 주의 오른 손으로 굳게 잡으시고, 앞으로 한국 교회와 세계 교회를 위해 큰 몫을 감당하는 하나님의 놀라운 일꾼들이 되도록 인도해 주시길 원하옵나이다. 주여, 준비시켜 주시옵소서. 잘못된 것들을 고쳐 주시고, 아직도 다듬어지지 않은 것들을 철저하게 다듬어 주시고, 주님이 보시기에 필요하다면 풀무불로 연단된 금처럼 고난을 통해 연단 받아 주님의 마음에 드는 도구들이 되게 해 주시옵소서.

아버지여, 이 종들을 통해서 세상 모든 사람들이 하나님을 보게 하시고, 이 종들을 통해서 세상 모든 사람들이 물이 바다를 덮음 같이 이 세상에 하나님의 나라가 임재하는 것을 보게 하여 주시옵소서. 이 일에 쓰임받는 위대한 종들이 되게 해 주시옵소서. 한 사람도 목사라는 칭호를 가지고 위선하지 않게 하시고, 한 사람도 자신을 속이지 않게 해 주시옵소서. 마음에 속삭이시는 주님의 성령을 근심시키면서 그것을 태연하게 받아들이는, 양심에 화인 맞은 자가 없도록 철저하게 다듬어 주시고 인도해 주시길 원합니다. 그리하여 사랑의 주님이여, 한국 교회가 험난한 위기를 벗어나고 새로운 부흥을 맞게 된 것은 우리 교회에서 사역했던 모든 종들 때문이라고 고백할 수 있도록 주께서 이 종들을 높이 들어 사용하여 주시고 영광을 받으시기를 원합니다.

지난 25년 동안 이곳에서 사역한 후 사방에 흩어져 사역하는 귀한 종들을 축복해 주서서, 이들을 통하여 주의 거룩하고 아름다운 뜻이 이 땅에 이루어지도록 높이 들어 사용하여 주시기를 간절히 원하고 바라옵나이다. 특별히 후임목사님께 영권을 주서서 주님을 닮아가는 아름다운 인격과 삶을 주시옵소서. 그의 생각 하나하나, 그의 마음속에 깨달아지는 진리 하나하나가 주님이 직접 주시는 거룩한 계시가 되어 모든 성도들을 깨우며, 모든 성도들을 그리스도의 제자로 만들며, 모든 세상 사람들을 주님 앞으로 인도하며, 절망적인 이 세상을 소망스런 나라로 바꾸는 데 쓰임받는 귀한 종으로 세워 주시기를 간절히 바라고 원하옵나이다. 시험에서 건져 주시기를 바랍니다. 악에서 건져 주시기를 바랍니다. 모든 걸음걸음을 주님이 주관하시고 인도해 주시옵소서.

49

하나님, 모든 부목사님들이 한마음 한뜻이 되어서 서로를 섬기며, 서로를 사랑하며, 서로를 위해서 기도해 주며, 서로의 약한 것을 덮어 주며, 서로의 부족한 것을 보완하며 모두가 똑같이 주님 앞에서 인정받는 귀한 종들이 되도록 축복해 주시옵소서. 모든 영광 주님 홀로 받으시길 바라오며 예수님의 이름으로 기도하옵나이다. 아멘.

마지막 당부와
기도[4]

이제 담임목사라는 말을 듣는 것도 오늘로써 마지막입니다. 그동안 여러분과 함께 한 교회에서 사역할 수 있었던 점, 기쁘고 영광스럽게 생각합니다. 우리 교회를 떠난 많은 부교역자들과 함께 이 기쁨을 나눌 수 있길 바랍니다. 이제 뒤에서 여러분을 지켜볼 것입니다. 열심히 하십시오. 후임목사님과 함께 더 멋지게 훈련받으면서 사역의 열매를 거두시길 바랍니다.

앞으로 여러분의 짐이 무거울 텐데 잘해 주십시오. 그렇다고 계속해서 교역자를 충원할 수는 없습니다. 왜냐하면 잘될 때 교

---

4   2003. 12. 21. 주일 교역자 회의 옥한흠 목사님이 참석하신 마지막 주일 교역자 회의다. 주일예배를 마친 후 교역자 회의에서 잠시 당부의 말씀과 함께 기도로 마무리해 주셨다. 사역의 뒤편으로 물러나 있겠지만 여전히 지켜보시겠다는 말씀에서, 존경하는 목사님이기 이전에 든든한 버팀목이 되어 주시는 아버지의 묵직한 사랑을 느낄 수 있었다.

역자를 늘리다가, 안 될 때 구조조정을 하려면 보통 힘든 게 아닙니다. 마치 기업과 비슷합니다. 앞으로 20년, 30년 후에 우리 교회가 어떻게 될지 모르지만 계속 이런 식으로 증가한다는 것은 망상입니다. 중간에 주춤했다가 터를 닦는 기간도 있을 것입니다. 계속 이런 추세라고는 생각지 마십시오. 그러면 지도자가 부담스러워서 못 삽니다. 여러분이 심방할 가정이 많아져도 감수하십시오. 조금 힘이 들어도 조금 짐을 무겁게 들고 계속 달려갈 수 있길 바랍니다.

오늘 저를 위해 여러 가지로 마음과 정성을 쏟아 주셔서 감사합니다. 항상 주일에는 예배드리러 나올 텐데 이방인으로 취급하지 않았으면 좋겠습니다. 대신 여러분이 국제제자훈련원에 오시면 깍듯이 동역자로 대접하겠습니다. 항상 기쁨으로 사역해 주십시오.

자비로우신 주님, 귀한 동역자들과 함께 교회를 섬길 수 있게 해 주신 것을 감사합니다. 영광스러운 주님의 나라를 위해서 미천한 것들을 부르시고, 자격도 없고 함량 미달인 우리를 붙잡고 사용하셔서 영광 받고자 하심은 하나님의 오묘한 진리요, 하나님의 짐인 것을 압니다.

아버지 하나님, 귀한 종들을 세우셨사오니 정말 성도들이 푸른 초장에서 기쁨으로 뛸 수 있도록 이들을 손잡아 주시고 능력 있게 사용해 주시옵소서. 한 사람도 영력이 떨어지는 자 없게 하시고, 한 사람도 시험받는 자 없게 하시고, 한 사람도 인격적으로 성도들에게 실망을 주는 자 없게 하시고, 한 사람도 하나님이 보이지 않는 곳에서 비밀한 죄나 악습을 가지고 씨름하는 자 없게 하여 주시옵소서. 전적으로 주의 손에 매인 바 되고 성령의 손에 붙들린 바 되어, 사역자 한 사람 한 사람을 통하여 천을 이루고 강국을 이루는 위대한 사역의 열매들이 계속 이어지도록 축복해 주시옵소서.

오 목사님에게 영육 간에 강건함을 주옵소서. 점점 짐이 무거워집니다. 갈수록 많은 성도들이 기대를 합니다. 그 심령의 짐을 져 본 사람이 아니면 절대로 알 수 없습니다. 성령의 은혜 가운데 폭포수와 같은 역사를 날마다 허락하셔서 모든 짐을 감당하고도 남는 귀한 종이 되게 하시고, 모든 부교역자들과 하나가 되어 기쁨으로 섬길 때에 계속해서 교회를 통하여 다음 세대가 치유 받고 부흥하고 구원받는 역사가 이어지도록 은총을 내려 주시옵소서. 예수님의 이름으로 기도드리옵나이다. 아멘.

옥한흠

목사가 목사에게
2

Chapter 03

성도들을 향한 권면

어떤 성도로
살길 원하는가

전능하신
하나님께 맡기라[5]

시편 55:22

22 네 짐을 여호와께 맡기라 그가 너를 붙드시고 의인의 요동함을 영원히
허락하지 아니하시리로다

인생은 무거운 짐의 연속이다

우리가 하나님을 경배할 수 있다는 것이 얼마나 큰 특권이요, 얼

---

5   2009. 12. 31. 송구영신예배 이 메시지는 성도들에게 주신 마지막 공예배 설교이자,
목사님 자신에게도 지난 목회 여정을 회고하며 체험적으로 전한 마지막 설교가 되었
다. 힘든 세상을 살아가는 성도들에게 아비의 마음으로, 목자의 심정으로 전한 진심 어
린 위로와 용기의 메시지가 담겨 있다.

마나 영광스러운 일인지 모릅니다. 이 시간 성령께서 임하셔서 주의 말씀을 통해 우리가 하나님의 음성을 직접 듣게 되고, 이 말씀의 내용대로 하나님께서 주시는 넘치는 은혜를 받게 되길 바랍니다.

연말이 다가오면서 제 마음을 사로잡는 말씀이 하나 있었는데 바로 오늘 본문입니다. 아마 점점 나이도 들고 몸도 쇠약해져 힘들어하는 저를 위로하기 위해, 하나님께서 주신 말씀이 아닐까 생각합니다. 그래서 한두 달 동안 제 마음에 담고 묵상을 해 왔습니다.

시편 55편 22절의 핵심은 이것입니다. "네 짐을 여호와께 맡겨라. 왜 네가 혼자 지고 야단이냐? 내가 대신 져 주겠다. 그러니 하루하루 좀 더 가벼운 걸음으로 걸어가거라. 내가 있지 않느냐?" 실제로 이와 같은 하나님의 은혜가 개인과 가정, 그리고 우리 교회 위에 함께하길 축복합니다.

먼저 우리가 생각해야 할 점이 있습니다. 하나님께서 우리를 볼 때에 무거운 짐을 지고 힘들게 걸어가는 짐꾼으로 보신다는 것입니다. "네 짐을 여호와께 맡기라." 다시 말하면 우리가 짐을 지고 있다는 말입니다. 그리고 예수님이 세상에 오셨을 때도 "수고하고 무거운 짐 진 자들아 다 내게로 오라 내가 너희를 쉬게 하리라"(마 11:28)고 말씀하신 것을 보면, 주님 역시 우리 모두가 무거운 짐을 지고 있음을 인정하셨습니다. 시편에는 "우리의 연수가 칠십이요 강건하면 팔십이라도 그 연수의 자랑은 수고와 슬픔뿐이요 신속히 가니 우리가 날아가나이다"(시 90:10)라고 기록되어 있습니다. 평생 땀 흘리고 수고하고 힘들게 살다가 슬픔 속에서 세상을 떠나는 게 인생이라는 이 말씀 앞에서, 우리 스스로도 짐을 진 짐꾼임을 부인할 수 없습니다.

하지만 우리나 주변 사람들 가운데 이런 부정적인 인생관에 공감하지 않는 사람들이 꽤 있습니다. 전에 비해 건강해지고 풍요로워지고 즐길 수 있는 것이 많아서, 게다가 평균 수명도 늘어나면서 짐을 지고 살아가는 것이 인생이란 사실을 받아들이려 하지 않습니다. 그래서 산다는 것이 황홀하다는 생각을 할 정도로 취해 있는 사람들이 많습니다. 교회에 다니는 분들 중에서도 그런 분들이 가끔 있습니다. 또 그렇게 살도록 하나님이 복을 주셔야 한다고 생각하는 분들도 있습니다.

물론 인생이 항상 슬프고 고된 것만은 아닙니다. 우리가 생을 살면서 행복한 때도 많았습니다. 기분 좋은 때도 많았습니다. 청년은 젊음의 아름다움이 있고, 장년은 장년의 아름다움이 있습니다. 하나님께서 우리의 인생에 담아 주신 기쁨과 행복, 황홀함도 많습니다.

그러나 우리의 삶을 양파 벗기듯 벗겨 보면 하나님의 말씀이 옳다는 사실을 인정하지 않을 수 없습니다. 근심의 짐, 슬픔의 짐, 고통의 짐, 불안의 짐, 두려움의 짐, 질병의 짐, 말을 하자면 끝이 없는 많은 짐들을 지고 힘들게 하루하루를 사는 것이 우리의 모습임을 부인할 수 없습니다. 이 짐이 너무 무거워 더 이상

버티지 못하고 스스로 생명을 끊어 버리는 경우도 얼마나 많은지 모릅니다.

짐을 대신 져 주시는 분

그런데 여기에 놀라운 메시지가 하나 있습니다. 이 짐을 대신 맡아 주실 분이 계시다는 말씀입니다. 혼자 지지 말고 그분께 맡기라는 하나님의 말씀입니다. 그분이 누구입니까? '여호와'라는 이 말씀을 주목하십시오. 여기에 굉장한 의미가 담겨 있습니다. 이 여호와라는 말 속에는 창조자, 구속자, 아무것도 없는 가운데서 말씀 한마디로 천지만물을 창조하신 전능하신 하나님이라는 의미가 담겨 있습니다.

"주 여호와여 주께서 큰 능력과 펴신 팔로 천지를 지으셨사오니 주에게는 할 수 없는 일이 없으시니이다"(렘 32:17).

"주에게는 할 수 없는 일이 없으시니이다"라고 말할 정도로 천지만물을 창조하신 전능하신 하나님을 일컬어 구약성경에서는 '여호와'라고 말씀합니다.

그뿐 아니라 여호와라는 말 속에는 우리를 죄와 사망에서 구원하시고 영원한 멸망에서 건져 주신 구원자 하나님으로서의 의미가 담겨 있습니다. 애굽에서 400년 동안 노예로 생활하던 이스라엘을 기적적으로 건져 구원해 주신 전능하신 하나님, 그분이 바로 여호와인 것입니다. 그렇다면 하나님께서 우리를 죄와 사망에서 어떻게 구원해 주셨는지 보십시오.

> "허물로 죽은 우리를 그리스도와 함께 살리셨고 (너희는 은혜로 구원을 받은 것이라) 또 함께 일으키사 그리스도 예수 안에서 함께 하늘에 앉히시니"(엡 2:5-6).

'허물로 죽은 우리를' 누구와 함께 살리셨습니까? '그리스도와 함께' 살리셨다고 말씀합니다. '또 함께' 어떻게 하셨다고 말씀합니까? "일으키사 그리스도 안에서 함께 하늘에 앉히셨다"라고 말씀합니다. 이것이 우리가 받은 구원입니다. 이 구원은 전능하신 하나님만이 하실 수 있습니다. 이스라엘 백성을 애굽에서 구원하신 하나님만이 우리를 예수님과 함께 살리시고, 다시 일으켜 부활시키시고, 우리를 예수님의 오른편에 앉게 하셔서 영원토록 주님과 함께 다스리는 하늘의 영광을 안겨 주실 수 있습니다. 이 구원을 주신 하나님을 일컬어서 여호와라고 부릅니다.

또한 여호와라는 말 속에는 우리를 불쌍히 여기시는 하나님 아버지라는 의미가 강하게 담겨 있습니다.

> "아버지가 자식을 긍휼히 여김 같이 여호와께서는 자기를 경외하

는 자를 긍휼히 여기시나니 이는 그가 우리의 체질을 아시며 우리가 단지 먼지뿐임을 기억하심이로다"(시 103:13-14).

먼지같이 초라하고 보잘것없는, 그리고 있으나마나 한 존재처럼 나약한 우리를 전능하신 하나님이 불쌍히 여기시는 것입니다. 이처럼 여호와라는 말은 커다란 의미를 지닌 하나님의 고유한 이름이기 때문에 구약성경에서만 무려 6,823번 나옵니다. 그리고 구약성경 서른아홉 권 중에서 세 권을 제외하곤 전부 여호와라는 이름을 언급합니다. 그만큼 중요한 이름이고 우리를 감동시키는 이름입니다.

이 놀라운 이름을 가지신 하나님이 오늘 우리에게 말씀하십니다. "내가 네 짐을 맡아 주마." 이처럼 감사한 일이 또 어디 있습니까? 여기에 한 번 더 말씀을 통해 우리에게 감동을 주십니다.

"날마다 우리 짐을 지시는 주 곧 우리의 구원이신 하나님을 찬송할지로다"(시 68:19).

날마다 우리 짐을 져 주신다는 것입니다. 이처럼 가슴 뛰는 하나님의 말씀이 또 어디 있습니까? 당장 우리의 짐을 다 맡기고 싶지 않습니까? 날마다 맡기고 싶지 않습니까?

하나님께 짐을 맡기는 비결

그러면 자연히 따라오는 질문 하나가 있습니다. "어떻게 해야 우리의 짐을 그분께 맡길 수 있는가? 여호와 하나님께 어떻게 하면 내 짐을, 그것도 날마다 맡길 수 있을까?" 우리는 시편 55편을 기록한 다윗에게서 이것을 배울 수 있습니다.

우리가 잘 아는 바와 같이 다윗은 10대 때부터 혹독한 시련을 겪으면서 젊은 생을 보냈습니다. 자기 목숨을 노리는 원수를 피해 도망 다니는 신세였기 때문에, 시도때도없이 근심과 공포와 답답함과 탄식 가운데 하루하루 살고 있었습니다. 이러한 다윗의 심정이 다음 구절에 나오고 있습니다.

61

"하나님이여 내 기도에 귀를 기울이시고 내가 간구할 때에 숨지 마소서 내게 굽히사 응답하소서 내가 근심으로 편하지 못하여 탄식하오니 이는 원수의 소리와 악인의 압제 때문이라 그들이 죄악을 내게 더하며 노하여 나를 핍박하나이다 내 마음이 내 속에서 심히 아파하며 사망의 위험이 내게 이르렀도다 두려움과 떨림이 내게 이르고 공포가 나를 덮었도다 나는 말하기를 만일 내게 비둘기같이 날개가 있다면 날아가서 편히 쉬리로다 내가 멀리 날아가서 광야에 머무르리로다 (셀라) 내가 나의 피난처로 속히 가서 폭풍과 광풍을 피하리라 하였도다"(시 55:1-8).

그래서 할 수만 있으면 비둘기처럼 훌훌 날아서, 무거운 짐을 지고 신음하는 환경을 도망가고 싶었습니다. 이런 형편에서 그가 할 수 있는 일이란 답답할 때마다 여호와 하나님께 자기 짐을 맡기는 것이었습니다. 양식이 떨어질 때도 "여호와 하나님 아버지", 숨을 곳을 찾지 못해 초조할 때도 "여호와 하나님 아버지", 불안하고 떨릴 때도 "여호와 하나님 아버지", 사울이 쫓아온다는 정보를 듣게 될 때도 "여호와 하나님 아버지", 잠이 오지 않아 뒤척일 때도 "여호와 나의 하나님 아버지"를 불렀습니다. 그러자 하나님께서 날마다 자기의 짐을 대신 져 주시는 체험을 하게 된 것입니다. 그리고 그런 일이 반복되면서 자기도 모르게 어떻게 하면 내 짐을 하나님께 맡길 수 있는지 그 비결을 배운 것 같습니다.

그래서 다윗은 큰 소리로 고백합니다. "네 짐을 여호와께 맡기라 그가 너를 붙드시고 의인의 요동함을 영원히 허락하지 아니하시리로다"(22절). 이것이야말로 다윗의 체험적인 신앙고백이라고 할 수 있습니다. 실제로 어려운 일을 만났을 때, 날마다 자신의 짐을 하나님께 맡기면서 매달려 보니 정말 하나님이 짐을 맡아 주시는 것을 체험했기 때문입니다. 그러면서 이러한 체험을 당신도 할 수 있다고 초청하고 있습니다. 그렇다면 다윗이 하나님께 짐을 맡기는 구체적인 비결은 무엇일까요?

"하나님이여 내 기도에 귀를 기울이시고 내가 간구할 때에 숨지 마소서"(시 55:1).

"나는 하나님께 부르짖으리니 여호와께서 나를 구원하시리로다"
(시 55:16).

"저녁과 아침과 정오에 내가 근심하여 탄식하리니 여호와께서 내
소리를 들으시리로다"(시 55:17).

다음 세 구절의 공통점은 다윗이 하나님 앞에 기도했다는 것
입니다. 시편 55편과 거의 같은 배경에서 기록된 시편 62편에서
는 좀 더 실감나는 표현을 사용하고 있습니다. "나의 영혼이 잠잠
히 하나님만 바람이여"(1절) 그리고 "그의 앞에 마음을 토하라"(8절)
는 구절을 보십시오.

"나의 영혼이 잠잠히 하나님만 바람이여 나의 구원이 그에게서 나
오는도다"(시 62:1).

"백성들아 시시로 그를 의지하고 그의 앞에 마음을 토하라 하나님
은 우리의 피난처시로다(셀라)"(시 62:8).

이런 표현들을 종합해 보면, 결국 다윗은 기도를 통해 자신의
짐을 여호와께 맡겼음을 알 수 있습니다. 특히 시편은 시 형식으
로 쓰여 있어서 같은 의미라도 다양한 단어를 사용하여 전달하는
특징이 있습니다. '기도했다'라는 용어만 해도 '기도한다', '탄식한
다', '부르짖는다', '하루 세 번씩 간구한다', '잠잠히 하나님만 바란
다', '마음을 토한다'와 같이 여러 가지 표현을 사용합니다. 따라서

이 표현들을 한마디로 압축하면 "정성을 다해 하나님 앞에 기도했다. 어떤 형식에 얽매이지 않고 하나님 앞에 마음을 쏟아 놓았다"라고 말할 수 있습니다. 이 비결을 마음에 꼭 담아 두십시오.

인생을 살면서 많은 짐을 지고 있으면서도 왜 우리는 이 짐을 하나님께 완전히 맡기지 못하는 것일까요? 그 이유는 다윗처럼 절실하게 기도하며 살지 않기 때문입니다. 다윗이 이렇게 끈질기게 하나님 앞에 기도로 매달릴 수 있었던 이유는 바로 여호와 하나님을 향한 믿음 때문이었습니다. 여호와 하나님은 창조자로서 전능하신 분이요, 우리를 구원하신 전능하신 분이요, 우리를 불쌍히 여기시는 전능하신 분이십니다. 다윗은 이 사실을 철저하게 믿었습니다. 다시 말해서 "그분은 나의 짐을 반드시 맡아 주신다. 무슨 짐이든지 우리 하나님은 내 짐을 대신 져 주신다"는 확실한 믿음이 있었습니다. 믿음에 대한 일종의 모험이라고 할 수 있습니다.

이 모험과 관련하여 헨리 나우웬Henry Nouwen의 책 『춤추시는 하나님』(Turn My Mourning into Dancing, 두란노)에 쓰여진 한 글귀가 기억납니다. 그에겐 아버지와 몇 년간 서커스 공연을 즐겨 볼 기회가 있었는데, 공중그네를 타는 곡예사의 공연에 감탄한 나머지 몇 주씩 함께 지내면서 느꼈던 점을 적고 있었습니다. 하루는 서커스단 리더가 이런 말을 했다고 합니다.

"헨리, 만인이 내게 박수를 보냅니다. 내가 허공에 뛰어올라 거꾸로 공중제비하는 것을 보며 다들 나를 영웅으로 생각합니다. 하지만 진짜 영웅은 '잡는' 사람입니다. 내가 하는 일이라고는 팔을 내밀고 믿는 것뿐입니다. '잡는' 사람이 나를 잡아 끌어올려 줄 것이라 믿고 내 몸을 맡기기만 하면 되는 것입니다."

잡고 있던 그네를 놓는 순간 공중으로 몸이 솟구쳐 오르는 모습을 보는 사람들은 간이 철렁 내려앉는 듯한 느낌을 받습니다. 그리고 공중에 몸을 던지는 그 사람을 영웅으로 생각합니다. 하지만 진짜 영웅은 저 꼭대기에서 그네에 다리를 걸고 거꾸로 매달려 있다가 내 손을 잡아 주는 친구라는 것입니다. 내가 하는 건 단지 손을 놓고 공중으로 솟구치면 저 친구가 반드시 내 손을 잡아 준다는 믿음, 그 하나를 붙드는 것뿐. 그 믿음이 있기 때문에 생명을 걸고 붙잡았던 손을 놓아 허공으로 솟구칠 수 있다는 것입니다.

65

이 이야기는 우리에게 시사하는 바가 많습니다. 우리의 짐이 무거울 때, 우리가 기도를 통해 하나님 앞에 내 짐을 맡길 때 필요한 것은 무엇일까요? 바로 믿음입니다. 다윗은 "여호와 아버지시여" 하고 하나님의 이름을 부르면서 밤낮으로 간구할 때에 그분의 강하신 손으로 반드시 붙들어 주신다는 믿음을 갖고 기도했습니다. 마찬가지로 우리도 그렇게 기도해야 합니다. 그저 적당히 기도하는 것이 아니라 내 짐을 하나님이 직접 짊어져 주시는 것을 느낄 때까지 기도해야 합니다. 다윗은 기도할 때마다 이런 믿음의 모험을 했습니다. 전능하신 여호와 하나님, 긍휼이 무한하신 여호와 하나님, 그 하나님 앞에 매달릴 때 한 번도 실망시키신 적이 없음을 그는 체험했습니다.

짐을 맡길 때 얻는 유익

끝으로 하나님께 내 짐을 맡기면 실제로 어떤 일이 일어날까요? 몇 가지라도 한번 생각해 보면 좋겠습니다. 여러분이나 저나 이미 많은 경험들이 있을 것입니다. 전능하신 여호와 하나님께 내 짐을 기도로 믿고 맡기면 어떤 일이 일어나는지 생각해 보겠습니다.

하나님이 붙드시는 체험

22절을 다시 한번 살펴봅시다. "네 짐을 여호와께 맡기라 그가 너를 붙드시고 의인의 요동함을 영원히 허락하지 아니하시리로다" 하나님이 나를 꼭 붙드시고 영원히 흔들리지 않도록 붙잡아 주신다고 말씀합니다. 실제로 이런 일이 일어난다는 것입니다. 하나님이 나를 꼭 붙드시는 체험을 하게 된다는 것입니다. 무척이나 떨리고 혼란스러웠던 마음이 든든한 반석 위에 선 것처럼 흔들리지 않는 것을 체험한다는 것입니다.

여기에서 '의인'이라는 단어를 주목해 보십시오. 하나님은 세상에 있는 모든 사람의 짐을 지시겠다고 말씀하지 않습니다. 오직 의인의 짐을 져 주시겠다고 말씀합니다. 그렇다면 누가 의인입니까? 예수 믿고 모든 죄를 용서받은 하나님의 백성입니다. 죄와 사망에서 구원받고 영광스런 하늘의 축복을 약속 받은 우리 모두가 의인입니다. 예수 그리스도의 십자가의 피로 씻음 받은 우리가 의인입니다.

이와 같이 그리스도 안에서 정죄함이 없는 의인 된 우리를 하나님이 너무 사랑하시고 불쌍히 여기시기 때문에 우리 짐을 대신 져 주시는 것입니다. 험한 세상에서 고생하며 사는 우리를 보실 때에 하나님이 너무 마음이 아프서서 우리가 믿고 구하기만 하면 짐을 대신 져 주시는 것입니다. 하나님이 우리 짐을 져 주시기만 하면, 우리는 하나님이 우리를 꼭 붙드시고 흔들리지 않도록 지켜 주시는 것을 체험할 수 있습니다. 그래도 약간 막연할 수 있습니다. "하나님이 진짜 우리를 붙드신다, 흔들리지 않게 하신다"라는 말이 무슨 뜻인지 말입니다.

이제 제가 알고 있는 몇 가지 예를 들으면 실감할 수 있을 것입니다. 이론이 아닙니다. 실제로 짐을 내려 주시는 기적 같은 일이 일어납니다. 내가 지고 있는 짐이 병입니까? 무거운 근심입니까? 실직입니까? 아니면 가정에 닥친 여러 가지 우환입니까? 그 짐이 어떤 것이든 하나님을 전적으로 믿고 의지하면서 기도로 맡겨 보십시오. 그러면 실제로 짐을 벗겨 주시는 일이 일어날 것입니다.

우리 교회에서 저와 함께 사역했던 부목사 이야기입니다. 30대 중반의 젊은 교역자인데, 몸에 난 상처를 수술하다가 균이 들어가서 그만 패혈증에 걸리고 말았습니다. 일반적으로 패혈증에 걸리면 90퍼센트는 생명을 잃습니다. 병실에 가 보니 송장처럼 까맣게 되어 소망이 없는 상태였습니다. 심지어 의사들 사이에 장례를 준비해야 되지 않겠냐는 말까지 오갔습니다. 그 젊은 나이에 그런 일을 당하니 너무나 말문이 막혀 병실 밖에서 기도했습니다. 그리고 온 교회가 기도했습니다.

그런데 진짜 기도한 사람이 있었습니다. 생명을 걸고 기도한 사람이 있었습니다. 아마 그 목사님한테 제자훈련을 받은 집사님 같았습니다. 병실에 와서 이 기가 막힌 상황을 보고는 마음을 찢으며 기도하기 시작했습니다. "하나님 아버지, 이 젊은 종을 부르시면 어떻게 합니까? 대신 이 여종을 불러 주시옵소서. 제가 가겠습니다. 하나님, 저를 부르시고 이 목사님을 살려 주세요." 이런 기도는 아무나 할 수 없습니다. 본인도 젊은데 어떻게 그런 기도를 할 수 있을까요?

그런데 시름시름 앓던 목사님이 그 집사님의 기도를 들은 후 이틀도 채 안 되어 병상에서 일어났습니다. 몸에서 기적이 일어난 것입니다. 그렇게 치유 받은 후 지난 15년 동안 얼마나 사역을 잘하고 있는지 모릅니다. 그분의 이름은 밝히지 않지만 실제로 있었던 일입니다. 젊은 나이에 헛 죽음을 목전에 둔 상황에서 그 목사님이 느꼈을 짐이 얼마나 무거웠겠습니까? 하지만 전능하신 여호와 하나님께 맡기며 교회가 기도하고 그 여종이 눈물로 기도하자, 하나님이 그 기도를 들으시고 그 짐을 당장 내려주신 것입니다. 이런 기적도 있다는 것을 믿으시기 바랍니다. 우리 짐이 아무리 무거워도 하나님이 기뻐하시면 언제든지 내려주실 수 있음을 믿으시기 바랍니다.

하나님이 주시는 평안

또한 내 짐을 기도로 맡기면 마음에 놀라운 평안이 찾아옵니다. 주님께서 약속하시지 않았습니까? "수고하고 무거운 짐 진 자들아 다 내게로 오라 내가 너희를 쉬게 하리라"(마 11:28). 마음에 평안을 주신다고 약속하셨습니다. 아직 문제가 내게 남아 있어도, 여전히 무거운 짐이 내 어깨에 있어도, 고통스러운 상황이 변하지 않았어도, 놀라운 평안이 내 마음을 지키는 것을 봅니다. 정말 지각에 뛰어난 하나님의 평강이 내 마음을 지키는 것을 체험하게 됩니다.

우리는 간사해서 짐을 당장 벗겨 주는 것만 좋아하지, 하나님이 꼭 필요해서 짐을 그대로 두시고 그 짐을 짐으로 느끼지 않도록 주시는 마음의 평안은 싸구려 은혜로 생각하는 것 같습니다. 하나님은 때에 따라 이런 평안을 우리에게 주십니다.

하나님이 주시는 힘

뿐만 아니라 놀랍도록 새 힘을 주실 때가 있습니다. 이런 예를 들라면 여러 가지를 들 수 있습니다. 그 사람의 형편을 보면 날마다 힘없이 드러누워 있어야 할 것 같은데, 어쩜 저렇게 만년 소녀처럼 밝고 명랑하게 살 수 있는지, 어디서 저런 힘이 나오는지 신기할 때가 있습니다. 실제로 우리 교회 안에 만년 소녀 같은 권사님들, 집사님들이 많습니다. 그렇다고 결코 잘사는 분들이 아닙니다. 만일 제가 그런 처지라면 '정말 힘들겠다. 어떻게 하루하루를 버티지?' 하는 생각이 들었을 텐데, 그분들과 어쩌다 만나거나 전화하면 항상 웃음이 떠나질 않습니다. 이상하다고 생각할 수도 있을 텐데 결코 이상한 게 아닙니다.

그 이유가 무엇입니까? "오직 여호와를 앙망하는 자는 새 힘을 얻으리니 독수리가 날개 치며 올라감 같을 것이요 달음박질하여도 곤비하지 아니하겠고 걸어가도 피곤하지 아니하리로다"(사 40:31). 하나님이 주시는 힘이 있기 때문입니다. 제가 느끼든 못 느끼든 그 힘을 가지고 저렇게 사는 것입니다. 실제적으로 짐을 벗겨 주시는 것과 큰 차이가 없습니다. 그런 은혜도 우리에게 주십니다.

하나님이 주시는 깨달음

어떤 때는 큰 깨달음을 얻게 하시는 때도 있습니다. 무거운 짐을 지고 하루하루 힘들게 살아갈 때에 하나님께서 어느 순간 큰 깨달음을 주십니다. 이사야는 하나님께서 우리를 아침마다 깨우치신다고 이야기합니다. "아침마다 깨우치시되 나의 귀를 깨우치사 학자들 같이 알아듣게 하시도다"(사 50:4).

개인적으로 제가 참 좋아하는 시인이 있습니다. 신문 기사로도 접했겠지만 지금도 암 투병 중인 이해인 수녀입니다. 암에 걸려 투병해 본 사람만이 그 지독한 고통을 알 수 있습니다. 이분도 하루하루 무거운 병고의 짐을 지고 씨름하고 있는데, 투병 중 얻게 된 깨달음에 대해 써 놓은 글이 마음에 와닿았습니다.[6]

"오늘 이 시간은 '내 남은 생애의 첫날'이며 '어제 죽어 간 어떤 사람이 그토록 살고 싶어하던 내일'임을 새롭게 기억하면서 정신이 번쩍 들었습니다."

이 말이 무슨 뜻인지 바로 이해가 됩니까? 몸도 마음도 쉽지 않은 투병 기간 문득 하나님이 깨달음을 주신 것입니다. "오늘 하루가 별스럽지 않은 짧은 한 날로 생각되니? 오늘은 네 남은 생애의 첫날이야. 그리고 어제 죽은 어떤 사람이 그렇게 살고 싶어하던 내일이지. 네가 지금 눈을 떠서 살고 있는 오늘이 바로 그의 내일인 거야. 그러니 오늘이 얼마나 소중하니? 오늘 하루는 네 전 생애나 다름없어. 네가 얼마나, 어떻게 믿음으로 사느냐에 따라서 이 하루는 엄청난 가치를 갖게 되지. 그러니 하루라고 해서 무심하게 넘기지 말고, 하나님께 감사하며 선한 일을 마음에 두고

---

6   "12월의 편지", 조선일보 2009.12.4.

기도하며 살아가렴. 하나님께 모든 영광을 돌리길 소원하며 그런 마음으로 하루하루 사는 거야." 이러한 깨달음을 갑자기 받은 것입니다.

전 그 기사를 읽으며 이런 마음이 들었습니다. '참 놀라운 일이다. 맞았어! 병들어 신음하는 오늘 나의 하루가 초라하게 보여도 내 남은 생애의 첫날이지. 맞았어! 그리고 어제 죽은 어떤 사람이 그렇게 살고 싶어하는 내일이 바로 내가 살고 있는 오늘이지. 그러니 얼마나 중요한 날인가? 하나님께 감사해야지. 힘들어도 하나님께 감사하며 살아야지.' 이런 깨달음을 하나님이 가끔 주십니다.

네 짐을 여호와께 맡기라

앞서 몇 가지 사례를 들었는데, 이런 은혜들을 통해서 하나님께서 내 짐을 벗겨 주시고 나를 꼭 붙들고 흔들리지 않게 하신다는 것을 자주 느끼고 체험하게 됩니다. 마치 다윗처럼 말입니다. 비록 각자에게 지워진 짐이 무겁고 힘들지라도 하나님과 세상을 원망하지 마십시오. 대신 감사와 찬송 가운데 하루하루 살 수 있도록 우리 자신을 주님께 맡기길 바랍니다.

우리가 발을 들여놓는 전인미답(前人未踏)의 새해에도 여전히 우리는 인생의 짐을 지고 걸어가야 합니다. 힘들 때도 있고 고통스러울 때도 있겠지만 이 짐을 지고 가야 합니다. 그때마다 하나님의 말씀을 기억하십시오. "네 짐을 여호와께 맡기라!" 맡기십시오. 여호와 하나님께, 전능하신 하나님께 맡기십시오. 다윗처럼 전심을 다해 기도하면서 맡기십시오. 다윗처럼 전능하신 하나님의 능력을 믿고 일체의 의심 없이 맡기십시오.

그러면 그 짐을 당장 내려 주실 때가 있습니다. 또는 짐은 내려 주시지 않더라도 새 힘을 주실 때가 있습니다. 어떤 때는 말로 다할 수 없는 마음의 평안을 강수처럼 흘러 넘치게 하실 수도 있습니다. 아니 어쩌면 짐이 없어 평안할 때는 깨닫지 못하던 큰 영적 깨달음을 주셔서 주저앉은 자리를 박차고 벌떡 일어나게 만드실 수도 있습니다.

이렇게 하나님께 짐을 맡기고 은혜를 받으며 살면, 새해에도 우리 앞에 놀라운 희망의 대로가 활짝 열릴 줄 믿습니다. 낙망하지 마십시오. 흔들리지 마십시오. 남을 원망하지 마십시오. 용서하지 못해 씨름하지 마십시오. 다른 사람과 비교해서 자괴감을 갖지 마십시오. 내 짐을 맡아 주실 분이 계십니다. 날마다 내 짐을 맡아 주시는 여호와 하나님을 우리 모두 찬양하면서 새해에도 승리하는 은혜가 있길 바랍니다.

아버지, 감사합니다. 하나님, 정말 감사합니다. 우리가 짊어지고 있는 인생의 짐은 쉽게 내려놓을 수도 없는 짐입니다. 어떤 때는 감당할 수 없어서 짐 아래 깔려 허덕일 때도 있습니다. 그러나 오늘 주

73

님께서는 우리에게 참 생명의 말씀, 소망의 말씀을 주셨습니다. "내 짐을 여호와께 맡기라, 전능하신 그분에게 맡기라, 전능하신 아버지 하나님께 맡기라"고 하셨습니다. 맡기기만 하면 하나님께서 나를 붙드시고, 의인 된 내가 요동하는 것을 절대로 허용치 않으시며, 날마다 동행해 주시겠다고 약속하셨습니다.

이 놀라운 약속을 믿고 새로운 출발을 시작하려 합니다. 첫발을 내딛고자 합니다. 모든 성도들을 축복해 주시옵소서. 오늘날까지도 은혜를 주셨지만, 신년에는 더 큰 은혜가 필요합니다. 세상이 더 악해지기 때문입니다. 우리에게 어려운 일이 더 많이 올 수도 있기 때문입니다.

주여, 우리를 붙드시고 우리의 짐을 져 주시고 날마다 하나님을 영화롭게 하는 거룩한 주의 백성들이 되도록 축복해 주시옵소서. 예수님의 이름으로 기도드리옵나이다. 아멘.

본질을 붙드는 것만이 살길이다[7]

여러분, 반갑습니다. 저를 위해서 많이 기도해 주신 것 알고 있습
니다. 또 많은 관심과 염려로 함께해 주신 것 고맙습니다. 그동
안 많이 힘들었습니다. 지옥은 안 가 봐서 모르겠지만 그 정도로
고약한 병이 CAL세미나 마지막 날부터 발병했습니다. 그래서 그
원인이 뭔지 물었더니 "면역력이 떨어져서 그렇다, 너무 과로해
서 그렇다"는 말들을 합니다. 일정을 다시 검토해 보니 정말 과로
를 하긴 했습니다. 오 목사님보다 더 많은 일을 한 모양입니다.
비서가 옆에서 항상 경고를 하는데도 귀에 잘 들어오지도 않았
습니다.

---

7   2008. 8. 27. 교역자 수양회 이 메시지는 은퇴하신 후 5년 만에 처음으로 교역자 수
양회에서 전해 주신 메시지다. 건강이 좋지 않으셨음에도 교회의 본질과 교역자의 본
질 회복을 위해 마음에 간직한 말씀을 가감 없이 전하셨다. "우리 교회가 어떤 교회냐
보다 어떤 교인이냐에 주목하라"는 말씀에서처럼, 70세의 길목에서도 여전히 목사님의
모든 관심은 성도 한 사람이었다.

게다가 의사로부터 3개월에 한 번씩 가던 병원을 이제 6개월에 한 번씩 와도 된다는 말을 듣고 나니까, 그만 긴장이 풀려 일정을 잡은 게 화근이었습니다. 특히 지난 5월 부산 "어웨이크닝Awakening 2008 대회" 강사로 섬기면서 해운대 백사장에서 추위 가운데 강행군한 게 많은 무리가 된 것 같습니다.

대상포진 같은 경우, 어디에 발생하느냐에 따라 증세가 달라집니다. 그런데 저는 제일 안 좋은 데 생겨서 지금도 안경 착용이 어렵습니다. 안경을 벗으면 불편하고 그렇다고 안경을 쓰면 귀 뒤쪽이 너무 아파서 어딜 다니지 못했습니다. 처음엔 안경이 불편한 줄 알고 안경점에 가서 계속 테를 고치고 바꿔 봤는데 별 효과가 없었습니다. 그게 발병의 시작이었습니다. 귀를 통해서 목으로 전이되고 일주일 후에는 얼굴의 반이 마비되었습니다. 눈이 안 감기고 입이 비뚤어지는 와중에서도 통증은 계속 되었습니다. 무슨 이런 병이 있나 싶을 정도로 병원에 가도 대책이 없었습니다. 그래서 약성이 강한 약을 먹었더니 불면증도 생기고, 두 달 반 동안 씨름하고 있는데 아직도 온전치 못합니다.

그래도 많이 누그러지긴 했지만 이런저런 생각들이 저를 괴롭혔습니다. '목사를 하다 보니 이런 일도 있구나. 70세에 은퇴를 했으면 폐암도, 대상포진도 안 걸리지 않았을까? 계속 긴장하며 뛰어왔더라면 이런 일이 없지 않았을까? 괜히 조기은퇴해서 이런 벌을 받는 건 아닐까?' 하나님이 내게 교회를 맡겼으면 정해진 대로 70세까지 채워야지 뭐 잘났다고 앞당겼냐는 자책감이 떠나지 않았습니다.

만일 계속 목회를 해 왔다면 올해 12월로 정년을 맞게 됩니다. 제가 수술하고 나서 하나님과 교회 앞에 제일 죄송한 부분이 조기은퇴로 다가왔습니다. 그래서 지난 3년 동안 수술하고 나선 2년 반이 되어 가는데 이를 두고 많이 후회했습니다. 그래서 오 목사님에게 절대로 조기은퇴하지 말라고 신신당부하려 합니다. 어떤 선배 목사님은 죽어도 강단에서 죽는다며 몸을 가누기 힘들 정도가 돼도 안 내려 왔습니다. 물론 목사님 편에서는 충성한 것이겠지만, 교회 입장에서는 힘들어진 경우도 있습니다.

새로운 변화와 긴장

다시 한번 말씀드리지만, 그동안 수고 많았습니다. 지난 5년은 교회적으로 어려운 기간이었습니다. 전임자와 후임자의 리더십이 교체되고, 이에 따라 목회 패턴도 바뀌었기 때문입니다. 아무리 목회철학이 같다 해도 사람이 달라지면 목회 패턴에도 차이가 날 수밖에 없습니다. 그러다 보니 교회 문화나 교인들의 구성비에도 많은 변화가 일어났습니다. 이제 저와 함께 교회를 지키던 세대가 빠져 나가고 새로운 세대가 유입되면서 보이지 않는 긴장도 생기게 되었습니다. 또 오 목사님은 20여 년 동안 미국에서 살다 왔기 때문에 한국적 상황과 정서를 이해하기에는 어느 정도 간극

이 있습니다. 저 역시도 3년간 유학하고 왔을 때 완전히 딴 사람이었습니다. 오죽하면 버스가 지나가도 탈 생각을 안 하고 멍하니 쳐다보기만 했을까요?

하물며 한국을 떠나 20년을 살다 왔으면 마음은 애국자라 해도 한국 문화에 금방 적응이 안 됩니다. 실제로 그런 어려움이 제 눈에도 보였습니다. 가치관이나 한국 사회를 평가하는 부분에 있어서도 저나 일반적인 견해와 차이가 있었습니다. 그래서 혹여 실수하지 않을까 노심초사하며 초긴장 상태로 지켜봐 왔는데, 이제는 고비를 넘겼기에 안심합니다. 그런데 전임목사의 이런 걱정하는 마음과 긴장이 도리어 후임목사에게는 스트레스로 작용했던 것 같습니다. 어쩌면 이 부분은 후임목사가 몰라 주더라도 전임목사가 져야 할 빚이 아닌가 생각합니다. 다시 말하지만 한국 목회를 하려면 먼저 한국 사람이 되어야 합니다.

먼저 겸손히 배우라

우리 가운데 나중에 이민 교회에서 목회하게 될 분도 있을지 모르겠습니다. 중요한 것은, 이민 교회에 가려면 먼저 이민자가 되어야 한다는 것입니다. 그때까지는 살얼음판을 걷는 기간입니다. 그래서 우리 교회 부교역자들이 이민 교회에 갈 때면 "먼저 배우라. 3년이든 5년이든 먼저 배우라. 그 전에는 함부로 입을 열지 말라"고 신신당부합니다. 제가 그렇게 말하는 데는 이유가 있습니다. 교역자는 청중을 알아야 하고, 청중이 몸담고 있는 사회와 국가를 알아야 합니다. 알기 전에 떠들면 안 됩니다.

아직도 제 마음에 걱정스러운 부분이 남아 있긴 합니다. 즉, 부교역자들이 너무 젊다는 것입니다. 아직 우리 교회를 잘 모르는 교역자들이 목양사역을 담당하고 있습니다. 제가 제일 걱정하는 문제도 바로 이 부분입니다. 특히 제자훈련 하는 교회이기 때문에 그만큼 더 절박하다고 말할 수 있습니다. 하지만 시간이 해결해 줄 문제지 억지로 되는 게 아닙니다. 따라서 여러분도 '성도들 앞에서 나는 아직 어리다'는 이 사실을 마음에 두십시오. 성도들과 대화가 통하려면 어느 정도 세대가 맞아야 합니다. 물론 젊은 훈련생들도 많지만, 대부분 여러분보다 사회 경험이나 인생 경험이 많습니다. 이런 성도들을 상대한다는 점에서, 젊다는 것이 장점도 되지만 단점도 된다는 사실을 기억해야 합니다.

게다가 여러분은 이곳에서 사역한 지 얼마 되지 않기 때문에 우리 교회 역사에 대해서 모르는 게 많습니다. 그 결과 제일 피해를 보는 대상이 교인들입니다. 그들이 힘들 때 기댈 수 있고, 궁금할 때 대답을 들을 수 있고, 고민될 때 상담을 요청할 수 있는 소통의 장이 있어야 합니다. 그런데 서로가 서로에게 익숙지 않다 보니 소통이 잘 안 이루어집니다. 입을 열다가도 다물어 버리고, 물어보려 하다가도 질문을 삼킨 채 그냥 넘어갑니다. 이런 부분들로 인해 다소 걱정되긴 하지만, 담임목사가 잘 풀어 나가야

79

할 숙제라고 생각합니다. 여러분도 이 점을 깊이 인식하십시오.

　다행스러운 점은 우리 교회에서 적어도 5년, 10년 이상 땀 흘려 수고한 목회자들이 아직 여러 명 남아 있다는 것입니다. 이것은 교회적으로 큰 축복입니다. 이런 교역자들에게 여러분이 도움을 청하십시오. 요즘 젊은 신임 순장들 가운데 오래된 순장들을 비판부터 하려 한다는 이야기를 들었습니다. 사실 이제 막 순장이 되었는데 알면 얼마나 알고, 영적으로 나으면 얼마나 낫겠습니까? 선배 순장들에게 묻고 기대며 상담하는 겸손함이 있어야 하는데, 자신의 연약함을 전혀 인식하지 못하는 것입니다. 이런 세대가 순장반에 상당수를 차지하는 것으로 알고 있습니다.

　여러분도 예외는 아닙니다. 나이로 볼 때에 이미 그런 세대에 속한 교역자들이 많습니다. 그럴지라도 겸손하지 못한 태도는 좋지 않습니다. 성경적이지도 않습니다. 선배들에게 의지하십시오. 그래서 깊은 대화도 나누고, 이 교회에 대해서 알고 싶은 것이나 목회의 특징 등 무엇이든 자유롭게 물어보십시오. 좁게 말하면 여러분을 위해서, 넓게 말하면 교회를 위해서 서로 소통하십시오. 그리고 속된 말로 까불지 마십시오. 저 역시 신학교 시절을 돌아보면 어떻게 그런 모습으로 3년을 보냈나 하는 생각에 가끔씩 얼굴이 화끈거리곤 합니다. 대부분 신학교 시절에 그런 기질을 표출해 보았을 것입니다. 문제는 아무것도 모르면서 혼자 잘난 척하고, 교수들을 우습게 생각하면서 질문도 함부로 하는 이런 까부는 기질이 여전히 살아 있다는 것입니다.

자신감과 자만심의 차이

합동신학교에서 제가 5년 동안 제자훈련에 대한 강의를 할 때도 학생들에게서 그런 기질을 종종 발견할 수 있었습니다. 그 학생들을 사랑하고 또 그들에게서 배울 점도 많았지만, 단 하나 실망한 점이 있다면 너무 까분다는 것이었습니다. 제자훈련에 대해서 알면 얼마나 알겠습니까? 제자훈련에 대한 이론이 있습니까, 경험이 있습니까? 아무것도 없으면서 까부는 것입니다. 가끔 쓸데 없는 질문이나 던지며 아는 체하는 모습을 보면서 마음에 상처를 입었습니다. 그러고는 다짐한 게 있습니다. "제자훈련은 이론이 아니다. 목회의 고통을 몸에 밸 정도로 체험하지 않은 사람에겐 제자훈련에 대한 이야기를 안 하겠다"고 말입니다. 그래서 세미나도 목회자가 아니면 들을 수 없도록 선을 그었고, 신학교에서 제자훈련 강의를 요청해 오면 정중히 거절했습니다. 그런 강의를 듣기에는 학생들이 아직 멀었고, 들을 준비가 안 되어 있다고 판단했기 때문입니다.

　지금 3, 40대 초반의 여러분을 보면 나름대로 자신감에 차 있는 모습입니다. 모든 것이 여러분의 손에 꽉 쥐일 것처럼 보일 것입니다. 그게 젊은이에게 주신 아름다움이기도 합니다. 그러나 영적 성숙과 충돌할 때에는 굉장히 위험해집니다. 영적 성숙은 나이와 상관 없이 예수 그리스도를 닮아가는 것이며, 나 잘났다는 교만과 거리가 멉니다. 이런 점을 여러분이 깊이 인식하고 머리를 좀 더 숙이길 바랍니다. 평신도 앞에 배우겠다는 자세가 있어야 합니다. 그들에게서 나보다 앞선 부분을 발견할 때는 부끄러워할 줄도 알아야 합니다. 여러분 나이에 이런 자세를 갖는 건 굉장히 중요합니다.

사실 전 여러분을 개인적으로 모릅니다. 일일이 다 얼굴을 기억할 수 없으니까 아마 마당에서 만나면 "집사님, 안녕하십니까?" 하고 인사할지도 모릅니다. 또 여러분이 목사인지, 강도사인지, 전도사인지도 모릅니다. 그러나 교역자로 모인 이런 자리에서 제가 하고 싶은 말은 이것입니다. 목회자라고 해서 평신도보다 잘난 게 하나도 없다는 사실입니다. 또한 신학교를 나왔다는 것이 하나님께 쓰임받기 위한 통과의례는 아닙니다. 따라서 교역자라는, 신학교를 나왔다는 자부심이 지나쳐 교만으로 치닫지 말고 늘 겸손한 자세로 듣고 배우십시오. 다시 한번 당부하지만, 교회적으로 새로운 도약을 시작하는 시기인 만큼 여러분이 정말 잘해 주면 좋겠습니다.

교회보다 교인에 주목하라

「크리스채너티 투데이」Christianity Today 한국판 2008년 9월호에 빌 하이벨스Bill Hybels의 『발견』(Reveal: Where Are You?, 국제제자훈련원)이라는 책을 특집으로 다루었는데, 이 책의 내용에 대해서는 전부터 알고 있었습니다. 이번에 관련 기사들을 접하면서 이 책에 담긴 집필자들의 자기분석 및 빌 하이벨스 목사의 피드백을 꼼꼼히 읽어 보았습니다. 그리고 한국판 서문을 요청해 와서 짤막하게 써 주었는데, 그 책에서 제가 양심의 가책을 많이 받았습니다.

'발견'reveal이라고 할 때, 핵심은 이것입니다. 잘못한 것에 대한 발견이나 고백이 아니라, 잘하려고 했는데 잘 안 된 부분에 대한 자성과 시인을 말합니다. 단적인 예로 구도자 예배가 잘못된 것입니까? 그렇지 않습니다. 그렇다면 무엇에 대한 발견이자 고백입니까? 그리스도 앞으로 나아온 사람이 더 그리스도께 헌신하고 그리스도의 제자가 되도록 영적 성숙을 도와주어야 하는데 그 부분에서 미흡했다는 것입니다. 그것도 25퍼센트의 사람들, 즉 네 명 중 한 명이 그 부분에서 어려움을 겪고 있는 것을 발견했습니다. 그러자 온 세상 앞에 옷을 벗듯 자신들의 잘못을 고백하고 폭로하는 자리에까지 간 것입니다. 어떻게 보면 교회로서 참 하기 힘든 기가 막힌 고백이 아닌가 합니다. 그래서 서문에 이 책은 신선한 충격을 던져 주는 21세기 '목회 참회록'이라고 써 놓았습니다.

그러고는 저 역시도 고민했습니다. 교인들의 영적 성숙을 두고 과연 저나 우리 교회가 얼마나 잘하고 있는지 말입니다. 그동안 이 문제로 고민하긴 했지만, 잘 안 되는 부분을 놓고 온 세상 앞에 자기 옷을 벗는 고백을 하진 못했습니다. 그런데 전 세계적으로 화려한 조명을 받고 수십 년 동안 소문난 교회가 그렇게 자기노출을 한다는 건 대단한 일이 아닐 수 없습니다. 이것은 목회 양심에 관한 문제입니다. 읽으면서 마음에 와닿았던 내용은, 윌로우크릭 교회가 "어떤 교회인가의 문제보다 어떤 사람인가의 문제가 더 중요하다"는 지적이었습니다. 다시 말하면 "어떤 교회냐가 아니라 어떤 교인이냐"의 문제인 것입니다. 동시에 이것은 제 고민이기도 했습니다. 그리고 제가 잘못한 부분이 있다는 사실을 발견했습니다.

자신을 돌아보고 본질로 돌아가라

사실 이 잣대를 놓고 우리 교회에 적용한다면 저는 아무 말도 할수 없습니다. 물론 우리 교회가 어떤 교회냐로 말할 것 같으면 할 말이 많을 것입니다. "7만 명이 모이는 교회다. 25년, 30년 동안 계속해서 성장하는 교회다. 제자훈련을 잘하는 교회다. 조기은퇴를 통해 전임자와 후임자가 성공적으로 교체되었다고 자평하는 교회다." 그 밖에도 교인들이 순종을 잘한다 등등 하고 싶은 이야기가 많을 것입니다. 조직이나 사역을 놓고 봐도, 홈페이지에 들어가 봐도 할 말이 많습니다.

반대로 어떤 교인이냐는 질문 앞에 과연 제가 빌 하이벨스처럼 가책을 느낄 정도의 목사인지 스스로를 돌아보게 됩니다. 그의 고백을 들으면서 나는 어떠한 사람인지 미리 진단해 보는 것입니다. 그가 그런 고백을 했다면 저는 두 번, 세 번이라도 옷을 벗고 고백해야 할 사람인데, 그런 점에서 제 양심이 깨끗하지 않음을 깨닫게 됩니다. 사람들 앞에선 다 잘되는 것처럼, 교회를 위해서라면 열심히 헌신하는 것처럼, 제자훈련을 잘하니까 모든 성도들이 성숙한 교인이 된 것처럼 포장하진 않았는지 돌아보게 됩니다. 제 경우 정말 잘하려고 했지만 잘 안 되는 부분을 드러내질 못했습니다.

그러므로 여러분에게 말씀드립니다. 앞으로 우리 교회가 깊이 생각해야 할 부분은 어떤 교회냐가 아닙니다. 그런 것을 가지고 자랑할 필요가 없습니다. "내가 목양하는 성도들이 어떤 사람이냐", "나와 제자훈련 하는 훈련생이 어떤 사람이냐", "그들이 과연 주님을 닮아간다고 말할 수 있느냐"를 놓고 양심적으로 대답해 보십시오. 아울러 자신을 돌아보고, 지도자로서 자신을 수정하고 고백하며 자기 나름대로 노력하는 사람이 되는 것, 이것이 앞으로 우리 교회가 사느냐 죽느냐를 결정하는 중요한 문제입니다.

앞으로 교회는 점점 더 어려워질 것입니다. 목회도 점점 더 어려워질 것입니다. 개척 교회도 힘들어질 것입니다. "잘 될 것이다"라는 이야기는 20퍼센트도 안 되고, 오히려 "안 좋아질 것이다"라는 이야기가 80퍼센트나 차지합니다. 지금 돌아가는 분위기를 보면 제가 설명하지 않아도 충분히 이해될 것입니다. 그리고 자라나는 세대들이 가진 독특한 DNA를 눈여겨보십시오. 그들을 대상으로 목회하기란 더더욱 쉽지 않을 것입니다. 이런 엄청난 영적 도전이 있기 때문에 우리는 더 본질로 돌아가야 합니다. 하나님이 원하시는 수준에 이르기 위하여 피땀 흘릴 정도로 몸부림쳐야 합니다. 그럴 때 하나님이 사용하실 것입니다. 저는 그렇게 생각합니다.

말씀의 기초를 든든히 세우라

끝으로 한 가지 더 말씀드리고 싶은 것은, 제자훈련을 하는 교회는 말씀의 기초가 든든하지 않으면 100퍼센트 무너진다는 사실입니다. 예수님도 "내가 너희에게 분부한 모든 것을 가르쳐 지키게 하라"(마 28:20)고 분명히 말씀하셨습니다. 지금까지 우리나라뿐만 아니라 교포 교회를 돌아봐도 말씀이 무너진 교회치고 제자훈련에 성공한 사례가 하나도 없습니다. 따라서 아무리 유혹이 되어도 말씀을 쉽게 다루어선 안 됩니다. '성경공부'라는 말만 나와도 머리가 지끈거릴 정도로 요즘 성경을 어렵게 생각하는 경향이 있습니다. 그래서 어떻게든 쉽고 재미있게, 분위기 좋게 성경공부를 하려다가 완전히 주저앉은 교회가 한두 곳이 아닙니다.

이럴 때 우리 교회가 선지자 노릇을 해야 합니다. 하나님의 말씀이 절대로 약화되면 안 됩니다. 강단으로부터 시작해서 모든 부서, 그리고 제자훈련과 사역훈련에 이르기까지 말씀이 약화되면 안 됩니다. 처음부터 우리는 하나님께 골칫덩어리였습니다. 천한 자, 미련한 자, 자랑할 것도 내세울 것도 없는 자를 하나님이 택하셨기 때문입니다. 이런 골칫덩어리들이 하나님의 일을 하는 것입니다. 그래서 바울이 "우리는 하나님의 골칫덩어리들이다. 따라서 내가 할 수 있는 것이라곤 십자에 못 박힌 예수 그리스도를 자랑하는 일이다. 하나님의 증거를 전할 때에도 말과 지혜의 아름다운 것으로 도배하지 않으려고 한다." 이것이 바울의 정신이요, 우리가 가야 할 길입니다.

그러므로 누구보다도 말씀에 대해서 깊이 고민하십시오. 개인적으로 말씀 앞에서 얼마나 씨름하고 있습니까? 하나님의 음성을 듣고자 얼마나 엎드리고 있습니까? 말씀을 전달하는 은사와 기술 면에서 듣는 사람들로 하여금 불편하지 않을 정도의 수준을 갖추고 있습니까? 각자 스스로 정직하게 이 부분을 놓고 고민하십시오.

지금 모습이 평생 간다

결국 말씀이 사람을 바꿉니다. 말씀이 성령으로 충만하게 합니다. 말씀이 기도하게 하고, 말씀이 찬양하게 합니다. 말씀이 무너지면 다 무너집니다. 이 일에 우리가 모본이 되어 한국 교회와 세계 교회를 향해 나팔을 불 수 있어야 합니다.

제자훈련이든, 사역훈련이든 이미 알고 있는 하나님의 말씀을 다룬다는 인상을 주고, 쓸데없는 말을 섞어 가며 조금이라도 분위기를 흩트리는 교역자가 있다면 그 사람은 사기꾼입니다. 하나님의 말씀을 듣고 울진 못할지언정, 가슴을 치진 못할지언정 말씀을 가지고 장난쳐서야 되겠습니까? 말씀을 묵상하면서 엉엉 우는 평신도만큼은 따라가지 못하더라도 말씀 앞에서 벌벌 떠는 모습은 있어야 하지 않겠습니까? 우리 마음속에서 끊임없이 생수의 강이 흐르길 바랍니다. 이런 아름다운 은혜를 가진 사역자로 여러분이 나타나길 소원합니다.

저는 여러분이 잘해 주리라 믿습니다. 하나님이 여러분을 우리 교회 부교역자로 보내 주신 것만 해도 특권이라고 생각합니다. 이곳에 있을 동안 잘 감당한다면 개인적으로도 큰 자산이 될 것입니다. 그러나 그 반대라면 평생 불행한 사람이 될 수 있습니다. 지난 25년을 놓고 볼 때, 부교역자 세계에서도 행복한 부교역자와 불행한 부교역자 두 부류로 나눌 수 있습니다. 그리고 나중에 단독 목회를 할 때도 행복한 목사와 불행한 목사로 나뉘는 것을 봐 왔습니다. 이곳에서 제대로 배우고 경험하고 하나님 말씀과 목회 본질에 충실하기 위해서 자신을 쳐 복종시키는 사람은 나중에 나가서도 잘합니다. 그러나 대형 교회 부목사라고 해서 거드름 피우고 재주 피우고 까불고 다니면 나중에 다른 교회에서도 그대로 합니다. 결국 목회도 실패하고 고생만 합니다.

이런 면에서 하나님이 좋은 기회를 주셨다고 생각하십시오.

최선을 다해서 기쁘게 일하십시오. 이것이 밑거름이 되어서 앞으로 3, 40년을 뛰게 될 것입니다. 여러분의 사역이 한국 교회와 세계 교회를 살릴 수 있길 바랍니다. 여러분이 목회하는 21세기에도 이 무서운 사탄의 세력을 파괴하고 정복함으로 하나님의 뜻을 이루는 은혜가 있기를 바랍니다.

그리고 가끔 생각나면 저를 위해 기도해 주십시오. 70세에 진입하니 마음이 이상해집니다. 제 나이가 70세라고 생각하니까 자신감도 없어집니다. 하나님 보시기에 제가 할 일이 있다면, 지금까지 하던 일을 더 해야 한다면, 기회를 주실 것입니다. 우리 모두 주님의 영광을 위하여 하나 되어 힘차게 뜁시다.

하나님 아버지, 귀한 교회를 주신 것 감사하오며, 또 이 땅에 귀한 목사님들과 귀한 부교역자들을 주신 것 감사합니다. 하나님, 빌 하이벨스 목사님처럼 주님 앞에 좀 더 진지하고 솔직하고 양심적으로 목회할 수 있는 은혜를 주시옵소서. 그리하여 우리 교회가 어떤 교회라는 것으로 자랑하는 교회가 아니라, 어떤 사람들이 모이는가로 많은 교회에 도전을 주고 이 시대에 큰 역할을 감당할 수 있도록 축복해 주시옵소서.

우리 교역자들이 날마다 무릎 꿇고 간구하는 기도를 들으시고 응답해 주셔서, 하늘의 복과 땅의 복으로 가득 채워 주시길 원합니다.

힘들고 어려워 주님을 붙들고 주님 앞에 눈물로 기도할 때마다 주님이 곁에 오셔서 그 손을 붙들어 주시고, 그의 약한 부분을 치유해 주시고, 그가 원하는 대로 신령한 말씀과 성령의 능력을 가득 채워 주시옵소서.

그리하여 이 종들을 통하여 우리 교회의 영혼들이 주저앉았던 자리에서 일어나게 하시고, 어린 영혼이 성숙한 영혼이 되게 하시고, 문제를 안고 눈물 흘리며 씨름하는 자들이 하나님의 응답을 받는 복을 누리게 하여 주시옵소서. 우리 부교역자들 때문에 수많은 성도들이 정말 행복한 인생, 소명 받은 인생, 하나님께 영광 돌리는 인생을 살 수 있도록 주께서 사용해 주시길 원합니다. 영육 간에 강건함을 주시길 원합니다. 감당하기 어려운 시험이 없도록 막아 주시길 원합니다. 서로가 하나 되어서 주님께 더욱 영광 돌릴 수 있도록 복을 주시옵소서. 예수님의 이름으로 기도하옵나이다. 아멘.

교회의 정체성을
분명히 할 때다[8]

이곳에 와서 좋은 시간을 가지게 된 것을 기쁘게 생각합니다. 할
수 있으면 저도 한 시간쯤 여러분과 함께 지냈으면 하는 마음이
지만, 사정이 여의치 않아 영상으로나마 인사를 드리고, 또 제가
하고 싶은 이야기를 나누려고 합니다. 이렇게 영상으로라도 인사
하면 좋겠다고 부탁 받았기에 이런 시간을 마련했습니다.

갑자기 부교역자들이 많이 교체되었습니다. 그래서 가끔 교
회 안에서 웃지 못할 일이 있습니다. 저는 우리 교회 집사님인 줄
알고 인사를 꾸벅 했는데, 알고 보니 부교역자였습니다. 그래서
인사를 하고도 웃을 때가 자주 있는데, 여러분에게도 그런 일이

---

8   2009. 1. 23. 교역자 수양회 이 메시지는 옥 목사님이 교역자 수양회에서 전하신 마
지막 말씀으로, 수양회에 함께 참석할 수 없어 교역자들을 위해 미리 준비한 영상 메시
지다. 제자훈련 하는 교회에 걸맞은 교회의 정체성을 다시 한번 상기시켜 주시며, 이를
완전한 자리로 끌어올리기 위해 교역자의 역할을 당부하셨다.

있었는지 모르겠습니다. 제가 못 알아봐도 당연한 거니까 자연스럽게 받아들이고, 또 제게 인사를 할 때는 자기소개를 분명히 해서 제가 여러분을 집사님으로 대우하지 않도록 해 주면 좋겠습니다.

교회, 세상의 희망이 되는 꿈

2008년 11월 5일, 미국은 흥분의 도가니에 빠져 있습니다. 미국 역사에서 흑인은 건국 초기부터 1862년에 링컨 대통령이 노예해방 선언을 하기까지 자유와 인권을 유린당한 채 살아왔습니다. 그로부터 100년 후 노예해방 100주년을 기념하여 마틴 루터 킹 Martin Luther King, Jr 목사님이 "나에게는 꿈이 있습니다"I have a dream라는 유명한 연설을 남기고 1968년 암살 당하기까지, 미국인들은 흑인들의 수난사를 잘 알고 있습니다. 그런데 노예해방을 선언한 지 146년 만에 미국 역사상 최초로 흑인 대통령이 탄생하는 역사적 사건으로 인해, 미국은 앞으로 펼쳐질 새로운 역사 앞에 흥분을 가라앉히지 못하고 있습니다. 비록 경제가 어렵지만 다시금 희망을 갖게 되고, 또 앞길이 매우 힘들어 보이지만 변화를 통해 새로운 역사를 준비할 수 있다는 자신감을 보여 주는 듯합니다.

제가 볼 때 한국에서는 그 무엇보다도 교회가 세상의 희망이 되어야 한다고 생각합니다. 앞으로 한국 교회에도 오바마 대통령의 경우처럼 비주류층에서 지도자가 나왔으면 좋겠습니다. 그리고 희망과 변화를 가져오는 교회가 많이 생겨나고, 할 수만 있다면 우리 교회가 이 역할을 감당할 수 있길 소원합니다. 이 사회에 진정한 감동을 줄 수 있는 것이 무엇인지 우린 이미 알고 있습니다. 이 사회가 교회를 향해서 바라는 것이 무엇인지 우린 이미 알고 있습니다. 다만 실천을 안 하는 것이 문제입니다. 심지어 개인적인 야심이나 허황된 꿈 때문에 순종하지 않습니다.

우리 교회가 이 사회가 바라는 바, 감동을 갖는 교회로 발돋움하기 위해서는 우리 교회의 정체성을 다시 한번 새롭게 할 필요가 있다고 생각합니다. 이런 의미에서 오늘 정체성에 대해 잠시 이야기를 나누도록 하겠습니다.

과도기에서 안착기로

지난 5년은 어떤 면에서 우리 교회로서는 다소 힘든 시간이었다고 생각합니다. 외국에 오래 살다 온 후임목사가 대형교회를 떠맡았기 때문에 아무래도 어려움이 있었습니다. 그래서 제가 볼 때 지난 5년은 오 목사님에게 레지던트 과정이 아니었나 생각됩니다. 또 지난 5년 사이에 들어온 교역자들은 인턴 과정을 거친 것이라고 생각합니다. 그래서 다소 혼란이나 어려움, 시행착오도 있었다고 봅니다. 어떤 면에서는 실망과 동시에 새로운 꿈에 대한 기대를 갖게 해 준 것도 사실입니다.

사실 사랑의교회 2대 목사가 된다는 것은 굉장히 어려운 자리에 세움 받는 것입니다. 그것도 옥 목사의 후임으로 자리매김을 한다는 것은 아마 한국 교회에서 제일 어려운 일 중에 하나가 아닐까 생각합니다. 왜냐하면 우리 교회가 갖는 독특한 정체성 때문입니다. 그런 면에서 오 목사님이 수고가 많았고, 혹자는 매우 힘든 고비 고비를 잘 넘겼다고 평가하기도 합니다.

한편 제 입장에서는 원로목사 자리가 참 힘든 자리임을 새삼 깨닫게 되었습니다. 지난 5년 동안 원로목사 하기가 얼마나 힘든지 몸소 느끼고 체험하는 시간이었습니다. 왜냐하면 후임목사님이 잘해서 칭찬을 들으면 가슴이 뛰고 기분이 좋습니다. 또 후임목사님이 저보다 앞서서 교회를 제대로 이끌고 나갈 때는 흥분과 기쁨이 넘치기도 합니다. 하지만 제가 보기에 아니라고 생각하는 방향으로 갈 때는 마음에 고통이 오고, 좀 더 잘해 주었으면 하는데 못 따라오면 실망스러움이 없잖아 있었습니다. 이런 과정을 겪으면서 원로목사 자리도 참 힘들다는 것을 느꼈던 것입니다.

그런데 5년이 지난 지금, 오 목사님의 사역이 자리 잡기 시작하는 것을 봅니다. 이제부터 교회의 전반적인 모습이 눈에 들어올 것입니다. 또 한국 사회가 좀 더 실감나게 눈에 들어올 것입니다. 이제야 비로소 사랑의교회 목회자로서 그 역할을 감당할 수 있는 좋은 시점에 접어들지 않았나 생각합니다. 이런 점에서 금년부터는 우리가 기대하는 바가 큽니다. 우리 교회 전체 성도들도 마찬가지라고 봅니다. 지난 5년 동안 60점, 70점 정도 받았다면 금년부터는 80점, 90점 받는 새로운 목회의 장이 열리게 될 것이라고 생각하기 때문입니다. 이런 면에서 우리 교회가 갖는 정체성에 대해서 다시 한번 생각할 필요가 있습니다.

그 교회만의 정체성

오늘은 특별히 부교역자 여러분을 중심으로 몇 가지 말씀드리고자 합니다. 정체성이 무엇입니까? 지역 교회마다 가지고 있는 독특한 이미지라고 말할 수 있습니다. 교회 정체성은 하나로 정의될 수 있는 것이 아닙니다. 교회마다, 지역 교회마다 다양성과 차이점이 존재합니다. 그래서 어느 것이 옳다, 틀리다라고 일반적으로 판단하는 것은 대단히 위험합니다.

　사실 정체성과 관련하여 모든 것을 다 갖춘 교회는 없습니다. 어느 한 영역이 다른 교회보다 우수하면, 다른 영역에서 부족할 수도 있습니다. 또 우리 교회에 없는 좋은 점을 다른 교회가 갖고 있을 수도 있고, 반대로 우리 교회가 가진 좋은 점을 다른 교회가 갖고 있지 못할 수도 있는 차이점이 생길 수 있습니다. 이렇듯 지역 교회마다 정체성이라는 것이 있습니다. 특별히 대형 교회일수록 이 정체성이 갖는 의미는 굉장히 크며, 그 영향력 면에서도 한국 교회, 나아가 세계 교회에 이르기까지 대단한 의미를 갖게 됩니다.

이미 우리는 사랑의교회 정체성에 대해서 잘 알고 있습니다. 무엇이 사랑의교회를 특징짓고 있습니까? 무엇이 사랑의교회를 사랑의교회답게 하는지 재차 말하지 않아도 이미 우린 다 알고 있습니다.

그런데 중요한 것은 이런 정체성이 시간이 갈수록 더 명료하고 뚜렷하고 발전적인 모습으로 나아가야 하는데, 오히려 흐리멍덩해지고 나중에는 그 정체성의 이미지가 다른 사람에게 좋지 않게 비쳐질 수 있습니다. 특히 대형 교회에서 그런 상황이 벌어진다면 부정적인 영향력이 엄청나기에 이 부분을 우리가 꼭 염두에 두어야 합니다.

교회의 정체성은 담임목사의 목회철학, 즉 교회관에 의해서 결정됩니다. 또 담임목사에게 특별한 목회관이나 교회관이 없어도 시대적 요청으로 인해 어느 한 교회가 독특한 정체성을 가질 수도 있습니다. 과거에 한국 교회를 돌아보면 그런 사례들이 많습니다. 일반적으로 그 교회의 정체성은 주로 1대 목사에 한하여 지속되었고, 간혹 2대 목사까지 이어지는 경우가 있었습니다. 그 후로는 흐지부지해져서 그 교회의 역동력이 사라지고, 전성기가 쇠퇴하며, 결국 유야무야 전락하는 교회들을 주변에서 많이 봐왔고, 역사적으로도 많이 알고 있습니다.

정체성의 불연속성

이처럼 정체성의 전성기가 길게 이어지지 못하는 주된 원인을 어디에서 찾을 수 있을까요?

첫째는 전임자와 목회철학이 전혀 다른 후임자를 교회가 영입했을 때입니다. 그렇게 되면 전임자 또는 그 교회를 개척한 목회자가 가졌던 정체성을 완전히 잃어버리는 상황이 됩니다. 대형 교회에서는 드문 일이지만, 중소형 교회에서는 흔히 보는 일입니다. 목회자에 따라서 교회의 색깔이 완전히 바뀌는 것입니다.

둘째는 후임으로 온 목회자가 전임자의 목회와 차별화시키기 위해 고의적으로 그 교회의 전통적인 정체성을 조금씩 훼손시키면서 자기 나름대로의 정체성을 새롭게 부각시킬 때입니다. 그 결과 그 교회가 갖고 있는 본래의 이미지에서 많은 변화를 겪게 됩니다.

사랑의교회는 어느 경우에도 해당하지 않습니다. 왜냐하면 후임자를 선택할 때부터 제일 중요하게 생각한 것이 목회철학이었고, 사랑의교회 초대 목회자와 동일한 철학을 가지고 섬길 수 있는 후임자를 찾았기 때문입니다. 그래서 지금도 '제자훈련'이 사랑의교회 정체성의 핵심이 되고 있으며, 여전히 많은 사람들이 사랑의교회를 제자훈련 하는 교회로 인식하고 있습니다. 따라서 앞으로 사랑의교회가 해야 할 일은 정체성을 갖는 것이 아니라, 이 정체성을 좀 더 명료하고 또렷하게 발전시키는 일입니다. 또

한 이 정체성을 통해서 사랑의교회 역할을 더욱더 강화시키는 일입니다. 앞으로 한국 교회와 세계 교회를 어떻게 하면 섬길 수 있는지, 이 정체성을 새롭게 함으로써 사랑의교회가 다시 한번 옷을 갈아 입을 필요가 있다고 생각합니다.

제자훈련의 핵심 구절

우리 교회가 제자훈련을 강조하다 보니 이와 관련하여 항상 기억나는 성경 말씀이 있습니다. 즉 마태복음 28장 18절 이하에 나오는 "내가 너희에게 분부한 모든 것을 가르쳐 지키게 하라"(마 28:20)는 말씀입니다. 우리 교회가 말씀 중심의 교회라는 사실은 늘 마음속에 있을 것입니다. 제자를 만드는 사역은 말씀의 권위가 실종되고, 말씀의 힘이 떨어지면 그 어떤 것으로도 불가능합니다. 이것이 우리가 알고 있는 제자훈련입니다. 그러므로 우리 교회는 앞으로 이 부분에서 다시 한번 깊은 성찰이 필요합니다.

또한 우리는 골로새서 1장 28-29절 말씀을 기억합니다. "우리가 그를 전파하여 각 사람을 권하고 모든 지혜로 각 사람을 가르침은 각 사람을 그리스도 안에서 완전한 자로 세우려 함이니 이를 위하여 나도 내 속에서 능력으로 역사하시는 이의 역사를 따라 힘을 다하여 수고하노라" 바울처럼 각 사람에 대한 진실한 관심, 또 한 사람을 천하보다 귀히 여기는 주님의 심정을 우리 역시 가져야 합니다. 우리 교회가 한 사람 한 사람을 권하고 가르쳐 주님의 제자로서 세우는 이 사역을 결코 소홀히 해서는 안 될 것입니다.

마지막으로 갈라디아서 4장 19절 말씀입니다. "나의 자녀들아 너희 속에 그리스도의 형상을 이루기까지 다시 너희를 위하여 해산하는 수고를 하노니"

예수님을 닮아가는 제자란 겉으로 과감하게 옷을 바꿔 입는다고 되는 것이 아닙니다. 또는 어떤 행동이나 프로그램을 통해 예수의 제자가 되는 것도 아닙니다. 진짜 예수님의 제자 됨은 속사람에 그리스도의 형상이 이루어지기까지 보이지 않는 내면의 자아가 성숙하고 주님을 닮아가는 데 있습니다. 여기에 초점을 맞추어야 한다는 것 정도는 이미 다 알고 있을 것입니다.

따라서 한 교회를 평가할 때에 어떤 교회의 외적인 사이즈나 든든한 재력, 다양한 프로그램, 해박한 성경 지식을 우위에 두어서는 안 됩니다.

오히려 보이지 않는 내면의 자아가 주님의 품성을 닮아 가도록 하는 일에 교회가 어떻게, 어느 정도 열의를 갖고 지도하고 있는지를 봐야 합니다. 이는 제자훈련 하는 교회의 정체성에 있어서도 굉장히 중요한 부분입니다.

또한 앞서 언급한 말씀들을 우리가 마음에 두고 있다면, 우리 교회가 새로워지기 위해서라도 이 개념을 좀 더 확실히 할 필요가 있습니다. 다시 말해서 말씀에 대한 새로운 인식, 각 사람에 대한 새로운 도전, 그리고 외면보다 내면에 그리스도의 형상을 만드는 내적인 영성 부분에 있어서 좀 더 깊은 통찰력을 가지고 사역해야 한다고 생각합니다. 이런 중요한 개념들이 모호해지면 사랑의교회 정체성도 함께 불분명해진다는 것을 기억할 필요가 있습니다.

정체성의 혼란

지난 5년은 오 목사님이 와서 제가 25년 동안 성도들에게 끼치지 못한 좋은 은혜들을 경험하는 시간이었습니다. 특히 특새를 통한 새벽기도의 은혜를 빼놓을 수 없는데, 그 결과 기도, 찬양, 기쁨, 성령과 같은 중요한 키워드들이 성도들의 마음에 깊이 각인되었습니다. 한편으론 제가 사역할 때에 조금 소홀히 했던 개념들인데, 다시 당위를 인정받아 싹이 나고 꽃이 피는 은혜를 지난 5년 동안 체험했다고 생각합니다. 이런 것이 사랑의교회 정체성에 중요한 한몫을 감당한 것도 사실입니다.

그러나 다른 한편으론 우리가 원하지 않은 약간 혼란스러운 부분도 없지 않아 있었습니다. 어쩌면 제자훈련에 대한 선입견이나 고정관념이 강한 이유도 있겠지만, 성령이나 찬양, 기쁨과 같은 개념들을 강조하다 보니 제자훈련의 가장 핵심이 되는 말씀이나 경건, 순종과 같은 부분들이 조금씩 퇴색하는 양상입니다. 그래서 "사랑의교회가 어디로 가고 있느냐? 사랑의교회가 정말 제자훈련 하는 교회냐?"라고 질문을 던지는 외부의 동역자들도 많았습니다. 제가 볼 때 이것은 사랑의교회의 깊이를 잘 몰라서 겪는 혼란이기도 하지만, 동시에 어떤 면에서는 다시 한번 우리 자신을 돌아보게 만드는 하나의 계기가 아니었나 생각합니다.

알다시피 개혁신학에서는 다음 두 가지를 은혜의 수단으로 삼고 있습니다. 하나는 말씀을 통한 은혜로, 즉 말씀이 은혜의 수단이라는 것입니다. 나머지 하나는 성례를 통한 은혜, 즉 성찬과 세례가 은혜의 수단입니다. 개신교는 이 두 가지에 은혜의 수단이 집중되어 있습니다. 그래서 지금까지 저도 거기에 충실해 왔다고 할 수 있습니다. 그런데 제가 볼 때 개신교 신학에 있어서 다소 부족했던 부분이 있다면, 그 두 가지 은혜의 수단에만 은혜의 채널이 고정된 것처럼 너무 강조했다는 것입니다.

말씀 못지 않게 성령의 역사가 중요하다는 것은 너무나 자명한 사실입니다. 우리는 말씀을 통해서든, 영적 체험을 통해서든 말씀 못지 않게 찬양과 기도가 은혜의 수단이 된다는 사실을 알고 있습니다. 그런데 개혁신학에서는 다소 소홀히 다루어진 측면이 없잖아 있었습니다. 20세기에 나타난 오순절 운동의 사역이 개혁신학과 충돌하는 방향으로 전개된 역사적 배경도 간과하지 못할 것입니다.

우리 교회가 지난 5년 동안 말씀이나 깊이 있는 영성보다 성령이나 찬양, 기도나 기쁨과 같은 이런 개념에 집중하게 된 것은,

101

지난 25년 동안 그 부분이 약화되어 있었기 때문에 이를 보강하도록 허락하신 기회요, 은혜였다고 생각합니다. 문제는 이것이 계속 되면 또 혼란을 일으킬 위험이 있다는 것입니다.

세 가지 당부의 필요성

따라서 우리가 사랑의교회 정체성을 새롭게 하기 위해 담임목사도 강조를 하겠지만, 특별히 부교역자들이 몇 가지를 마음에 간직하고 실천해야 되지 않을까 생각합니다. 25년 동안 저를 통해서 받은 은혜도 간직하고, 또 5년 동안 오 목사님을 통해서 받은 은혜도 간직하되, 이 모든 은혜가 서로 조화를 이루어야 합니다. 그래서 더 온전한 자리로 사랑의교회 정체성을 끌어올릴 수 있도록 이제부터 여러분의 노력이 필요합니다.

지금 제가 너무 딱딱하게 이야기하죠? 실제로 여러분을 앞에 앉혀 놓고 이야기하면 이런 식으로 안 할 텐데, 아무도 없는 자리에서 혼자 전하니까 말도 잘 안 풀리고 분위기도 어색합니다. 여러분이 이해해 주십시오. 다음에 기회가 오면 함께 얼굴을 맞대고 이런 이야기를 다시 나눌 수 있길 바랍니다.

이제 제가 세 가지를 말씀드리겠습니다. 사랑의교회 정체성을 좀 더 완전한 자리로 끌어올리기 위해서, 또 외부에서 사랑의교회를 놓고 "지금도 제자훈련 하는 교회라고 말할 수 있냐? 이제

변질이 많이 되지 않았냐?" 하고 오해하는 사람들의 오해를 풀기 위해서, 앞으로 사랑의교회 평신도를 좀 더 주님이 기뻐하시는 제자로 훈련시키기 위해서, 다음 세 가지를 마음에 담고 여러분이 뛰어야 할 필요가 있다고 생각합니다.

말씀의 권위를 회복하라

첫째, 말씀의 권위를 회복하기 위해 부단히 노력하십시오.

무엇보다도 부교역자들이 노력해야 할 것은 말씀의 권위를 회복하는 것입니다. 여러분의 입장에서는 만족스럽지 않겠지만, 부교역자 몇 명을 앞에 두고 '하나님의 말씀에 대해서 어느 정도 깊이를 가진 교역자인가? 말씀의 권위를 가지고 어느 정도로 성도들에게 영향을 미칠 수 있는 교역자인가?'를 직감적으로 살펴보면 그 중에 두세 명만 제 기준에서 합격입니다. 나머지 예닐곱 명은 '많이 기다려야겠구나. 아직 기초가 안 되어 있구나. 은사적인 부분을 놓고 볼 때에 교역자로서 앞으로 걱정이다'라는 생각을 하게 합니다. 이것은 심각한 문제입니다. 대형 교회 입장에서는 많은 부교역자를 필요로 하는 반면, 정작 하나님의 말씀의 깊은 우물로 영혼을 채워줄 수 있는 부교역자를 찾기란 그만큼 쉽지 않기 때문입니다.

말씀을 다루는 자질 부분은 제자훈련을 할 때나 강단 사역을 맡았을 때 그대로 드러납니다. 그리고 심방을 갔을 때 말씀을 가지고 교인들과 어떻게 대화를 나누는지, 대화를 통해 어떠한 변화가 일어나는지로 평가할 수 있습니다. 그런데 부교역자 중에 이런 부분에서 깊이를 가진 분들을 찾기가 힘듭니다. 우리 교회 평신도의 수준이 보통이 아닙니다. 말씀을 잘하는 사람도 있고, 말씀을 잘 가르치는 사람도 있어서 교역자를 평가하는 눈이 보통이 아닙니다. 이 말은 그들 또한 말씀을 받아들이는 수준이 높다는 이야기도 됩니다.

한 예로 강명옥 전도사님이 외교통상부 제자훈련을 담당한다는 이야기를 들었는데, 말씀에 대한 갈급함과 사모하는 마음이 보통 뜨거운 게 아닙니다. 그들이 하나님의 말씀에 눈을 뜨기 시작하면서 정말 놀라운 일들이 일어나고, 그동안 갖고 있던 가치관과 세계관, 인생관이 한순간에 바뀌는 것을 봅니다. 모임에 한 번만 와 달라는 요청을 받고도 아직 못 가 봤는데 그들의 수준이 어느 정도일지 충분히 가늠됩니다. 그만큼 사랑의교회에 오면 그만한 수준의 사람이 된다는 것입니다.

제가 이번에 놀란 게 하나 있습니다. 포항제철 이구택 회장에 대해선 익히 알고 있을 텐데, 그분이 우리 교회 교인이라는 것은 아마 몰랐을 것입니다. 아내 되시는 분은 우리 교회 초창기부터 나왔지만, 이구택 회장은 신앙생활을 제대로 못했었습니다. 그런데 지난 6년 동안 회장을 맡아 많은 업적을 남긴 그가 이번에 퇴임하게 되어 제가 위로차 전화를 했습니다. 처음 회장이 된 후 제게 기도 요청을 하기 위해 사무실에서 한 번 만난 적이 있긴 합니다만, 벌써 6년 전 일입니다.

그 후 잘하고 있다는 소식만 들었는데 이번에 퇴임하고 나서 제게 전화를 한 것입니다. "목사님, 제가 퇴임을 작정하고는 어떻게 이런 용단을 내릴 수 있었을까 생각하니 옥 목사님의 영향이 굉장히 컸다는 것을 알았습니다. 목사님이 65세에 모든 것을 깨끗이 내려놓고 물러나시는 걸 보면서 큰 감동을 받았는데, 나도 그렇게 해야겠다는 생각이 들어 마음에 큰 부담 없이 결단을 내릴 수 있었습니다. 그런데 그것보다 더 중요한 것은, 제가 지난 12월부터 목사님의 로마서 강해 테이프를 구해서 매일 설교 한 편씩 듣다 보니 이제 다 들었거든요. 제가 그 말씀을 들으면서 제 자신이 영적으로 많이 어둡다는 것을 느껴서 회개했습니다." 저는 그의 입에서 그런 말이 나올 지 꿈에도 생각을 못했습니다.

로마서 강해는 제가 1991년도에 한 설교인데 굉장히 딱딱합니다. 게다가 본문 중심으로 준비한 설교라서 성도들이 알아 듣기 어려운 내용들도 꽤 나옵니다. 한편으론 고급스러운 용어들이 많이 나와서 믿음이 좋고 하나님의 말씀에 상당한 수준을 가진 사람은 듣기 좋을지 모르지만, 이구택 회장 같은 사람들은 한두 편 듣고는 그만둘 거라고 생각했었습니다. 그런데 말씀을 통해 깊은 은혜를 받았다는 말에 심히 놀랐습니다. '제자훈련도 안 받았고, 이렇다 할 만한 신앙생활의 경험이 쌓인 것도 아닌데 이 정도 수준의 말씀을 소화할 수 있고 은혜를 받을 수 있다니. 이런

게 사랑의교회 성도들의 수준이구나' 하고 말입니다.

부교역자들이 이 사실을 알고 노력해야 합니다. 물론 시간이 없겠지만, 어떻게든 시간을 만들어서 하나님의 말씀과 씨름하길 바랍니다. 그렇지 않으면 평신도 앞에서 금방 탄로날 것입니다. 말씀을 읽은 후 갖게 되는 막연한 느낌을 깨달음이라고 말하면서 그것으로 끝나면 QT 수준에 불과합니다. 그 정도는 예수님을 믿은 지 얼마 안 되는 사람도 조금만 지도받으면 다 할 수 있습니다. 교역자가 그 수준에서 머문다면 비참한 것입니다. 교역자는 말씀을 연구하고 하나님의 계시의 말씀을 깊이 파고 들어가야 합니다. 그러므로 평신도보다 훨씬 더 앞서야 하고, 말씀을 보는 눈이 날카로워야 합니다.

이를 위해서 부교역자들이 노력해야 합니다. 그러려면 시간을 억지로라도 만들어야 합니다. 그래서 제가 목회할 때는 부교역자들을 빙빙 돌리지 않았습니다. 무슨 대회를 자주 한다든지, 무슨 행사를 준비한다고 정신 없이 모이는 일이 드물었습니다. 고작 1년에 두서너 번이 전부였습니다. 그리고 교역자들이 게으름을 피울까 봐 감시의 눈을 번뜩이면서 뒤에서 감독하지 않았습니다.

왜냐하면 교역자들이 자기 시간을 활용할 수 있는 자유를 주는 것도 중요하기 때문입니다. 사랑의교회가 지향하는 부교역자 비전은, 사랑의교회에 충성하는 목회자를 키우는 데 있지 않습니다. 오히려 그들이 사랑의교회를 나갔을 때 한국 교회와 세계 교

106

회를 변화시킬 수 있는 인재로 양성하는 데 목적을 두고 있습니다. 그래서 저는 적당히 내버려 두었고, 사역을 맡기고 사역할 수 있는 분위기를 만드는 데 초점을 두었습니다. 물론 이를 악용해서 나중에 교회에 피해를 주는 교역자도 있었지만, 그런 교역자는 극소수에 지나지 않았습니다. 대부분의 목사님들은 제 뜻을 마음으로 잘 이어받아 사랑의교회 부교역자라는 이력에 부끄럽지 않을 만큼 실력 있는 교역자들이 되어 얼마나 목회를 잘하고 있는지 모릅니다. 그들은 부교역자로 사역할 때에 하나같이 하나님의 말씀을 가까이 하고 그 말씀을 깊이 연구하는 일에 심혈을 기울였다는 점에서 공통점이 있습니다.

예를 들면, 부교역자 중에 이런 경우도 있었습니다. 한번은 한 성도로부터 전화가 왔는데, 심방하기로 약속한 교역자가 안 왔다는 것입니다. 그러면서 "목사님, 이런 건 고쳐야 하는 거 아닙니까?" 하고 상한 마음을 토로해 왔습니다. 알아 보니 심방 약속을 하고선 이를 어긴 것이었습니다. 그래서 왜 약속을 어겼는지 해당 교역자에게 확인해 본즉, 심방 약속을 알고는 있었는데 집에서 말씀을 연구하고 책을 읽는데 몰두하다가 그만 깜박했다는 것이었습니다.

그 이야기를 듣고는 더 이상 잘못을 지적하지 않았습니다. 충분히 그럴 수 있다고 생각되었습니다. 자기 발전을 위해서 노력하는 모습을 보고는 오히려 나중에 나가서 사역을 잘하겠구나 하는 생각을 했습니다. 그리고 지금도 하나님 앞에서 귀하게 쓰임받고 있습니다.

부교역자는 개인 성경공부를 게을리하면 안 됩니다. 부교역자가 말씀을 보는 눈이 높아지면 높아질수록 평신도가 그만큼 눈을 크게 뜨게 되고 말씀의 은혜를 더 깊이 나눌 수 있습니다. 하지만 만일 여러분이 그 수준으로까지 올라가지 못하면 그만큼 평신도들도 힘들어집니다.

소명자의 목회 양심을 회복하라

둘째, 부교역자의 소명에 대해서 한순간도 잊지 마십시오.

부교역자 입장에서 꼭 생각할 부분이 있습니다. 여러분은 사랑의교회에 고용되었기 때문에 일하는 게 아니고, 주님이 여러분을 사랑의교회에 보내셨기 때문에 일하는 것입니다. 그러므로 여러분에게 중요한 것은 '목회 양심'입니다.

고용된 사람은 그냥 주어진 일을 시간 안에 끝마치면 된다는 단순한 직업의식을 가지고 일합니다. 그래서 눈치를 보면서 적당히 일하거나 일을 안 하고 땡땡이칠 수도 있습니다. 그러나 소명자들은 하나님의 부름을 받고 하나님의 명령을 순종하고자 이 교회에 왔다는 의식이 있기 때문에, 하나님 앞에서 자신의 양심을 걸고 스스로를 평가합니다. 이런 점에서 목회 양심이 중요하다고 말씀드리는 것입니다.

그러므로 부교역자 시스템이 이상적일수록 감독이나 간섭, 또는 책망이 최소화될 수 있습니다. 왜냐하면 소명자로서 각자 양심껏 일하게 되면, 군이 왜 일을 안 하냐고 나무랄 필요가 없기 때문입니다. 사랑의교회 부교역자 시스템이 앞으로도 계속해서 소명자로서의 양심이 작용하는 시스템이 되었으면 좋겠습니다. 교역자마다 주님 앞에서 양심에 거리낌이 없도록 해야 할 일에 최선을 다해야 합니다. 하나님 앞에서 부끄럽지 않다고 자신할 정도의 양심을 가지고 사역해야 합니다. 그럴 때 사랑의교회 정체성이 달라질 수 있습니다.

제자훈련의 양심은 각 사람들입니다. 제자훈련을 하는 사역자라면 양심을 가지고 사람을 볼 수 있어야 합니다. 이 말이 무슨 말입니까? 세상 사람들이 보기에는 하찮아 보여도 괜찮습니다. 건축자가 쓸모없다고 던져 버린 돌멩이 같은 존재여도 상관없습니다. 그런 보잘것없는 한 사람도 천하보다 귀히 여기고, 천을 이루고 강국을 이룰 수 있는 가능성을 지닌 사람으로 보는 것이 바로 교역자가 각 사람을 보는 양심이라고 할 수 있습니다. 이것이 없다면 제자훈련이 아닙니다. 제자훈련을 하는 교회로서 평신도들을 향해 우리와 똑같은 제사장이라고 강조하면서도 실제로는 똑같이 여기지 않습니다. 말은 그럴듯하게 하는 많은 교역자들을 보면 각 사람을 보는 눈이 양심적이지 못하다는 것을 알 수 있습니다. 절대로 주님의 마음이 아닙니다. 세상적인 마음을 가지고 있기 때문에 사람들을 차별하는 것입니다. 이 부분에 있어서 각자 깊이 생각하십시오.

사랑의교회는 이율배반적인 목회 환경을 가지고 있습니다. 다시 말해서 우리 교회는 한 사람의 중요성을 강조하는 제자훈련 목회 철학에 입각한 교회이지만, 사실 대형 교회 성격상 각 사람에게 주목할 여유가 없다는 사실입니다. 너무 화려해서, 너무 사람 수가 많아서 한 사람이 실종되는 것은 아무것도 아닌 것이 됩니다. 심방할 때도 마찬가지입니다. 성도들이 하는 말은 그저 스쳐 지나가는 소리로 듣습니다. 직접 찾아가기보다 적당히 전화로 때우면서 얼마든지 주어진 사역을 대충 하고 넘겨 버릴 수 있습니다. 입으로는 각 사람을 향해 주님의 눈을 가지고 주목한다고 하면서, 실제 사역에서는 각 사람으로 대접하지 않는 모순을 범할 수 있습니다. 이게 바로 사랑의교회 목회 현장입니다.

그럴지라도 명심하십시오. 한 사람이 중요합니다. 한 사람 한 사람이 교회입니다. 여러분이 살면 하나님 나라가 완성되는 것입니다. 과연 여러분은 각 사람을 얼마나 중요하게 생각하고 있습니까? 여러분이 사랑의교회 목회자로서 제대로 사역하길 원한다면 이런 사소한 것부터 바로잡아야 합니다.

본받을 만한 리더십을 회복하라

셋째, 본받을 것을 보이는 리더십을 중요시하십시오.

얼마든지 여러분이 담임목사님을 하나의 목회 모본으로 생각하고 본받고자 노력할 수 있다고 생각합니다. 그러한 모습은 부교역자에게 기대할 수 있는 정상적인 모습이기도 합니다. 내가 제자로서 모범을 보이면, 그것을 본 사람이 따르게 되고, 그 사람을 통해 또 다른 사람이 따르게 되는 것이 제자훈련 하는 교회의 정체성이자 중요한 흐름입니다. 따라서 여러분이 부교역자로서 담임목사님을 모범으로 삼고 배우며 따르는 것이야말로 주님이 기뻐하시는 일임을 확신할 수 있길 바랍니다.

그리고 여러분은 많은 평신도들에게 하나의 모범이 되어야 합니다. 성도들은 여러분을 보고 배우며 따르길 원합니다. 먼저 본을 보여 주고 이어서 본받는 영적 관계가 깊숙이 형성될 때에 제자훈련 하는 교회가 꽃필 수 있습니다. 그래서 사랑의교회 담임목사 자리는 굉장히 어려운 자리입니다. 가만히 있어도 본이 되어야 합니다. 담임목사가 명령한다고 해서 성도들이 움직이는 것이 아닙니다. 본을 보여야 움직입니다.

마찬가지로 부교역자가 요청하니까 성도들이 순종하는 것이 아닙니다. 본을 보여 주면 평신도 지도자들은 자연스럽게 따라가게 되어 있습니다. '우리 목사님처럼 한 영혼 한 영혼, 한 가정 한 가정을 위해서 정성을 쏟아야겠구나.' 이렇게 본받을 모습을 보여 주는 리더십이 굳건히 자리 잡았을 때 제자가 만들어지고, 교회가 제자 공동체가 되며, 우리는 하나님이 기뻐하시는 일을 위해서 쓰임받게 됩니다. 그러므로 '나는 성도들이 주목하는 본보

기다'라는 사실을 한시도 잊지 마십시오.

그래서 바울이 말한 것처럼 "내가 그리스도를 본받는 자가 된 것 같이 너희는 나를 본받는 자가 되라"(고전 11:1)고 감히 말할 수 있는 양심을 가지고 목회하면, 여러분의 사역은 축복받게 될 것입니다. 또한 사랑의교회가 여러분을 통해서 이 시대에 감동을 줄 수 있는 건강한 교회, 이상적인 교회로 발돋움하게 될 것입니다. 더 나아가 여러분이 이곳을 떠나 단독 목회를 하게 될 때에 하나님께서 큰 축복을 베푸실 것입니다.

끝으로 사랑의교회가 여러분에게 축복의 근원이 되기를 바랍니다. 오늘 제가 길게 말씀드렸습니다. 그러나 중요하다고 생각되기 때문에 이런 이야기를 꼭 하고 싶었습니다. 이번 짧은 수양회 기간 동안 많은 은혜를 받고 돌아오시길 바랍니다. 마지막으로 기도하겠습니다.

하나님 아버지, 이번에 수양관에서 신년도 사역을 놓고 함께 기도하고, 함께 비전을 나누며, 서로 사랑의 교제를 나눌 수 있는 기회를 주신 것 감사합니다. 이번 기회를 통해 담임목사님을 비롯한 모든 부교역자들에게 더 큰 은혜를 주셔서 성령 충만하게 하시고, 말씀의 강수가 흐르는 놀라운 시간들이 되게 하옵소서. 특별히 사랑의교회 정체성은 제자훈련입니다. 이 제자훈련이 지금까지 한국교회에 영향을 끼쳐 왔습니다만, 앞으로도 큰일을 할 수 있도록 주께서 제자훈련의 정체성을 더욱 명료하게 발전시켜 주시옵소서.

그리하여 우리 모두가 그리스도의 제자가 될 뿐 아니라 모든 평신
도들이 다 예수의 제자가 되어 천을 이루고 강국을 이루는 기적들
이 금년 한 해에도 계속 일어나도록 축복해 주시옵소서. 주 예수님
의 이름으로 기도하옵나이다. 아멘.

113

04

PART

평신도를 동역자로 세우는 길

제자훈련의 출발점을 찾다

우리가 그를 전파하여 각 사람을 권하고 모든 지혜로 각 사람을 가르침은 각 사람을
그리스도 안에서 완전한 자로 세우려 함이니 이를 위하여 나도 내 속에서 능력으로
역사하시는 이의 역사를 따라 힘을 다하여 수고하노라(골 1:28-29).

Chapter 01

목회의 시작

본질은 붙들고,
패러다임 변화에는
올라타다

채우기 위해
버리다

목회 패러다임, 그 변화의 시작을 이끈 질문 하나

한국 속담에는 "10년이면 강산이 변한다"라는 말이 있습니다. 제가 여기에 왔던 때가 23년 전입니다. 그동안 미국을 매년 오고 갔지만 한 번도 와보지 못했습니다. 22년 만에 처음 왔더니 많은 변화가 있는 것 같습니다. 저를 가르쳤던 교수님들이 한 분도 계시지 않고 다 은퇴를 하셨어요. 그래서 학교 소개서를 보면서 교수들의 이름을 다시 확인했습니다. 그동안 저도 많이 변했습니다. 아마 저를 지도하던 교수님들이 저를 보면 깜짝 놀라실 것입니다. 저도 이제 할아버지가 되었기 때문입니다. 오늘 이 시간에 이렇게 강의를 하게 해주신 닥터 디엠과 학교에 진심으로 감사를 드립니다.

제 생각에는 여기 계신 학생 중에 앞으로 한 80퍼센트는 목회를 하지 않을까 생각합니다. 그러므로 목회의 선배로서 제가 그동안 깨달았던 것 그리고 경험했던 것을 이번 기회를 통해 좀 나누었으면 좋겠습니다. 특별히 목회자로서 저의 목회 패러다임에 어떻게 해서 변화가 일어났는지에 대해 이야기하려고 합니다.

한국 기독교는 한 100년 정도의 역사가 있습니다. 그동안 위대한 선배 목회자들이 한국 교회를 지금까지 성장시켜 왔습니다. 식민지 시절에도 교회를 지켰고, 6.25 사변 중에도 교회를 성장시킨 위대한 선배들이 우리에게 있습니다. 그러므로 저는 목회자가 되기 위해 신학교에 들어가면서 목회에 있어 어떤 의문점도 없었습니다. 선배들이 워낙 잘했기 때문에 나는 그대로만 하면 된다는 생각이었습니다. 전통 목회에 충실하면 저로서는 최선을 다하는 것이라고 생각했습니다. 저도 그들처럼 하면 된다고 여겼습니다.

그랬던 저에게 작은 도전이 찾아왔습니다. 서울에서 그런대로 중견급에 속하는 교회였는데도 한 명만 남은 대학부를 맡게 된 것이었습니다. 그때가 신학교 졸업을 앞두고 있던 때였습니다. 그때 저는 비로소 사역에서 중요한 질문을 던지기 시작했습니다. "왜 기성 교회에서 젊은이들이 떠나는가?" 당시에는 제가 맡은 그 교회만 아니라 한국 전체에서 젊은이들이 썰물처럼 빠져나가고 있었습니다. 삼천 개가 넘는 서울에 있는 교회 중에 대학생이 25명 이상 모이는 교회는 불과 5개도 안 되었습니다. 제가 맡은 대학부는 1명 남은 상황이었습니다. 누구인지 찾아봤더니 대학부 회장이었습니다.

그때 그 교회는 대학생들이 빠져나가지 않도록 할 수 있는 모든 수단과 방법은 다 동원했습니다. 저명한 신학교 교수들을 데리고 와서 학생들에게 흥미 있는 주제로 강의도 많이 했고, 재정적인 지원도 많이 해서 대학생들이 맘껏 활동할 수 있도록 분위기를 만들어주었으며, 대학생들이 참여하기 편하게 주일날 예배 바로 전에 모일 수 있게 시간도 잘 조정해주었습니다. 하지만 결국은 학생들이 다 떠나고 한 명만 남은 너무나 어려운 상황이 되었습니다.

119

자존심을 비우고, 밑바닥부터 제자훈련을 배우다

그 대학부를 제가 맡게 되었을 때 저에게 그 상황은 작은 위기였고 도전이었습니다. 여러분, 꼭 기억하십시오. 목회를 시작할 때 어떤 위기가 오면 그것은 자신을 위해 굉장히 유익한 도전이 된다는 것을요. 왜 젊은이들이 교회를 떠나느냐는 그 질문이 저에게는 새로운 패러다임에 눈을 열어주는 계기가 되었습니다. 설교 시간에 청중들이 졸고 있는데 왜 내 설교를 사람들이 듣지 않는가 하는 질문을 던지지 않는다면 그는 목회자가 될 자격이 없습니다. 교회의 영향력이 점점 줄어가고 있는데 왜 교회가 약해지느냐 하는 문제로 고민하지 않는다면 그는 목회자로서 자격을 갖추지 못한 사람입니다. 어떤 도전이 오든 간에 여러분은 본질적인 질문을 던져야 하고 그 질문에 대한 해답을 반드시 찾아야 합니다.

왜 젊은이들이 교회를 떠나느냐는 질문으로 씨름하다가 드디어 저는 젊은이들이 잘 모이는 단체를 보게 되었습니다. 교회로부터 젊은이들이 빠져나가 거길 향해서 가는 것이었습니다. 당시 한국에서는 IVF, 네비게이토, 조이JOY와 같은 소위 '파라 처치'Para Church 사역이 활발하게 일어나고 있었습니다. 거기 젊은이들이 모이니까 거기에서 뭔가 배울 것이 있다고 생각했습니다. 당시만 해도 저는 교회 안에서만 자란 사람이었기 때문에 이 파라 처치에 상당히 거부감을 갖고 있었습니다. 대학 다닐 때 IVF 수련회에 억지로 끌려갔다가 하루 저녁 지나고 도망칠 정도였습니다. 그런데 지금은 젊은이들이 거기에 많이 모이니까 뭔가가 있는 게 틀림없다는 생각이 들었어요. 그래서 배우기를 원했습니다. 거기에서 사용하는 자료들을 전부 모았습니다. 그리고 검토를 시작했습니다.

그들의 사역의 방법 중에 '제자훈련'이라는 말이 중요하게 다가왔습니다. 저는 당시 그들이 사용하던 '디사이플십'이라는 말만 들어도 거부감이 생겼던 사람입니다. 하지만 그 제자훈련을 통해 많은 젊은이들이 구원받을 뿐만 아니라 굉장한 기쁨으로 대학생활을 하는 것을 보면서 이 문제를 다시 한번 생각해보자는 마음을 가졌습니다. 제가 맡은 대학부를 파라 처치 운동과 비교해보니 대학부에는 3가지 중요한 사실이 빠져 있었습니다.

첫째는 복음이 없었습니다. 복음 대신 교리doctrine만 있었습니다. 교리가 나쁜 것은 아닙니다. 그러나 복음이 없는 교리가 얼마든지 가능하다는 것을 그때 발견했습니다.

둘째는 양육이 없었습니다. 열심히 강의도 하고 성경도 가르쳤지만 전인격적인 터치를 가져올 만한 말씀의 양육이 없었습니다. 신앙과 삶의 조화를 이끌어줄 만한 구체적인 지도도 없었습니다. 그리고 성숙하게 해서 사역할 수 있는 방향으로 그들을 세워주는 일도 못했습니다. 단지 많은 것을 알게 하는 데만 치중해서 교육하고 있었습니다.

셋째는 비전이 없었습니다. 파라 처치는 세계 복음화라든지 이 사회를 하나님 나라로 바꾸자고 하는 등의 엄청난 비전을 젊은이들에게 심어주었습니다. 그러나 대학부에서는 이런 비전 대신 그저 1년 내내 행사로만 시간을 많이 보냈습니다. 등산이나 운동경기 등 친교 활동에만 관심을 갖고 있었습니다.

이 세 가지가 빠진 대학부를 발견하면서부터 저 자신에게 엄청난 내적인 변화가 일어났습니다. 그래서 한 명을 데리고 다시 새로운 출발을 하기로 결심했습니다. 비록 제가 제자훈련을 좋아하지는 않았지만 이것이 성경적인 길이라면 그것을 배우면서 또 모방하기로 결정했습니다. 제자훈련이 성경적으로 신학적으로 어떤 의미가 있는지 잘 몰랐지만 일단 모방을 하기로 했습니다.

5년 동안 그 대학부를 위해 사역했습니다. 그리고 이 기간에 하나님의 놀라운 역사를 체험했습니다. 한국에서 가장 큰 대학부로 발전한 것입니다. 매주 주일마다 12시 반에서 오후 5시 반까지 수백 명이 모여 장장 대여섯 시간의 집회를 매주 열었습니다. 매주 새로 예수 믿기로 작정한 젊은이들이 계속 들어왔습니다. 저는 대학생들을 제자훈련하고 그렇게 훈련받은 대학생들은 다른 학생들을 끌어주고 또 캠퍼스에서 전도하고, 또 여러 사회 문제를 안고 토론하는 일에 많은 시간을 보냈습니다.

대학생들을 지도하면서 특별히 두 가지에 눈을 뜬 것 같습니다.

첫째, 평신도의 중요성입니다. 평신도가 가진 은사와 그들이 영적 사역에도 쓰임받을 수 있다는 잠재력에 눈을 떴습니다. 대학생들은 다 평신도였습니다. 그럼에도 그들은 놀라운 사람들이었습니다. '야, 이 평신도에게 이렇게 놀라운 은사와 잠재력이 있다면 앞으로 목회를 할 때 이들에 대해 새로 생각해야겠다'는 마음이 들었습니다. 평신도를 사역에 동역자로 만드는 일을 고려해야겠다는 생각이었습니다.

둘째, 제자훈련의 위력입니다. 제자훈련에 대해서는 다양한 접근법이 있습니다. 그러나 성경을 통해 발견한 중요한 원리는 똑같습니다. 앞으로 이 부분을 말씀드리겠습니다. 제가 5년간 대학생들을 대상으로 사역하면서 참 놀라운 것을 얻었습니다. 이전에는 평신도에 대해 한 번도 관심을 가져본 일이 없었습니다. 사람을 키운다는 소위 제자훈련 원리에 대해서도 관심 밖이었습니다. 선배 목사님들은 그런 것을 가르쳐준 일이 없었습니다. 30년 전에는 신학교에서도 그런 문제를 언급하지 않았습니다. 제 목회 패러다임은 제자훈련이라든지 평신도 문제에는 관심을 갖지 않는, 그런 전통 패러다임이었습니다.

그러나 5년간 저의 이런 생각들은 크게 변했습니다. 빌 헐이 한 말은 제게 매우 의미 있게 다가왔습니다. 그가 이런 말을 했습니다. "첫 번째 종교개혁이 성직자의 손에 독점적으로 남아 있던 하나님 말씀을 교인들의 손에 넘겨준 것이라면, 두 번째 개혁은 성직자의 손에 독점적으로 남아 있던 사역을 빼앗아 교인들의 손에 넘겨주는 것이다."

1975년도로 기억합니다만, 로잔대회에서 참석했던 메디슨이라는 평신도는 이런 말을 했습니다. "평신도가 원하는 것이 무엇인가? 그것은 정말 중요한 일에 우리를 참여시켜달라는 것이다." 정말 중요한 일이 무엇인가요? 그것은 영적 사역입니다. 교회 안에서 영적으로 서로 섬기는 일이고 교회 밖에서는 그리스도의 증인으로 주님의 나라를 확장하는 일이요, 자기 삶 전부를 하나님이 기뻐하시는 거룩한 산제사로 드리는 것입니다.

빅 퀘스천에 매달려 답을 찾아가던 시간

당시 한국 교회에서 이런 일은 전부 교역자나 특별한 소명을 받은 선교사들에게 해당하는 것으로 알았습니다. 평신도는 예배에 잘 참석하면 되고, 성경을 배워 잘 기억하면 되며, 헌금 열심히 하고, 목사가 시키는 일에 잘 순종하면 된다고 생각했습니다. 그 이상은 생각할 필요가 없었습니다. 저도 마찬가지였습니다. 그러므로 교회 안에서 일하는 사람은 하나뿐입니다. 목사가 모든 것을 다 했고, 평신도는 구경꾼이었습니다. 이런 전통적인 패러다임을 갖고 있던 저에게 대학생들이 왜 교회에서 떠나느냐 하는 작은 질문이 가져다준 이 패러다임의 변화는 엄청난 것이었습니다.

그다음부터는 지금까지 당연시하던 것에 전부 질문을 던지기 시작했습니다. 왜 전통교회에서는 평신도가 제 역할을 하지 못할까? 평신도는 성경적으로, 신학적으로 어떤 존재인가? 왜 제자훈련은 전통적인 교회 토양에서는 항상 배척을 받을까? 교회는 도대체 무엇인가? 특별히 지상교회는 무엇인가? 목회는 무엇인가? 이와 같은 질문이 줄줄이 이어 나왔습니다. 그래서 제가 유학을 오기로 결심했습니다. 감사하게도 칼빈에서 그때 전부 장학금을 주어서 올 수 있었습니다. 그런데 가족을 데리고 올 정도는 아니었기에 저는 미국에 3년 동안 혼자 와 있었습니다. 굉장히 유익한 시간이었습니다. 칼빈에서 1년 반 공부하면서 많은 것을 정리할 수 있었습니다.

그러나 칼빈신학교가 중요하게 여기는 것과 제가 중요하게 여기는 것에는 상당한 차이가 있었습니다. 칼빈신학교는 평신도 문제나 제자훈련 같은 것에는 별로 관심이 없었습니다. 교수들에게 그런 이야기를 하면 나를 한참 쳐다보기만 했습니다. 그런 것이 무슨 연구 주제가 되느냐는 이야기였습니다. 그래서 저는 도서관에서 많은 시간을 보냈습니다. 이곳에서 가장 사랑하는 장소였습니다. 많은 것을 정리하면서 저 자신이 질문을 던졌던 문제에 대해 하나하나 답을 찾아가기 시작했습니다. 그래서 저는 칼빈신학교에 대해 항상 향수가 있습니다.

신학석사Th.M를 마칠 때 시험을 치르는데 교수들은 제 이야기를 신기하게 듣고 있었습니다. 자기들 보기에는 신통치 않은 이야기를 전 미친 것처럼 말을 하니까요. 칼 크로민가 박사만이 저를 편들어주었습니다. 제가 말을 제대로 못하면 옆에서 말을 바꾸어서 설명을 해주었습니다. 그래서 겨우 졸업할 수 있었습니다. 관심 주제가 워낙 신통치 않은 것이었기 때문에 크로민가 박사는 저에게 석사논문을 쓰지 말라고 했습니다. 조그마한 페이퍼만 준비하라고 했어요. 그 대신 다른 강의를 좀 많이 들으라고 했습니다. 저는 그렇게 하기로 했습니다. 그것은 대단히 좋은 충고였습니다. 제 생각을 넓힐 좋은 기회였기 때문입니다. 도서관에서 제 논문이 없는 것을 보고 '옥 목사 칼빈신학교 나왔다더니 순 사기구먼!' 이렇게 생각할지도 모릅니다. 그러나 저는 이 학교에서 제 목회를 위해 또 제게 있던 의문점에 대해 근본적인 해답들을 어느 정도 정리한 것을 감사하게 생각합니다.

제가 여기에서 정리한 것은 평신도에 관한 문제였습니다. 평신도가 누구인가? 이것을 저는 교회 개념으로 정리할 수 있었습니다. 여러분이 상식적으로 알고 있는 교회에 관한 기본 개념이 있습니다. 교회는 택자의 모임이라는 개념입니다. 그리고 그리스도의 몸이라는 개념입니다. 그리고 성령의 전이라는 개념입니다. 이 세 가지 중요한 개념으로 평신도의 정체성을 확인할 수 있었습니다.

여러분이 잘 알듯이 평신도라는 말은 라오스laos 혹은 라이코스laikos라는 어원을 갖고 있습니다. 백성이라는 뜻이지요. 나중에는 새로 탄생한 이스라엘 백성을 지칭하는 용어로 사용되었습니다. 그러므로 교회가 뭐냐 하면 평신도라는 말로 대치할 수 있습니다. 여기에는 어떤 성직자나 성직자 아닌 사람을 구별하는 어떤 내용이 전혀 없습니다. 특별히 택자의 모임이라는 기본 개념을 검토하면 더 분명해집니다. 세상으로부터 부름받았다고 하는 부름받은 택자라는 이 말 속에 교역자나 평신도를 따로 두거나 신분상 구별할 수 없다는 것을 발견했습니다. 그래서 저는 확신하게 되었습니다. 지금까지 한국 교회에서 교역자 성직자만 할 수 있다고 생각한 일을 평신도도 할 수 있다는 생각이었습니다.

그리고 동시에 교회의 주체는 교역자가 아니고 평신도라는 사실도 확신했습니다. 성령의 전이라는 기본 개념을 가지고도 같은 결론을 얻었습니다. 교역자는 성령을 갑절로 받고 평신도는 그 절반으로 받는 그런 차이가 전혀 없음을 알게 됐습니다. 교역자만 지성소에 들어갈 수 있고 평신도는 지성소 바깥에 마당에서 기다려야 한다는 차별 같은 건 전혀 없었습니다. 모두가 똑같이 성령을 모신 하나님의 전임을 알게 되었습니다. 그러므로 교역자와 평신도를 너무 구별하려는 것도 잘못되었다는 결론을 얻었습니다. 영적 사역에서는 평신도가 짊어져야 할 책임이 대단히 크다는 것도 알게 되었습니다.

그리스도의 몸을 생각해봐도 결론은 같았습니다. 모두가 그리스도의 몸입니다. 목사나 평신도나 다 그리스도의 몸에 있는 지체입니다. 전혀 차이가 없습니다. 지체끼리는 어떤 차이가 있을 수 없습니다. 모든 지체는 평등합니다. 모든 지체에게는 하나의 목적이 있습니다. 그것은 몸을 섬기는 것입니다. 저는 이렇게 기본 개념을 평신도의 중요성을 확인하면서 점점 새로운 세계에 눈을 뜨기 시작했습니다.

목회 패러다임 수정을 위해 교회론을 연구하다

여기 계시는 미국 신학생들은 제 말이 좀 이상하게 들릴지 모르겠습니다. 여러분 생각에는 CRCChristian Reformed Church나 미국 교회에서는 평신도가 제 역할을 하고 있다고 믿고 있기 때문입니다. 그러나 한국 교회는 10년 전까지도 그러질 못했습니다. 그리고 지금도 80% 이상의 교회는 여전히 평신도가 제구실을 못하고 있습니다. 오직 평신도는 목회자를 위해 존재하는 사람들처럼 보입니다.

수년 전, 감리교 교단의 600여 명의 목회자가 모이는 자리에서 제가 강의를 하게 되었습니다. 평신도도 조금 와서 앉아 있었습니다. 제가 질문을 던졌습니다. "자, 교회는 그리스도의 몸입니다. 옳습니까?" 모두가 고개를 끄덕였습니다. "우리는 모두 다 지체지요?" 역시 끄덕끄덕했습니다 "그러면 하나 더 묻겠습니다. 목사는 지체 가운데 어디에 해당합니까?" 모두 가만히 있었습니다. 저는 그들 중에 "목사는 머리입니다" 하는 말이 나올까 봐 상당히 불안했습니다. 다행히 그런 대답은 나오지 않았어요. 하지만 상당한 혼란에 빠진 것은 사실이었습니다. 자기는 평신도와는 다르다고 목사들은 생각했기 때문입니다. 그러니 똑같은 지체라고 할 때 목사는 어디에 해당하는지 얼른 대답하기가 어려웠습니다.

　어떤 평신도가 손을 번쩍 들었습니다. "목사는 목입니다." 모두가 웃었어요. 왜 목이냐고 제가 물었죠. "머리 바로 밑에 붙었고 머리와 몸 사이를 이어주지 않습니까? 그리고 머리를 맘대로 돌릴 수 있지 않습니까?" 너무 궁색하니까 그런 대답을 한 것 같습니다. 그러나 한 가지 분명한 사실이 있습니다. 평신도는 아주 중요하다는 것입니다. 평신도가 제 역할을 못하면 제대로 된 교회를 이룰 수 없다는 것입니다. 그동안 목사는 마치 머리처럼 행세해왔습니다. 이것은 한국 교회에서 반드시 시정해야 할 중요한 과제임을 확신하게 되었습니다.

　칼빈에서 제가 풀지 못한 숙제가 하나 있었습니다. 그것은 지상교회가 무엇이냐 하는 질문이었습니다. 여러분이 잘 아시듯 개혁주의신학에서 교회를 정의할 때는 보통은 택함받은 하나님의 백성이라고 정의합니다. 저는 이 정의에 좀 불만이 있었습니다. 이것은 불가견의 교회, 오직 하나뿐인 교회에 대한 정의로는 완전합니다. 그러나 지상교회를 놓고 정의하는 데는 무엇인가 큰 것 하나가 빠진 것 같았습니다. 택함받은 공동체라고 할 때는 하나의 특권을 이야기합니다. 하나님 은혜로 구원받고 하나님 백성이 되었다는 것은 세상 어느 것과도 비교할 수 없는 특권입니다. 그러나 지상교회는 이런 특권만 알고 있으면 안 된다는 것이 제 생각이었습니다.

개혁주의 신학에서 교회론을 보면 온통 특권 이야기만 합니다. 왜 교회가 지상에 있어야 하는지, 하나님이 교회를 왜 지상에 세워놓고 기다리고 계시는가에 대한 명확한 설명과 답을 주지 않아요. 제가 평신도의 중요성을 깨달았잖아요? 그리고 그들을 그리스도의 제자로 만들어야 한다는 데 꿈을 갖고 있지 않습니까? 하지만 이런 사실들은 신학적으로 분명한 근거를 가질 때 힘을 발휘할 수 있습니다. 특권만 이야기하는 교회론으로는 제자훈련의 당위성이라든지 평신도의 역할을 강하게 이야기할 수 없습니다.

여러분, 우리 개혁주의 교회론이 너무 완벽하잖아요? 그리고 지상교회에 대한 분명한 특권 이외에 소명을 이야기하지 않기 때문에 이것이 한국 교회 목회 전반에 엄청난 영향을 미쳤습니다. 완전한 정의가 목회의 역기능을 가져왔다는 이야기가 이상하게 들릴지 모르겠습니다. 성도들에게 특권을 강조하다가 보니까 목

129

회가 보호 목회로 정착되었습니다. 구원받은 하나님의 자녀들이 양우리를 벗어나지 못하도록 잘 보호해서 천국까지 인도하는 것을 목회의 전부로 인식했습니다. 그러므로 택함받은 자신이 왜 택함받았는지 분명히 설명해주지 않아서 소명의식이 거의 없습니다. 그리고 교회가 전반적으로 내향성을 띠게 되었습니다. 사회나 세상에 대해 관심이 아주 약해졌습니다. 그러다 보니 당연히 교회가 부흥이 되질 않아요. 자기가 왜 전도해야 하는지 정확히 알지 못하기 때문에 그렇습니다. 그래서 모든 목회자는 그저 양 떼를 잘 보호해서 교회에 어떤 일이 일어나지 않으면 목회를 잘하는 걸로 생각했습니다.

저는 처음에 이와 같은 목회 성향이 교회론으로부터 빚어진 줄 몰랐습니다. 그러나 전통적인 교회론에 부족한 부분이 있었음을 발견하고 나서는 그 문제가 왜 생겼는지를 알게 되었습니다. 전통적인 교회론을 비판한 예를 몇 가지 들겠습니다. "종교개혁자들과 다수의 17세기 신학자들은 대사명이 사도들에게만 국한되어 있다고 생각했다. 그런데 사도들이 죽자 예수 그리스도의 명령도 함께 죽어버렸다. 그 대사명은 사도들이 세운 교회까지는 미치지 못하고 있었다." 헤리보어의 말로 알고 있습니다. 존 피터도 비슷한 이야기를 했습니다. "전통적인 교회론이 평신도에게 특권은 강조했지만 소명에 대해서는 거의 이야기를 하지 않았다." 다시 말하면 선교적인 소명에 대해서는 말한 바가 없었다고 지적합니다.

이들의 비판을 좀 더 확인하기 위해 고린도전서 12장 28절에 대해 루터와 칼빈, 특히 칼빈이 주석한 것을 좀 확인해보았습니다. "하나님이 교회 중에 몇을 세우셨으니 첫째는 사도요 둘째는 선지자요…." 본문의 '사도'에 대해 칼빈은 이런 말을 했습니다. 그대로 인용하겠습니다.

주님께서 사도직을 제정하셨다. 그것은 전 세계에 복음을 전하기 위해서였다. 그들은 가는 곳마다 모든 족속과 방언 가운데서 대사직을 수행하지 않으면 안 되었다. 이 점에서 사도와 목사 사이에는 차이가 있다. 목사는 어느 한 지역 교회에 매여 있는 사람이다. 주님께서 목사에게는 복음을 전하라는 사명을 주시지 않고 그가 맡은 교회를 목양하게 하셨다.

루터도 비슷한 말을 했습니다. 사도직의 독특성을 설명하는 데는 옳았습니다. 그러나 예수님께서 복음 전하라는 대사명을 사도에게만 주시고 그 후 목사는 그런 사명을 받지 않았다는 뉘앙스로 남긴 이 말은 저를 굉장히 당황하게 했습니다.

칼빈이 평신도의 중요성을 말하지 않은 것은 아닙니다. 평신도가 중요하고 복음을 전해야 하는 소명에 대해서도 언급했습니다. 그러나 매우 소극적이었습니다. 칼빈의 근본적인 관심은 다른 데 있었습니다. 그것은 당시 상황 때문이었습니다. 제가 그런 것을 여기서 다 설명할 수는 없습니다. 그러나 그 종교개혁자들의 교회론은 당시 처한 상황에 따라 어느 정도 제한적이었습니다. 평신도에게 어떤 소명이 주어졌느냐에 대해 교회론에서 확고하게 강조하지 못한 것이 그들의 약점임을 발견했습니다. 그래서 어떤 신학자는 이렇게 비판했습니다. "종교개혁자들이 보기에 사도들이 죽자마자 대사명도 함께 장사되었다." 물론 너무 지나친 비판이라고 생각합니다. 그러나 그런 비판을 받을 소지가 어느 정도 남아 있다는 것을 인정합니다.

여러분, 전 세계적으로 개혁신학 배경을 가진 장로교나 여러 교단을 잘 보세요. 목회가 굉장히 소극적입니다. 평신도가 너무나 비활동적입니다. 영적 사역에서 아무 역할도 못하고 있습니다. 자기들끼리 싸우기에 정신없습니다. 목사는 그들을 그저 보호하고 심방해서 교회로부터 떠나지 않게 하는 데만 진땀을 흘리면서 노력하고 있습니다. 이런 영향은 교회론의 약점 때문에 빚어진 결과라고 생각했습니다. 그래서 교회론을 좀 더 연구할 필요가 있었습니다. 제가 원하는 답을 찾기까지는 쉴 수가 없었습니다.

교회론을 알면
평신도 사역이 보인다

교회의 사도성을 깨닫다

여러분, 많이 참석해주셔서 고맙습니다. 제가 여기 학생으로 있을 때 강사들이 오셔서 특강을 하면 한 20명 앉아 있었어요. 그러나 여기 오신 여러분을 위해 이제 제가 목회자로서 갖게 된 여러 신학적인 깨달음과 목회 경험을 함께 나눔으로써, 제가 체험했던 놀라운 기적이 10년, 20년 후에 여러분의 사역에서도 분명히 드러나기를 저는 기도하고 있습니다.

　오전에 제가 말씀드린 대로 왜 젊은이들이 교회를 떠나는가 하는 소박한 질문에서 시작해 목회자로서 어떤 결론에 도달하기 위해 제가 긴 여정을 시작했었음을 기억하기 바랍니다. 여러분도 앞으로 목회자로서 어떤 질문을 품고 있는가가 중요함을 다시 한번 강조합니다. 남이 하는 대로 하겠다는 것은 좋으면서도 나쁜 것입니다. 좋은 것은 항상 배우길 원하고 또 받아들여야 합니다. 그러나 우리 상황은 계속 바뀌고 있습니다. 사역 대상인 청중들도 계속 바뀝니다. 그런데 목회자가 바뀌지 않는다면 문제가 있습니다. 사람들은 달구지를 끌고 다니다가 이제 자가용을 타고 다니는데, 여전히 달구지 끌고 다니던 시대에 하던 대로 목회하고 있습니다.

어떤 교회에서 성장 연구를 하는 학자가 이런 비유를 들었습니다. DC3 여객기와 점보747 여객기는 근본적으로 똑같습니다. 여객을 나르는 것이 목적입니다. 그리고 조종사와 스튜어디스가 있고요. 승객은 앉아서 갑니다. 날개와 엔진이 있는 것도 똑같습니다. 그러나 두 비행기가 얼마나 다른 것은 여러분도 압니다. 속도가 다르고, 안락감이 틀리고 컴퓨터 시스템 수준이 확연히 다릅니다. 하나는 제트엔진이고 하나는 프로펠러 엔진입니다. 지금 누가 DC3 비행기로 여객을 운송하는 비즈니스를 한다면 그는 분명히 망하고 말 것입니다. 아무도 그 비행기를 안 타려고 하겠지요. 우리의 목회도 마찬가지입니다. 모든 본질은 똑같습니다. 200년 전에 미국에 온 화란계 선배들의 목회 본질이나 우리의 목회하는 본질이나 다를 게 없습니다.

하지만 그 방법에 있어서는 너무나 다른 것이 많습니다. 무엇이 달라야 하는가를 우리는 정확히 확인해야 합니다. 그러기 위해 항상 질문해야 합니다. 거기에 대한 성경적인 답을 찾아야 하고, 신학적인 기초를 닦아야 합니다. 우리는 지도자이기 때문에 남의 것을 카피하는 것으로는 만족할 수 없습니다. 우리 나름대로 목회철학을 가져야 합니다. 이것을 위해 제가 학생이 되어 어떤 여행을 했는지를 계속해서 말씀드리겠습니다.

지상교회가 무엇인지에 관해 질문을 던졌다고 했습니다. 보이는 교회Visible Church, 지상교회가 뭐냐 하는 것입니다. 부름받은 특권만 가지고는 지상교회가 만족할 수 없습니다. 지상교회에는 하나님께서 명령하신 소명이 있습니다. 특별히 평신도에게 하나님이 주신 소명이 있습니다. 그것이 없다면 제가 대학생들에게서 발견한 그런 놀라운 은사와 잠재력도 주시지 않았을 것입니다.

개혁주의 신학을 공부하면서 교회론을 보면 지상교회가 가진 소명에 대해 확실하게 설명하지 못하는 것이 제게는 늘 불만이었습니다. 웨스트민스터 신학교를 갔습니다. 목회학 신학과정을 처음으로 오픈했던 시절이었습니다. 한국인 학생으로서 처음 이제 제가 지필 시험paper examination을 끝내고 입학을 허락받았습니다. 평신도를 참 하나님의 소명자로 세우려고 하는데 이 평신도가 과연 그 소명을 받은 자인가에 관해 신학적으로 분명한 해답을 얻으려는 것이 목적이었습니다.

그런데 놀랍게도 웨스트민스터 신학교도 저의 토픽에 대해 별 관심이 없었습니다. 목회학 박사D. Min 과정을 위해 연구하고 싶은 과제와 소제목을 페이퍼 하나에 적어 어느 교수에게 제출했어요. 그걸 보더니 뭐 이런 걸 연구하려고 하느냐 하면서 그 자리에서 찢어버리는 거예요. 그 교수는 상담을 좀 받아야 할 사람이라고 생각했습니다. 저는 지상교회가 무엇이냐, 정말 소명을 받았느냐, 무슨 소명을 받았느냐 하는 것에 대해 신학적으로 답을 찾기 위해 계속 시도했습니다.

어느 날 학교 안에 있는 서점에 갔습니다. 그날도 제가 찾고 싶은 책들을 뒤지고 있었죠. 다른 날에도 여러 번 그 서점에 가 봤지만 그날 따라 내 눈에 특별히 들어온 책이 있습니다. 제목은 『교회』였습니다. 저자 이름을 보니 한스 큉이었습니다. 아시다시피 그 사람은 가톨릭 신학자입니다. 처음에는 뭐 가톨릭 신학자가 쓴 교회론을 읽는다고 무슨 이익이 있겠느냐 하고 관심을 두지 않으려고 했습니다. 그렇게 지나치다가 다시 돌아갔어요. 마침 그 책은 번역된 책이어서 읽기에는 어렵지 않았습니다. 그래서 저는 그 자리에 앉아서 제가 원하는 챕터를 전부 읽기 시작했어요. 그때 제 마음에 놀라운 광선이 환하게 비치는 것을 발견했습니다. 제가 찾던 해답이 거기 있었기 때문입니다. 가톨릭 신학자의 책에서 해답을 얻었다니 정말 놀라운 일 아닙니까! 그래서 당장 그 책을 사서 처음부터 끝까지 읽었어요.

가톨릭 학자이니 내가 받아들일 수 없는 잘못된 이야기들을 하는 건 아닌지 찾아보았습니다. 제가 실력이 없어서 그랬는지, 아니면 개혁신학에서 철저하게 교육받지 못해서 그런 건지 거기서 어떤 잘못된 걸 찾아내기가 대단히 어려웠습니다. 오히려 제가 놀라 자빠졌습니다. 어떻게 가톨릭 신학자가 이렇게 기가 막

136

힌 교회론을 쓸 수 있는가! 그래서 저는 한스 큉이 누구냐고 신학교에서 묻고 다녔습니다. 그랬더니 한스 큉이 쓴 책 중에서 『교회』The Church와 『칭의』Justification은 읽어도 괜찮다고 교수들이 그래요. 그 두 책에 대해서는 복음주의 계열에서도 상당히 좋은 반응을 얻었다는 것입니다. 그러나 그의 신학적인 이력을 보면 변화가 상당히 많았다고 했습니다. 그래서 제가 그분의 이론을 받아들여도 괜찮으냐고 물었죠. 그거는 자유라고 그럽니다. 그가 교회론을 쓸 때는 마치 하나님이 당나귀의 입을 열어 말하게 하신 것처럼 기가 막힌 글을 쓰게 했다고 생각합니다.

제가 한스 큉에게서 얻은 것은 네 가지 교회 본질 중에서 '사도성'이 얼마나 중요한가를 발견한 것입니다. 신학교에서 공부할 때 사도성에 대해 들어본 일이 없었습니다. 저는 교회 본질에 관해서는 성성과 통일성, 보편성에 대해서만 알고 있었습니다. 개혁주의 신학자들이 쓴 교회론을 보면 사도성에 대해 거의 말하지 않고 있습니다. 우리가 교과서로 사용한 루이스 벌콥의 『조직신학』에서는 사도성에 관한 언급이 전혀 없습니다. 그리고 매뉴얼에 보면 사도성을 잠깐 언급하는데 그것도 부분적으로만 이야기합니다. 다른 분들의 책을 보아도 사도성을 매우 소극적으로 다루고 넘어갑니다. 그래서 저는 왜 종교개혁자들과 이후의 신학자들이 사도성에 대해 이렇게 기피하는 듯한 인상을 남기게 되었는가를 조금 공부해보았습니다.

평신도도 하나님의 소명자인 이유

잘 아시겠지만 로마 가톨릭이 중세기에 자기 정통성을 나타내기 위해 항상 들고 나오는 주제가 사도적인 계승자라고 하는 소위 '사도성'이었습니다. 그렇기에 개혁자들에게는 자연히 좋은 인상을 남기지 못했습니다. 하지만 한스 큉을 통해 사도성의 본질이 무엇인가를 알았을 때 이것을 무시한다는 것은 옳지 않다는 확신을 갖게 되었습니다.

사도성이라는 것은 요한복음 20장 21절("아버지께서 나를 보내신 것같이 나도 너희를 보내노라")과 에베소서 2장 20절("너희는 사도들과 선지자들의 터 위에 세우심을 입은 자라")에 근거합니다. 그러므로 사도들의 베이스가 없는 교회는 성경이 말하는 교회가 아니라는 말과 같습니다.

한스 큉의 말을 인용하겠습니다.

다양성 중에 통일성, 대체성 중에 보편성, 죄성 중에 성성, 이렇게 교회 본질 세 가지를 연구하면서 언제나 마음속에 담아두지 않으면 안 되는 것은 표준에 관한 문제다. 어느 정도로 교회가 하나 되고 거룩하고 보편적일 수 있는가? 참된 통일성, 보편성, 성성이란 무엇인가?

그것을 판단하는 결정적인 표준은 교회의 제4의 속성에 나타나 있다. 교회가 무엇보다 사도적일 때 그 교회는 정말 하나 되고 거룩하며 보편적일 수 있다. 중요한 것은 그 교회가 어떤 종류의 통일성,

보편성, 성성이 있는가 그리고 그런 의미에서 그 교회가 사도적인
가 하는 데 있다.

사도직은 독특한 것이어서 여기서 반복될 수 없습니다. 그리
고 한스 큉에 의하면 사도직은 어떤 개인이나 대표가 계승할 수
없습니다. 그런 의미에서 가톨릭이 주장하는 사도성은 근본적으
로 잘못된 것입니다. 사도는 더 이상 존재하지 않습니다. 그러나
사도의 교훈과 사역은 남아 있습니다. 그 교훈과 사역을 계승하
는 것을 일컬어 사도성의 계승이라고 말합니다. 그러면 누가 사
도의 계승자가 할 수 있습니까? 한스 큉의 대답을 제가 인용하죠.

오직 한 가지 기본적인 대답이 있다. 그것은 교회라는 것이다. 소수
의 개인이 아니라 전 교회가 계승한다.

한스 큉의 책을 읽기 전까지는 이런 이야기를 들어본 적이 없
었습니다. 그러면 사도의 계승자가 되는 구체적인 방법은 무엇
인가? 두 가지라고 한스 큉은 이야기합니다. 하나는 사도들의 교
훈을, 다른 하나는 사도들의 사역을 계승하는 것입니다. 사도들
의 교훈을 교회가 계승한다는 것에 관해서는 루이스 벌콥도 매뉴
얼에서 언급했습니다. 이 점에 대해서는 사도성을 알았든 몰랐든
지금까지 자연스럽게 사도들의 교훈을 교회의 모든 성도가 다 받
아 고백하고 증거하고 그 진리를 지키고 있다는 것을 잘 압니다.

저를 아주 흥분하게 한 것은 우리 교회가 사도들의 사역을 계승했다고 가르치는 내용이었습니다. 오전에 제가 인용했던 것처럼, 칼빈이나 루터는 사도들에게 주님이 명령하신 대사명이 지역 교회 목사에게는 그대로 계승이 안 되는 것처럼 언급했습니다. 너희는 가서 모든 족속으로 제자를 삼으라는 명령은 특별한 사람에게만 주어지는 소명인 줄 배워왔습니다. 지금도 한국 교회에 있는 80% 평신도는 그 소명이 목사나 선교사들에게 주어진 것이지 자기와는 관계없다는 생각 속에 안주하고 있습니다. 세상으로 보내는 이 예수님의 명령을 전 교회가 그대로 계승했다고 하는 사실을 철저하게 가르치는 목회자도 극소수에 지나지 않습니다. 만약 그런 식으로 생각한다면 그 교회는 진정 사도의 터 위에 세워진 교회라고 할 수 없지요. 사도들이 받았던 사역에서 평신도가 면제받을 수 있다고 생각한다면 그것은 사도의 계승자가 아닙니다. 드디어 전 교회the whole church 그리고 모든 개인은 사도들이 주님으로부터 받았던 소명을 계승하고 있으며, 거기에서 저는 평신도를 제자훈련시켜야 할 신학적인 근거를 발견한 것입니다.

한동안 저를 비판하는 목회자들이 많았습니다. 저는 평신도를 놓고 '당신도 소명자'라고 가르칩니다. "우리가 하나님 앞에 섰을 때 한 달란트, 두 달란트, 다섯 달란트 받은 사람들처럼 은사에 따라 주님과 결산해야 할 때가 오는데, 그 자리에서는 목사 따로, 선교사 따로, 평신도 따로 세운다는 말씀은 없다. 모두가 다 달란트에 따라서 달란트 받은 대로 서야 한다." 그런 다음 다섯 달란트 받은 사람이 목사라고 확신하는 사람은 손들어보라고 도전합니다. 아무도 손들지 못해요. 한 달란트 받은 사람이 평신도라고 생각하는 사람 손들라고 하니까 아무도 안 들어요. 결국, 모든 평신도가 사도의 계승자로서 주님으로부터 소명을 받았다고 하는 사실을 제가 사도성에서 확신한 다음에 평신도를 그리스도의 제자로 세우는 것은 성경적이고 개혁신학에서도 전혀 잘못된 것이 없음을 확신하게 됐죠. 그래서 저는 지상교회에 대해 이렇게 저 나름의 정의를 만들어보았습니다. "지상교회는 세상으로부터 부름받은 하나님의 백성이요. 동시에 세상으로 보냄받은 그리스도의 제자다." 그래서 특권이 있으면 소명이 있다는 것도 강조했습니다.

예배 시간마다 공동체 고백을 통해 우리는 세상으로부터 부름받은 하나님의 백성이라는 특권이 있고, 동시에 세상으로 보냄받은 그리스도의 제자라는 소명이 있음을 모두가 고백하게 만듭니다. 이것이 저의 목회철학이 되었습니다. 대부분의 목사님들은 성도를 세상으로부터 부름받은 사람들이라는 인식에서 봅니다. 그러나 저는 거기에 보태 예배를 마치면 이 사람들은 세상으로 보냄을 받아 흩어져야 할 그리스도의 제자로 봅니다. 그러면 소명자로서 나가는 저들에게 예배만 보게 하고 보낼 수가 없는 것입니다. 전선에 사병을 보내면서 손에 총도 들리지 않고, 총 쏘는 법도 가르쳐주지 않고 보내는 지휘관은 아무도 없습니다. 제가 목회하는 사랑의교회 공동체가 다른 점이 하나 있다면 바로 이런 것입니다. 나는 옥 목사와 똑같이 하나님 앞에 소명받은 사람이다 하는 강한 소명의식을 갖고 있습니다. 그러므로 교역자의 손에서 훈련을 받지 않으면 안 된다는 생각이 있습니다.

리더십의 변화: 평신도를 '위해'에서 평신도와 '함께'로

얼마 전에 앙케트 조사를 한 일이 있습니다. 나는 목사와 동일한 소명자라고 대답한 사람은 97%였습니다. 제가 결혼하던 32년 전보다 얼마나 많이 달라진 것입니까? 32년 전에는 목사 할 사람들이 결혼하기가 참 힘들었습니다. 교회 안에서 인물 좋고, 공부 좀 하고, 매력 있다는 여자들은 목사에게 시집갈 생각을 아예 안 합니다. 목사는 특별하게 소명받은 사람이라고 생각했기 때문입니다. 그러나 교회 장로에게는 그런 소명이 없다고 생각했습니다. 그래서 매력 있는 여자들은 대부분 장로 후보자가 될 만한 총각들에게 시집갔습니다. 이렇게 모든 평신도가 나는 목사도, 선교사도, 목사 아내도 아니니까 나는 소명을 받지 않았다, 그러므로 이렇게 편안하게 신앙생활 하다가 천국 가면 된다는 생각에 젖어 있었습니다. 교회의 99.9%에 해당하는 평신도가 전부 이런 식으로 생각한다면 그 교회가 무슨 일을 할 수 있겠습니까? 그것은 뭔가 크게 잘못된 것입니다. 떡이나 얻어먹고, 이적 기사나 보려고 예수님을 따라다니던 무리와 다른 것이 없어요. 예수님께서 자기를 따르는 무리에게 제자가 되라고 하신 데는 분명한 이유가 있었어요.

교회가 사도의 본질을 잇기 때문에 소명자라는 것을 다시 한 번 확인하기 위해 하나님의 뜻에 대해 검토를 더 해보았습니다. '펠레마'에 어떤 뜻이 있는지 제가 검토하다가 좋은 사실을 하나 발견했습니다. 여러분이 잘 아시는 TDNTTheological Dictionary of the New Testament 사전을 보면 슈랭크라는 독일학자가 이 펠레마에 대해 아주 좋은 논문을 썼습니다. 신약성경에 나오는 하나님의 뜻을 전부 검토한 후 그가 얻은 결론은 이것입니다. 하나님의 뜻은 단수이며 복수는 거의 없다. 바로 하나님의 뜻은 하나라는 것입니다. 그것은 세상을 구원하는 것입니다. 그 일을 위해 지상교회를 남겨놓고 계십니다. 이 일에 모든 교회가 부름을 받았습니다. 그 뜻에 부합하지 않는 교회는 어떤 형식의 교회든, 어떤 전통을 지닌 교회든 간에 하나님의 뜻과 위배됩니다.

또 하나 검토한 것이 있습니다. 헤리보어의 책, 『오순절과 사명』Pentecost and mission에서 제가 중요한 사실 하나를 발견했습니다. 그에 관점에 의하면 성령께서 오순절에 이 지상에 임하셨을 때 궁극적인 목적은 "교회의 입을 여시는 것"이라고 했습니다. 구약 교회는 잠잠했습니다. 침묵했습니다. 그러나 성령이 임하자마자 성령은 교회의 입을 열었습니다. 오순절 다락방에 모인 120명은 모두가 사도는 아니었습니다. 거기에는 남녀노소가 있었습니다. 그런데 성령께서 각 사람에게 임하셔서 그들의 입을 열었습니다.

그리고 성령의 말하게 하심을 따라 각자의 방언으로 하나님을 찬양했습니다. 그들이 말한 주제는 베드로의 설교를 통해 확인한 바로는 복음이었습니다. 예수 그리스도가 주가 되신다는 것이었습니다. 사도행전 4장을 보면 산헤드린 공회 앞에서 성령의 역사와 마귀의 역사가 아주 분명하게 대립해서 나타나는 것을 봅니다. 사탄은 입을 열지 않도록 했습니다. 베드로와 요한의 입을 닫기 위해 협박하고 그들에게 공갈을 쳤습니다.

그러나 바울은 성령께서 자기들에게 무엇을 하라고 하시는가를 분명히 알았습니다. "우리는 보고 들은 바를 말하지 아니할 수 없다." 성령께서는 입을 열게 합니다. 왜 그렇습니까? 소명자이기 때문입니다. 세상을 구원하려고 하는 하나님의 뜻을 위해 지상교회가 부름받았기 때문입니다. 사도들이 이렇게 부름받은 것처럼 사도들의 터 위에 세워지는 모든 교회는 이와 같은 소명에 부름받은 것입니다. 이 일을 위해 하나님께서는 각 사람에게 성령을 부어주셨습니다. 오늘도 우리는 성령을 모시고 있습니다. 누구든지 예수 그리스도를 고백하는 자는 복음을 증거하라는 성령의 음성을 듣습니다. 그러므로 평신도를 천당가기 위해 기다리는 대기실 승객처럼 낮잠 자게 만들면 안 됩니다. 이렇게 교회론을 검토하면서 "아, 내가 제자훈련을 시키려는 것은 성경적이고 신학적으로 바른 선택을 한 것"이라고 확신했죠.

여러분이 아시듯이 목사는 전도할 기회가 드뭅니다. 저같이 3만 명의 교인을 데리고 산다면 믿지 않는 사람을 만나는 게 정말 천국 가기보다 더 어려워요. 시간도 없고요. 그리고 제가 목사라는 걸 알면 다 도망가고 만나주지 않습니다. 내가 사는 아파트, 집 앞에 있는 사람들에 대해 10년이 되어도 전도를 못 하고 있어요. 내가 무슨 말을 하려고 하면 긴장하고 들어요. 그래서 우리는 그들을 위해 기도만 하고 있습니다. 목사가 전도한다는 게 얼마나 힘든지요. 처음에 9명을 데리고 개척했을 때 매일 아파트를 돌아다니면서 벨을 눌렀어요. 그리고 전도했어요. 한 사람이라도 붙들고 사영리를 복음을 전했어요. 그러나 교인이 500명 넘어가니까 그것도 못하겠더라고요. 제자훈련하고 설교하고 교회 이끌어가는 데만 해도 몸이 3개라도 감당을 못하게 됐어요. 그런데 성경을 보다가 한 가지 큰 것을 깨달았습니다. 에베소서 4장 11-12절이에요. 하나님께서 목사와 교사인 교역자를 주신 목적은 집집이 돌아다니면서 전도하라고 한 것이 아님을 알았어요. 성도를 온전케 만들기 위해 교역자를 주셨다고 했어요.

145

그러나 성도를 온전케 한 다음에 그들에게 봉사의 일을 하도록 한다고 그랬습니다. 무엇을 위해 나 같은 교역자는 사람을 세우는 데 전력을 쏟고 나가서 일하는 것은 평신도가 하느냐는 거예요. 그래서 리더십에 새로운 패러다임이 생겼습니다. 옛날에는 평신도를 '위해' 나는 무엇을 하는 목사가 될까를 생각했죠. 그러나 지금은 평신도와 '함께' 무엇을 할 것인지를 생각하는 리더십을 갖게 됐습니다. 리더십에 있어서 for에서 with로 변하는 데 20년이 가도 안 되는 사람이 많아요. 목사들 중에서는 죽을 때까지 안 되는 사람도 있어요. 그래서 교회 안에서 자기 혼자 다 해야 하는 것으로 생각해요. 다른 사람들, 특히 평신도는 그저 자기 옷자락만 잡아주면 된다고 생각해요. 이런 반응은 교회가 사도의 터 위에 세워졌다는 본질을 너무 모르는 데서 나옵니다. 여러분은 굉장히 현명하고 신학적으로 많은 것을 연구하기 때문에 제가 충분히 설명을 안 해도 이 정도면 제가 무슨 생각을 하는 사람인가를 알게 됐을 거예요.

세상을 정복하는
하나님의 방법

안녕하십니까? 대단히 좋은 아침입니다. 오랜만에 이 시간에 파란 하늘, 구름 한 점 없는 하늘을 볼 수 있게 되어 굉장히 기분이 좋습니다. 어제 말씀드린 것을 간단하게 요약해보겠습니다.

대학생이 왜 기성 교회에서 떠나느냐 하는 질문을 30년 전에 던지면서 드디어 제 목회에 새로운 패러다임이 생겼다고 말씀드렸습니다. 대학생들을 지도하면서 저는 평신도의 은사와 그들의 잠재력에 대해 그리고 제자훈련의 위력에 눈을 뜨게 되었습니다. 저는 이 평신도에 대해 다시 한번 신학적으로 정리하기를 원했고, 더 나아가서는 교회가 무엇인지 또 목회가 무엇인지를 좀 더 신학적으로 정립하기 위해 유학을 왔다고 했습니다. 평신도가 중요하고 평신도를 그리스도의 제자로 세우는 것이 중요하다는 주장을 뒷받침할 수 있는 신학적인 근거를 교회론에서 찾을 수 있기를 원했습니다. 그래서 교회론을 검토하다가 한스 큉의 교회론을 통해 교회가 사도적인 본질을 갖고 있음을 발견했고 그것을 통해 저 자신의 목회철학을 정립할 수 있었다고 말했습니다. 교회가 사도적인 본질을 갖고 있기 때문에 모든 평신도는 사도들과 똑같이 소명자라는 사실을 확인하게 되었습니다. 지상교회의 정의를 저 나름대로 이렇게 정리했습니다. "지상교회는 세상으로부터 부름받은 하나님의 백성인 동시에 세상으로 보냄받은 그리스도의 제자다." 그렇다면 세상으로 보냄을 받은 소명자를 어떻게 목회할 것이냐 하는 데 대한 나름의 답은 자연스럽게 나오게 됩니다.

평신도 사역의 표준과 목표: 제자도

그렇다면 중요한 문제가 하나 남아 있습니다. 평신도를 소명자로 갖추어 세상으로 내보내길 원한다면 어떤 표준과 어떤 방향에 맞추어 평신도를 소명자로, 그리스도의 제자로 세울 것이냐 즉 표준과 방향에 관한 문제를 풀어야 합니다. 평신도를 그리스도의 제자로 만든다면서 내가 좋아하는 식으로 만들 수도 있어요. 또 흔히들 하듯 하면 된다고 생각할 수 있어요. 무슨 표준으로 평신도를 훈련시켜 소명자로 만들어야 합니까? 그리고 궁극적인 목표는 어디에 두어야 합니까?

대단히 중요한 문제입니다. 대부분의 목회자가 이 생각을 하지 않아요. 그저 성경만 가르치면 된다고 생각합니다. 그러나 성경은 가르치는 자의 생각과 방법에 따라 여러 다양한 얼굴을 가질 수 있습니다. 지도자가 분명한 목표와 표준을 제시하고, 그 목표와 표준이 성경적이라는 확신을 가질 때 비로소 평신도를 제대로 세울 수 있고, 또한 소명자로 훈련시킬 수 있습니다. 교회가 사도적인 본질을 갖고 있다면 그 본질에 일치하는 평신도상은 제자도에 있음을 저는 발견했습니다. 다시 반복합니다. 교회의 사도적인 본질에 일치하는 평신도의 자아상을 어디에서 찾을 것인가? 제자도에서 찾아야 합니다.

제자도라는 말은 성경에 없습니다. 그리고 제자도에 대한 정의도 없습니다. 그러나 성경 안에는 누가 제자이며 어떻게 사는 것이 제자의 삶인가에 대해서는 넘칠 정도로 많습니다. 제자도가 평신도 훈련에 목표와 표준이 되기 때문에 이것은 전략적인 가치를 갖습니다.

여러분, 전략적인 가치라는 게 무엇인지 잘 아시죠? 예를 하나 들죠. 사실 평신도에 대해 먼저 눈을 뜨고 그 깃발을 높이 든 단체는 에큐메니칼 운동자들이었습니다. 평신도에 관한 책이나 논문을 통해 헨드릭 크레머 같은 인물을 접하시겠지만 19세기 와서 이 에큐메니칼 운동자들은 평신도의 잠재력을 먼저 발견하고 굉장한 흥분 상태에서 새로운 운동을 시작했습니다. 그들은 그렇게 평신도 운동에서 선구자가 되었는데, 에큐메니칼 운동자들이 세운 전략을 두 마디로 요약하면 참여와 세속화입니다. 겉으로는 굉장히 좋은 전략입니다. 참여라고 함은 모든 교회 사역을 평신도에게 오픈하는 것입니다. 세속화는 모든 평신도가 죄를 짓는 나쁜 일이 아닌 이상 사회 각 분야에 스며들어 그리스도인으로서 역할을 감당하게 하는 것입니다. 굉장히 매력적인 전략입니다. 그러나 결국은 실패하고 말았습니다.

그런데 한창 에큐메니칼 운동이 일어나고 있을 때 저 미국의 촌구석 한쪽 모퉁이에서 아주 무식한 사람들이 은혜를 받고 복음선교 단체들을 조직하기 시작했습니다. 네비게이토의 도슨 트로트맨 같은 사람이 대표적인 예입니다. 에큐메니칼 운동자들은 참여와 세속화라는 전략을 세웠고, 파라 처치 사역을 하는 사람들은 '제자도'를 전략으로 세웠습니다. 이 두 전략의 차이점이 무엇인지 선명하게 아셔야 합니다. 50년, 반세기가 지나고 나서 에큐메니칼 쪽 평신도 운동은 결국 실패했지만 파라 처치 사역, 즉 평신도 운동은 성공했습니다.

CRC 소속의 스크로텐보 목사가 이런 말을 했습니다. "WCC는 그 성격과 전략 면에서 선교의 위기를 만나고 있다. 반면에 평신도 제자도를 큰소리로 계속 외치는 복음주의 선교 기관들은 놀라운 속도로 증가하고 있다." 1976년도에 스크로텐보가 이러한 보고를 했습니다. 저는 이 판단이 바른 판단이라고 봅니다. 1990년대 들어와서 에큐메니칼 운동하는 쪽에서 평신도 운동이나 평신도를 통해 선교 활동에 뭐 이렇다 할 만한 것을 내놓은 것이 없습니다.

그러면 왜 에큐메니칼 전략이 실패했느냐? 왜 복음주의 선교단체의 전략은 성공했느냐? 이유는 간단합니다. 에큐메니칼 운동 전략에서 우선순위는 일에 있었습니다. 즉 일 시키는 데 있었습니다. 대신 선교단체 전략의 강조점은 사람 만드는 데 있었습니다. 이것이 제자도가 가르치는 중요한 전략적인 요소입니다.

하나님의 방법은 '준비된 사람'을 통해 이루어진다

사람을 먼저 만들고 일을 시킨다. 이것이 하나님의 방법입니다.
사람이 준비되기 전에는 어떤 일도 시작하지 않는 것이 하나님의 방법입니다. 그분에게 가장 좋은 방법은 준비된 사람입니다. 아무리 평신도에게 사역을 오픈하고 세상에 나가 그리스도인답게 제 역할을 하라고 해도 그가 영적으로 신앙적으로 인격적으로 준비되어 있지 않으면 실패할 수밖에 없습니다. 그러나 속도는 느린 것 같고 일은 진전되지 않는 것 같지만 사람 만드는 일에 투자하면 결국 준비된 사람은 일을 하게 되어 있습니다.

오늘날 많은 목회자가 이 제자도가 지닌 전략적인 성격을 이해하지 못하는 것 같아요. 일을 먼저 앞세우고, 교회 성장을 너무 강조합니다. 항상 눈에 보이는 결과를 앞세우기 때문에 사람을 준비하는 일에 투자하지 않아요. 아이 하나를 낳으려고 해도 엄마가 거의 1년 동안 씨름해야 합니다. 그리고 그 아이를 나름대로 사회에서 제 역할을 할 수 있게 하려면 20년 가까이 책임지고 투자하면서 키워야 합니다. 사람을 준비하는 일은 굉장히 시간이 오래 걸리고 많은 투자를 요하지만 그것은 가장 확실한 길입니다.

400여 년 동안 노예생활에 찌든 채 하소연하고 통곡하는 이스라엘 백성을 구원하기 위해 하나님은 모세라는 어린 애를 세상에 내보낸 거, 잘 아시죠? 그리고 80년을 기다리셨어요. 모세가 준비되어야 하기 때문입니다. 예수님이 제자들을 3년 동안 데리고 다니면서 훈련하신 이유가 어디 있습니까? 갈릴리 바다에 모아 놓고 한 시간 부흥회하면 끝나는 거 아닌가요? 예수 그리스도의 능력으로는 얼마든지 할 수 있는 일이죠. 그러나 사람을 준비하는 일에 있어서 하나님은 영적 법칙으로 자연법칙을 깨뜨리지 않으십니다. 자연적인 법칙에 따르면 아무리 영적인 준비를 갖추는 일이라도 시간이 필요하고 투자해야 하고 오래 기다려야 한다는 것이 하나님이 세운 법칙입니다.

그러므로 제자도는 예수님처럼 되고 예수님처럼 살려고 하는 가장 높은 표준을 놓고 달려가게 만드는 전략입니다. 우리는 죽었다 깨어나도 예수님처럼 되지는 않습니다. 아무리 노력해도 그 목표는 달성하지 못합니다. 그럼에도 예수님은 자기를 닮으라고 하십니다. 자기를 따르라고 합니다. 왜 예수님께서는 오르지 못할 정상을 앞에 놓고 올라오라고 하실까요? 하나님이 갖고 계신 우리를 향한 꿈이 그러하기 때문입니다. 정상이 높고 표준이 높을수록 우리는 더 고상한 삶을 살 수 있습니다. 표준이 낮을수록 그 사람은 질적으로 떨어질 수밖에 없습니다. 제자도는 우리에게 어떤 사람이 되어야 하고 어떤 삶을 살아야 할지를 판단할 수 있는 최상의 표준과 목표를 우리에게 가르쳐줍니다.

　사복음서에는 제자라는 단어가 약 300번 정도 나옵니다. 마가복음을 보면 제자란 말을 아주 좁은 의미로 사용합니다. 즉, 열두 제자에게만 제자라는 이름을 붙입니다. 그러나 마태복음은 넓은 의미와 좁은 의미를 함께 사용합니다. 사도 외에도 예수님을 따르는 자를 제자라고 부릅니다. 요한복음도 같은 용도로 사용하고 있습니다. 제자라는 말을 가장 혁명적으로 사용한 사람은 누가였습니다. 사도행전을 보면 예수 믿고 돌아오는 모든 사람에게 제자라는 말을 서슴지 않고 붙입니다. 그리고 예수의 제자로 불린 사람들을 세상 사람들이 '그리스도인'이라고 불렀다는 표현이 등장합니다.

제자도의 3가지 기본 요소

그러나 서신서로 넘어가면 제자라는 말은 신기할 정도로 갑자기 사라져버립니다. 여기에 대해 여러 학자가 자기 나름의 견해를 발표하는 것을 제가 보았습니다. 여러분이 흥미 있게 연구할 만한 소재가 되리라고 봅니다. 그러나 용어가 사라졌다고 해서 예수의 제자가 되기 위한 제자도 교훈이나 제자도 정신에 대한 언급도 없어졌다고 할 수는 없습니다. 오히려 제자도에 관한 설명과 이야기는 사복음서보다도 서신서에 더 풍부합니다. 저는 서신서를 보다가 제자도를 가장 완벽하게 드러내는 말을 찾아냈습니다. 바로 '온전한 자'입니다. 서신서에 '완전한 자, 온전한 자'를 뜻하는 몇 가지 헬라어 용어들이 나옵니다.

텔레이오스Teleios나 또 카타르티스머스katartismos 같은 말들이 한국어 성경에는 모두 같은 용어로 번역되어 있습니다. 고린도전서 14장 20절, 에베소서 4장 12절, 골로새서 1장 28절, 디모데후서 3장 17절 같은 구절이 아마 좋은 소재가 될 것입니다.

온전한 자라는 말이 제자가 되라, 제자가 된다는 이 제자도를 가장 완벽하게 표현한다고 말하는 이유는 에베소서 4장 12-13절 때문입니다. 에베소서 4장 12절에 사용한 온전한 자라는 말을 13절에서는 비유로 설명하고 있습니다. 어린애 특히 사내애는 아빠를 보며 "나는 아빠처럼 될 거야" 하는 말을 잘합니다. 어린애에게는 아빠가 하나의 표준이요 목표입니다. 사도 바울은 어린애가 아빠를 보듯이 우리 그리스도인들은 예수 그리스도를 하나의 표준으로 보고 그 표준에 이를 만큼 충만하게 자라가야 한다고 말씀합니다.

그 본문을 좀 더 세밀히 보시기를 바랍니다. 그러므로 평신도를 참 소명자로 세우기 위해서는 예수 그리스도가 제시한 제자도의 표준과 목표를 따라야 한다는 것입니다. 제가 성경을 정리해 보니까 이 제자도에는 적어도 세 가지 기본 요소가 있는 것을 발견했습니다. 어떤 요소를 갖춰야 우리가 예수님을 닮는다고 할 수 있을까요?

첫째는 전적인 위탁자가 되어야 합니다. 예수 그리스도의 인격에 전적으로 자신을 위탁해야 한다는 것입니다. 저는 세미나 때마다 룻기 1장 16-17절을 자주 인용합니다. 룻이 자기 시어머니를 따라 갈 때 고백한 내용이 바로 16절입니다. 그 구절에 어머니 대신 '예수님'이라는 말로 바꾸어 그 본문을 다시 읽어보세요. 그러면 전적인 위탁이라는 것이 어떤 것인가를 금방 확인할 수 있습니다. 예수 그리스도에게 자기를 완전히 맡기고 그를 따라가려고 하는 자세가 없는 사람은 절대 제자라고 부를 수 없습니다.

여러분, 제자훈련이 무엇입니까? 성경 가르치는 건가요? 이는 하나의 수단에 지나지 않습니다. 궁극적인 목적은 예수님이 원하는 사람이 되는 것입니다. 제자훈련할 때 가장 어려운 과정이 있다면 바로 전적으로 위탁하게 만드는 것입니다. 여러분은 신학교에 오신 분들입니다. 앞으로 교회 지도자가 되기를 바라는 사람입니다. 여러분은 전적으로 위탁되었습니까? 정말 예수 그리스도에게 모든 것을 다 맡기고 그를 따라갈 준비가 된 사람입니까?

한국에서 보면 목사들 중에서도 놀라울 정도로 위탁이 안 된 사람을 가끔 봅니다. 하물며 평신도가 예수 그리스도에게 전적으로 위탁한 삶을 살도록 하는 것은 결코 쉬운 일이 아닙니다. 저

155

는 이 전적인 위탁문제를 놓고 제자훈련반에서 3개월 이상 고민하고 고통하는 남자들을 보았습니다. 예수님이 말씀하시는 인생목표와 자기가 설정한 인생 목표는 너무나 다르기 때문에 충돌하면 고민할 수밖에 없다는 것입니다. 예수님이 보여주시는 가치관과 자기가 알고 있는 가치관은 동일하지 않음을 인정하고 무엇을 선택할 것이냐를 놓고 매우 심각한 고민에 빠지는 것을 보았습니다.

자기 가치관을 고집하면서 예수님에게 위탁했다고 말할 수 있습니까? 마태복음 10장 37절이나 누가복음 14장 26절 이하를 보십시오. 주님은 얼마나 과격한 위탁을 요구하고 계시는지. 물론 그 본문을 해석하는 데는 견해차가 상당합니다. 그리고 우리는 그런 본문을 상당히 주의해서 다루어야 합니다. 잘못하면 성경이 말씀하지 않는 이야기를 할 수 있습니다. 그러나 기본정신은 분명합니다. 예수님에게 우리 삶을 전적으로 맡겨야 한다는 것입니다. 그리고 그가 명령하는 일에 순종해야 합니다. 완전하지 않지만 흉내라도 내야 한다는 거예요. 평신도에게 이와 같은 위탁된 삶을 살도록 지도하는 것이 제자훈련입니다. 제자훈련 하면서 가장 도전받는 사람은 평신도가 아니라 목사입니다.

저는 평소에 주님께 완전히 위탁하고 사는 목사라고 늘 생각했습니다마는 평신도와 함께 앉아 그런 문제와 함께 말씀을 공부하면 항상 가책이 옵니다. 그리고 자신을 더 난처하게 만드는 것이 있습니다. 평신도인데 저보다 더 주님께 자신을 완전히 위탁하고 살아가는 모습을 볼 때입니다. 솔직히 말씀드리면 지난 20년 동안 사역을 하면서 말씀을 통해 받은 은혜도 굉장히 많지만 저보다도 앞서는 평신도 때문에 받은 은혜가 사실 못지않게 큽니다. 그래서 저는 사랑의교회 목회하면서 항상 기가 죽어서 삽니다. 목사는 월급 받아가면서 교회 덕분에 사는 사람이지만 평신도는 자기 돈 내가면서 신앙 생활하는 사람이에요. 그러면서도 목사보다 훨씬 더 예수님을 앞서 따라가고 있으니까 기가 안 죽을 수가 없어요. 그러므로 제자훈련 잘 시키는 목사는 잘못될 수 없습니다. 이 제자훈련을 한다는 것은 성경 공부를 한다는 게 아니고, 예수님이 보여주신 표준에 맞춰 평신도를 훈련시키고 그러다 보면 목사 자신도 예수님을 닮아가는 지도자가 되는 하나의 과정이라고 생각하시면 됩니다.

157

제자훈련하면서 이 전적 위탁이라는 과제가 해결되면 그다음부터 제자훈련은 천국과 같은 행복을 맛보게 됩니다. 만약 제자훈련하면서 목사나 평신도가 예수 그리스도에게 자신을 위탁하는 삶에 대해 분명한 답을 얻지 못하고 적당히 넘어간다면 그 제자훈련은 반드시 실패합니다. 그렇다고 해서 목사나 평신도가 마치 베드로가 자기 것을 다 내버리고 주님을 쫓아가듯이 위탁해야 한다는 말이 아닙니다. 사도행전을 보더라도 예수 그리스도의 제자가 된 사람이 다 그런 식으로 위탁하고 살았다는 기록이 없습니다. 예수님이 말씀하시는 위탁은 상황적이고, 개인적이고, 상대적이라는 것을 성경을 통해 볼 수 있습니다. 그러므로 각자의 위치에서 어떻게 하는 것이 예수님에게 전적으로 위탁하는 것인가를 말씀과 성령을 통해 각자 해답을 얻도록 해야 합니다. 그래서 각자 해답을 얻고 나면 가슴에는 천국이 찾아옵니다. 그들은 성경 안에서 자유인이 됩니다. 제자훈련이 실패할 것이냐 실패하지 않을 것이냐 하는 문제는 이 위탁 문제를 다루는 데서 결정 납니다.

저는 이 위탁문제 때문에 제자훈련을 실패한 적이 있습니다. 두 번째 남제자반을 모집할 때였습니다. 교회가 조그마했기 때문에 남자들이 많지 않았어요. 첫 번째 제자반은 굉장히 성공적이었습니다. 그래서 나는 흥분해서 두 번째 제자반도 곧바로 시작했습니다. 그렇지만 제자훈련을 받을 만한 남자들이 별로 없었어요. 그래서 억지로 반을 만들었습니다. 하지만 6개월도 되지 않아 해산되어버렸어요. 마지막에 해산될 때 문제가 되었던 것은 위탁의 문제였습니다. 마태복음 10장을 보면 예수님께서 자기 처자나 부모나 형제를 예수님보다 더 사랑하는 자는 합당치 않고 하시는 말씀이 나옵니다. 그 문제를 다룰 때 거기 앉은 사람들 표정을 보았습니다.

저는 이미 이 남자반을 해산시킬 마음이었습니다. 그런데 해산시킬 때 어퍼컷을 한번 먹이고 싶었습니다. 그래서 마태복음 10장 본문을 읽고는 각자 어떻게 생각하느냐고 물었습니다. 모두가 입이 이만큼 나와 말도 안 하고 있어요. 그중 어느 조그마한 기업을 경영하는 사장이 나중에 입을 열었습니다. 그는 약간 말을 더듬는 사람이었습니다. "교회가 이렇게 가르치니까 남편들이 아내를 교회에 안 내보내는 것입니다" 그래요. "남편을 사랑하라고 가르쳐도 자기 아내에게 교회 가라고 하는 걸 주저하는데 남편보다 예수를 더 사랑하라고 하면 누가 교회를 내보내겠습니까?" 하고 따집니다. 그래서 사람들에게도 동의하느냐고 물었어요. 모두가 끄덕끄덕해요. 그래서 제가 그 사장보고 다시 물었습니다. "당신은 부인이 세상에서 당신만 사랑한다고 확신합니까?" 아무 말 없이 가만히 있어요. 역시 양심적인 사람이었습니다. 여러분, 그 말씀은 가족을 사랑하지 말라는 말씀이 아니지 않습니까? 오히려 가족을 더 사랑할 수 있게끔 하나님의 방법을 제시하는 것이거든요. 그렇지만 믿음이 어린 사람이 볼 때는 이건 도무지 용납할 수 없는 이상한 이야기였던 것이지요.

159

두 번째로 그리스도의 증인이 되는 것입니다. 자기의 인격과 삶과 말을 통해 예수 그리스도를 증거하고 고백하고 찬양하고 또 이야기할 수 있는 삶으로 바뀌는 것이 바로 예수의 제자가 된다는 것입니다. 이것도 제자훈련 과정에서 대단히 어려운 과정입니다. 많은 사람이 예수님을 그렇게 기쁘게 증거하지를 못해요. 하지만 제자훈련이 무엇입니까? 예수 그리스도로 충만한 사람을 만드는 것입니다.

세 번째로 예수님처럼 섬기는 삶을 사는 것입니다. 놀라운 것은 교회 안에서 말은 섬긴다고 하면서 실제로는 모두가 섬기길 싫어하는 것을 봅니다. 제자훈련이 무엇입니까? 그것은 예수님처럼 형제의 발을 씻기는 자가 되는 것입니다. 한번 생각해 보세요. 전적으로 위탁하고 하나님만을 쫓아가는 사람, 어디를 가든지 복음을 증거하는 사람, 항상 종이 되어 사랑으로 섬기는 사람. 이 세 요소를 합하면 이미지 하나가 나옵니다. 바로 예수 그리스도의 이미지입니다. 모든 평신도가 그런 예수님 이미지를 앞에 놓고 그 이미지를 닮아가려고 노력하게 하는 것이 제자훈련입니다. 이런 의미에서 제자도는 목회에 있어 전략적인 가치를 갖습니다. 제자도에 대한 분명한 이해가 없으면 목회자는 평신도를 어떤 표준에 맞추어 세우고 훈련시켜야 할지 방향 잡기가 어렵습니다.

신학교에 있으면서 이런 문제에 관심을 갖고 연구해주시면 고맙겠습니다. 바울이 푯대를 향해 달려간다는 말을 한 것을 저는 이해합니다. 목회자는 분명한 목표와 표준을 갖고 있어야 합니다. 이는 자기 자신을 위해 중요합니다. 그리고 평신도를 위해서도 중요합니다. 그리고 여러분의 목회를 위해서도 중요합니다. 하나님께서 여러분을 축복해주시기를 바랍니다.

평신도 동역자,
이렇게 얻는다

오늘 마지막 시간에는 구체적인 제자훈련이라는 것이 어떤 것인가를 말씀드리고 싶습니다. 그것은 목회 방법입니다. 목회철학은 교회론에서 나오고, 목회전략은 제자도에서 나오며, 목회 방법은 제자훈련에서 나오는 것이라고 정리하시면 도움이 될 것입니다. '훈련'이라는 말을 쓰는 것에 대해 좀 의아하게 생각할지도 모르겠습니다.

저는 훈련이라는 말을 정의할 때 예수님께서 말씀하신 마태복음 28장 20절, "가르쳐 지키게 하라"를 기반으로 사용합니다. 지금까지는 '교육'이라는 말을 많이 쓰지요. 교육이라는 말은 상당히 광범위한 말입니다. 전통적인 한국 교회에서는 교회 교육이나 기독교 교육, 주일학교 교육… 이렇게 교육이라고 주로 말하고 썼지 훈련이라는 용어는 잘 사용하지 않았습니다.

교회에 목사를 세우신 이유

제가 특별히 훈련이라는 말을 즐겨 사용하는 이유가 한두 가지 있습니다. 지금까지 한국 교회에서 노력해온 소위 기독교 교육은 이미 한계에 부딪혔기 때문입니다. 특별히 성인들을 교회에서 교육하는 데 있어 지금의 교육 개념은 상당히 많은 문제를 안고 있습니다. 그래서 그 말 대신에 훈련이라는 말을 썼습니다. 훈련에는 분명한 목표가 있고 구체적인 방법이 제시됩니다. 예수님께서 "가르쳐 지키게 하라"고 하신 말씀은 상당히 구체적인 목표와 방법까지 포함한다고 봅니다. 지금까지 한국 교회에서 열심히 가르쳤지만 지키게 하는 데까지 책임지려고 하지는 못했습니다. 제자 훈련은 예수님께서 모범으로 보여주신 하나의 교육 방법입니다. 그래서 제가 훈련이라는 말을 즐겨 사용하는 것을 이해해주시면 좋겠습니다.

저는 20년 동안 목회를 하면서 이 제자훈련 목회야말로 성경에 가장 근접한 목회 방법이 아닌가 확신하게 되었습니다. 제가 그렇게 생각한 성경적인 근거로 세 가지를 말씀드릴 수 있습니다.

우선 에베소서 4장 11-12절을 보면 예수님께서 교역자를 교회에 세우신 목적 중에 첫 번째가 제자를 만드는 데 있음을 알 수 있습니다. 이 온전케 한다는 말은 제자도에 관해 서신서에 나오는 표현 중에 가장 완벽한 표현이라고 이미 말했습니다. 거기 보면 목사요 교사라는 말이 나오는데 이것은 존 스타트의 본문 해석을 그대로 따르자면, 2인 2역이 아니고, 1인 2역으로 볼 수 있습니다. 가르치는 목사면서 교사인 사람, 이게 바로 오늘날 교역자의 정체성입니다. 그렇게 목사이면서 교사인 교역자를 교회에 세우신 첫째 목적은 성도를 온전케 하는 것입니다. 저는 이것이 제자훈련의 기본 개념이라고 봅니다. 그러기 때문에 목사가 성도를 온전케 하는 일, 즉 제자훈련 하는 데 치중할 때 이것을 성경에 가장 근접한 목회 방법이라고 판단하는 것입니다. 이렇게 성도를 온전케 한 다음에 그들이 봉사의 일을 하게 만드는 것이 교역자의 책임입니다. 그리스도의 몸인 교회가 성장하거나 세계 교회가 성장해 주님의 나라가 임하게 되는 것이라고 말씀합니다.

제자훈련을 위해 하나님이 주신 것들

이 본문에 비추어보면 한국 교회의 문제점이 두 가지 있습니다. 교역자들이 평신도를 온전케 하기 위한 제자훈련에 시간과 힘을 쏟지 않는다는 것입니다. 이것이 첫째 심각한 문제고, 둘째는 성경이 제시한 순서를 마음대로 바꾼다는 것입니다. 사람을 먼저 만들고 봉사의 일을 시켜야 하는데, 사람 만드는 데는 투자하지 않고, 일부터 먼저 시켜요. 장로 주고, 집사 주고, 권사 주고 다 이렇게 직분부터 주기 때문에 오늘날 한국 교회의 목회가 혼란에 빠진 것입니다. 그러므로 처음에는 교회가 좀 성장하는 것 같아도 조금 있으면 그리스도를 닮는 훈련이 되지 않는 사람이 교회의 중요한 포지션을 갖고 있기 때문에 결국 그들이 교회 성장에 장애 요인으로 작용합니다.

이처럼 제자훈련을 통해 사람들을 온전케 하기 위해 주님께서는 교회에 교역자를 주셨습니다. 이것이 첫 번째입니다.

두 번째로 하나님의 말씀을 주셨습니다. 여러분이 디모데후서 3장 16-17절 말씀을 보면 하나님께서 성경을 주신 목적 가운데서 하나님의 사람으로 온전케 하며, 온전한 삶을 살도록 하기 위해 주셨다고 했어요. 교역자를 주신 목적과 성경을 주신 목적이 일치하는 것을 주목해야 합니다. 그러기 때문에 교역자가 하나님 말씀을 훈련시키는 것입니다.

세 번째로 하나님은 제자훈련을 위해 이상적인 목회 모델을 주셨습니다. 골로새서 1잘 28-29절을 참고하시기 바랍니다. 바울은 골로새교회를 개척하지 않았습니다. 골로새를 방문했다는 기록도 없습니다. 그러나 그가 에베소에서 교회를 개척하고 가르칠 때 골로새에서 에바브라 같은 사람들이 와서 예수를 믿게 되고 지도자로서 훈련을 받았습니다. 바울이 직접 개척하지도 않았고, 목회도 하지 않았지만 골로새서 1장 28-29절을 보면 자신이 골로새교회를 어떻게 목회했는가를 이야기합니다. 그는 그리스도를 각 사람에게 가르치고 전파하고 그리스도를 각 사람에게 열심히 전하여 결국 그들을 온전한 사람으로 만드는 데 목표를 두고 있다고 말합니다. 각 사람을 그리스도 안에서 온전한 자로 세운다, 이것이 그의 목회에서 궁극적인 목표였습니다.

정말 이것은 놀라운 이야기입니다. 많은 성도를 모으는 것이 그의 목적이 아니었습니다. 많은 일을 하는 것이 그의 목적이 아니었습니다. 큰 교회를 짓는 것도 아니었습니다. 그는 각 사람에게 관심이 가 있었습니다. 그들을 그리스도를 닮는 사람으로 만드는 것 말입니다. 그것이 목회의 비전이었습니다. 저는 이것을 '한 사람 철학'이라고 말합니다. 이것을 위해 바울이 얼마나 정성을 다했는지 29절에서 이렇게 말합니다. "나도 내 속에서 능력으로 역사하시는 이의 역사를 따라 힘을 다하여 수고하노라."

바울이 보여준 목회 모델은 제자훈련 모델입니다. 교역자를 주신 목적과 성경을 주신 목적, 바울이 보여준 목회 모델에서 일치하는 것은 무엇입니까? 각 사람을 온전한 자로 만드는 일이라는 것입니다. 이것을 깨달은 저는 제자훈련을 중요하게 여기는 목회를 할 수밖에 없었습니다. 그리고 20년 동안 절대 궤도 수정을 하지 않았습니다. 다른 사람들이 하는 방법과 비교해서 마음이 흔들린 일이 한 번도 없습니다.

"목사님, 계속 이 방식대로 목회하실 생각이세요?"

처음에 교회를 개척했을 때 9명으로 시작했습니다. 돈이 없었어요. 특별한 스폰서도 없었습니다. 제가 3년 동안 미국에 와서 공부활 동안 가족들은 시골에서 무척 고생했어요. 저는 한 달에 장학금으로 200불을 받았습니다. 그러나 가족을 데리고 올 상황은 아니었어요. 여러 나라에서 온 학생들이 흑인 촌에서 공동 합숙을 했습니다. 굉장히 행복한 생활이었습니다. 모두가 가난했기 때문에 고생은 좀 했습니다. 아침에 빵 한 조각 이상을 못 먹게 했습니다. 또 누구든지 우유를 너무 마시면 그렇게 하지 말라고 충고를 받았어요. 미국 학생들이 더 지독하다는 걸 배웠습니다. 그렇게 가족이 3년 동안 고생했기 때문에 한국에 돌아가면 아주 안정된 교회에서 목회하기를 바랐죠. 좀 큰 교회에서 오라고 초청도 받았어요.

그러나 나는 눈 딱 감고 개척을 하기로 했습니다. 그때 우리 집사람이 쇼크받아 죽지 않은 것을 나는 감사하게 생각합니다. 그만큼 여건이 굉장히 어려웠어요. 그리고 제가 목회하던 지역에만 교회가 40개 이상 있었습니다. 거기는 한창 새롭게 개발 중이던 지역이어서 대부분 개척 교회였습니다. 다른 교회는 모두 전통 목회를 하고 있었습니다. 목사님이 열심히 설교하고, 새벽기도 열심히 하고요. 그리고 매일 심방 다니고요. 금요일 저녁에 철야 기도하고요. 그리고 주일날 되면 음식 많이 만들어 교인들 잘 대접하고요. 더 재밌는 것은 1년에 두세 번 유명하다는 목사들 모셔서 집회를 했습니다. 그 강사들 가운데는 꿈에 지옥 갔다 왔다는 강사도 있었고, 서서 부흥회를 하는 교회도 있었습니다. 어떤 목사는 축도할 때 방언하는 강사도 있었고요. 어떤 방법을 통해서든 교회를 성장시키려고 몸부림쳤습니다. 그리고 어떤 교회는 굉장히 빨리 성장했어요. 내가 한 40명 데리고 씨름할 때 벌써 400명 모인다는 소문이 나는 교회가 있었습니다.

어느 날 차를 타고 가는데 제 옆에 남자 집사님 한 분이 앉았습니다. 그 집사님이 굉장히 근심스러운 표정으로 저에게 이런 질문을 했습니다. "목사님, 이 식대로 목회할 것입니까?" 무슨 의미냐 하면 다른 교회는 뭐 부흥회도 하고 이것저것 하면서 막 성장하는데 날마다 소수의 그룹을 만들어 제자훈련한다고 씨름하고 있으니 이래서 교회가 앞으로 부흥하겠느냐 하는 이야기였습니다. 제 대답은 간단했습니다. "저는 이 식대로 갑니다."

저는 마라톤을 하면 반드시 이긴다고 생각했습니다. 지금은 저쪽이 400명, 1000명이 모이고, 저는 몇십 명 데리고 제자훈련을 하더라도 5년 후, 10년 후에는 내가 앞선다는 걸 알고 있었어요. 이런 목회에는 사실 경제 원리라는 것이 통하지 않을지도 모릅니다. 저는 나와 함께 사역할 수 있는 평신도 지도자를 지금 훈련시키는 것이니까요. 저는 그런 사람을 '작은 목사'라고 불렀습니다. 물론 별명입니다. 정식 이름이 아니니 오해하지 마세요. 그렇게 한 2년 후에는 그런 작은 목사가 한 15명은 생길 거라구요. 그러면 15명의 목사가 일하는 교회가 됩니다. 한 5년 되면 작은 목사가 5~60명 할 수도 있어요. 그러면 50명의 목사가 뛰는 교회와 1명의 목사가 뛰는 교회, 어느 쪽이 이길 수 있어요? 지금 1000명 모이는 교회도 목사는 하나밖에 없어요. 그 교회는 목사 혼자 뛰는 것이에요. 언젠가는 한계가 있습니다.

이제 20년이 지났습니다. 40개의 교회 중에 지금 남아 있는 교회는 10개도 안 됩니다. 전부 이사 가기도 하고 혹은 없어지기도 했어요. 그러나 우리 교회는 등록 교인이 어린 학생까지 3만 명이에요. 그러나 제가 3만 명을 좋다고 생각하기보다도 우리 젊은이 그룹까지 합해 저와 함께 작은 목사가 되어 뛰고 있는 2,000명 내지 2,500명의 '작은 목사'를 나는 더 자랑스럽게 생각합니다. 그들은 목사 밑 소그룹에서 2년 이상을 훈련받은, 그야말로 신학교 교육을 받은 것보다도 더 철저하게 훈련받은 평신도 지도자들입니다. 그들과 나는 목회철학을 함께 나누고 있습니다. 우리는 한배를 탄 사람이에요. 어디로 가야 하는가를 말하지 않아도 우리는 다 알아요. 그들은 내 눈빛만 봐도 무슨 생각을 하는지 다 알고 있어요.

제자훈련의 영향력이 폭발하는 임계점

제자훈련이라는 것이 이렇게 굉장한 위력을 발휘합니다. 바울이 가르쳐준 위대한 목회 모델에 따라서 우리는 사랑의교회를 개척했고, 지금까지 따라왔습니다.

목사님들, 성경을 더 주목해야 할 필요가 있습니다. 한 사람 안에 있는 잠재력을 보지 못하는 목사는 목회할 자격이 없어요.

작은 겨자씨 하나를 중요하게 여기지 못하는 눈을 가지고는 목회 못 합니다. 여러분, 이사야가 신약시대 교회를 놓고 환상적으로 예언한 것을 기억합니까? 이사야 60장 21-22절을 기억하실 거예요. "그 작은 자가 천 명을 이루겠고 그 약한 자가 강국을 이룰 것이라 때가 되면 나 여호와가 속히 이루리라." 이것은 메시아 시대에 관한 언급입니다. 하나님께서 이 일을 빨리 이루실 거라고 했습니다. 하지만 목회자들은 작은 자를 주목하지 못합니다. 기독교의 기적은 가장 약한 자에게서, 가장 작은 자에게서 기대할 수 있는 것인데 대부분의 목회자는 사람들 보기에 화려한 것만 찾아다녀요. 보기에 가장 약한 자는 멸시합니다.

우리 교회 와서 제자훈련받고 돌아가는 목사님들이 고민하는 문제 중 하나가 이겁니다. "목사가 되어서 어떻게 부인 10명을 앉혀 놓고 그 자리에서 쩨쩨하게 1~2년을 씨름하고 있습니까! 한 번에 한 이삼백 명 모아놓고 가르치면 훨씬 더 효과적이 아닙니까!" 목사가 부인들 몇 명 데리고 씨름하는 것이 너무 유치하고 쩨쩨하고, 자기 프라이드에 맞지 않는다는 이야기죠. 작은 자에게 주목하지 못하겠다는 잘못된 시각입니다.

제가 부인 하나 제자훈련하여 잘 훈련시켜 놓으니까 그 부인이 1년에 몇 명 전도했는지 알아요? 그는 교회 옆으로 이사까지 왔어요. 좀 멀리 떨어져 있는 자기 집을 남에게 줘버리고 다른 사람 집을 전세로 얻어 교회 옆으로 왔어요. 그리고는 1년 동안 전도한 사람들이 100명이 넘어요. 몸이 너무 여위어 혹 불면 날아갈 것 같은 아주 작은 여성이에요. 하루 걸어 다니면 다음날엔 쉬어야 할 거 같은 사람이에요. 말도 조용조용해서 너무 힘이 없어 보여요. 하나님이 그를 놀랍게 사용하실 거라고 누가 생각했겠어요. 그러나 가슴에 하나님 나라가 임하고 예수 그리스도의 영광을 보는 눈이 열리니까 그만큼 무서운 사람이 없어요.

내 친구 목사 중에 하나가 제자훈련을 시작했어요. 그는 서울에서 한 시간 떨어진 지방도시에서 개척을 했어요. 몇십 명 안 됩니다. 그가 세미나에 왔다 갔습니다. 그리고 제자훈련을 시작했는데 여성이 네 명이에요. 하나는 자기 부인이고, 하나는 초등학교 교사인데 굉장히 트러블메이커troublemaker였습니다. 다른 선생들하고 붙들고 싸우지 않는 일이 없어요. 모든 사람하고 한 번씩은 다 싸웠어요. 또 다른 여자는 술집에서 술을 팔다가 상점을 닫고 지금은 아무것도 하지 않는 여자입니다. 다른 하나는 기억이 안 납니다. 얼마나 시시한 그룹입니까? 이들을 데리고 무슨 훈련을 해요. 그러나 그 목사는 생명을 걸었어요. 한번은 제가 전화를 해서 물었어요. "제자훈련 몇 시간 하느냐?" 물었더니 일주일에 한 번씩 모여 하는데 어느 날은 아침 10시에 시작해 오후 4시에 마친다고 하더군요. 제가 그랬어요. "그렇게 할 일이 없는 사람들이냐?" 저도 제자훈련을 오래한다 싶으면 보통 3시간 정도 걸립니다. 아마 초등학교 교사하는 사람도 특별히 토요일 날 시간을 내나 봐요. 매주 그렇게 한다는 게 아니에요. 공휴일 같은 때가 걸리면 거의 종일 앉아서 제자훈련 한다는 이야기죠.

여러분, 이게 정상이라고 생각합니까? 저도 그렇게 생각하지 않습니다. 여자 네 명을 데리고 종일 씨름한다고 무슨 일이 일어나겠습니까? 그러나 여러분, 놀라운 일이 일어났어요. 바울처럼 각 사람을 그리스도 안에서 온전한 자로 만들기 위해 그 여자들을 위해 목사가 정성을 쏟자 그분들이 감동을 받아 마음이 열렸어요. 기적이 일어났어요. 초등학교 선생이 아주 달라진 겁니다. 누가 제일 많이 놀라겠어요? 초등학교 교사들이 다 놀라죠. 그녀가 매주 한 사람씩 전도해 오는 거예요. 술집 하던 여자도 완전히 새사람이 되었습니다. 시간만 나면 전도하러 돌아다니는 거예요. 지금 그 교회가 천 명 정도 모입니다. 기적은 사람들 보기에 화려한 데서 일어나는 게 아닙니다. 목회의 기적은 떡 다섯 덩이와 물고기 두 마리에서 기대해야 합니다. 처음에 제가 데리고 시작한 9명이 오늘날 사랑의교회를 만들리라고 누가 생각을 했겠어요?

제자훈련이 담기는 그릇: 소그룹

오늘 저는 제자훈련 방법을 뭐 이러저러하게, 디테일하게 말하고 싶지 않아요. 짧은 시간에 도무지 할 수 없는 이야기입니다. 또 한 번 들어서 될 일도 아니고요. 중요한 원리만 이야기하죠. 일단 제자훈련 방법으로는 '제자도'라는 표준에 맞추어서 해야 하고, 남에게 그 훈련을 맡기면 안 돼요. 자기 자식은 자기가 낳아야 해요. 교역자가 하나님의 말씀을 맡아야 하고, 소그룹을 이루어야 하는데 이것은 각 개인이 무시당하지 않는 교육환경을 말합니다. 예수님이 가르쳐주신 방법이에요. 하나님은 돼지처럼 한 번에 12명을 낳도록 하지 않으셨어요. 그렇게 하면 아이를 인격자로 못 키웁니다. 제자훈련은 그리스도를 닮은 또 하나의 인격을 형성하는 하나의 과정입니다. 그러므로 각 개인이 실종되는 환경에서는 제자훈련이 불가능합니다. 소그룹은 그 자체로 치료 효과가 있습니다. 정신분석학자인 얄롬 박사가 쓴 책을 보면 소그룹에는 12가지 정도의 치료 요소가 있다고 소개했습니다. 그래서 예수도 없고, 성경도, 성령도, 기도도 없는 소그룹에서도 사람을 치료하는 효과가 나타납니다. 어떤 경우에는 정신적으로 잘못된 사람이 치유받는 역사도 일어납니다. 이와 같은 치료 효과를 보이는 소그룹에는 예수 그리스도, 말씀, 성령이 계시고 기도가 있습니다. 그러니 얼마나 대단한 역사가 일어날 수 있을지 상상 한 번 해보세요. 그런데 놀랍게도 목회자들이 소그룹을 잘 몰라요. 자꾸 큰 집회만 하려고 해요. 이번 강의할 때 한 사람이 나와서 앉아 있으면 참 좋겠다는 생각이 들었어요. 그리고 나는 그 사람을 위해 4시간 열심히 말하고 돌아갈 거예요. 그 사람 안에 하나님의 기적이 있기 때문에 그래요. 소그룹이 대단히 중요합니다.

이제 하나 보탤 것은 귀납적인Inductive 접근 방법을 통해 성경을 공부합니다. 전통적인 방법은 대부분 연역적Deductive입니다. 연역적이란 여러분은 듣기만 하고 저 혼자 이야기하는 거예요. 그러나 소그룹에서 이것은 효과가 없습니다. 소그룹은 서로가 나누는 자리입니다. 서로 선생이 되고 학생이 되는 자리입니다. 단순한 커뮤니케이션이 아니라 복합적인 커뮤니케이션을 통해 서로가 연결됩니다. 가르치는 자와 배우는 자가 다 함께 옷을 벗고 하나님 앞에 벌거벗은 자처럼 서는 자리입니다. 한 십여 명 모아 놓고 거기서 설교를 한다든지 강의하는 것은 너무나 어리석은 방법이에요. 강의나 설교는 그래도 좀 사람들이 많이 앉은 자리에서, 자신이 좀 드러나지 않는 자리에서 듣는 것이 효과적입니다. 반면 귀납적인 방법은 테크닉이 필요합니다. 그리고 경험이 필요합니다. 아마 2년 이상의 경험이 필요할 거에요. 그러나 수영 배우려고 할 때처럼 반드시 터득해야 하는 방법입니다.

3년, 평신도가 깨어나는 시간

여기에 하나 더 보태면 긴 시간이 필요하다는 것을 말씀드립니다. 짧아서는 안 돼요. 예수님은 3년을 제자훈련 시키는 데 보냈습니다. 이렇게 말할 때 신학적으로 자꾸 해석하려고 하지 마세요. 예수님이 3년간 사역한 것에도 우리는 왜 그리하셨는지 잘 압니다. 왜 예수님은 열두 명의 사도를 데리고 가르쳤는지, 그것도 신학적인 이유를 알아요. 실제 목회에 있어 실제적인 의미에서도 우리에게 상당한 인사이트가 됩니다. 12명이라는 것은 소그룹 개념입니다. 그리고 어떤 표준에 맞추어 어떤 사람을 훈련시키려고 할 때 적어도 3년 정도의 시간이 필요하다는 걸 인사이트로 받는 거예요.

저는 사랑의교회에서 평신도 사역자를 하나 만들어 내는 데 2년 4개월이 걸립니다. 여러분, 소그룹에서 교역자가 2년 이상을 씨름한다는 거 상상할 수 있어요? 지금 40명의 목회자가 이 제자 훈련에 매달리고 있어요. 첫해는 복음과 믿음과 신앙생활에 관한 모든 기초를 닦아줍니다. 두 번째 해에는 그들에게 목회자의 철학을 가르쳐줍니다. 다시 말하면 교회가 무엇이냐 평신도가 무엇이냐 하는 것을 가르치는 것입니다. 그리고 평신도 사역자로서 필요한 모든 성경 지식과 소그룹에 대한 테크닉 같은 것을 가르칩니다. 그리고 마지막 4개월은 제임스 케네디의 전도폭발 훈련을 시킵니다. 이렇게 해서 2년 4개월 동안 훈련된 사람이 나서면 모든 교회가 일단 그 사람의 영적 권위를 인정해줍니다.

그들의 가슴은 목사보다 더 뜨겁습니다. 그들 중에는 가르치는 은사라든지 남을 돌보는 은사라든지 또 지혜의 말씀을 하는 은사 같은 것이 목사보다 훨씬 탁월한 평신도가 굉장히 많습니다. 저는 그들을 보고 날마다 놀랍니다. 저는 가르침의 은사는 목사만 받는 줄 알았어요. 하나님 말씀을 깨닫는 지혜의 은사는 성령께서 목사에게만 특별히 주신다고 생각했어요. 하지만 놀라운 것은 저보다 탁월한 사람들이 너무 많아요. 우리 교역자들이 1년에 한 차례씩 전부 다 수양회를 가는 때가 있습니다. 그러면 장로님들에게 강단을 맡기고 갑니다. 어떤 장로는 설교를 정말 잘해요. 그래가 장난기 있는 평신도가 저에게 와서 이런 말을 합니다. "목사님 언제 또 나가실 거예요?" 정말로 놀라운 평신도가 많아요. 제가 평신도를 깨워 이렇게 재미를 많이 보니까 가만히 있을 수가 없는 거예요.

그런데 평신도를 깨우지 않고 목회하는 목사들 보면 너무 답답해서 내가 숨이 막히려고 해요. 제가 14년 전에 『평신도를 깨운다』라는 책을 썼습니다. 그것이 출판되자마자 한 달도 안 되어 재판, 3판이 막 나갔어요. 14년 동안 지금까지 35판이 나갔어요. 그동안 제가 개정을 하지 못했어요. 그것이 너무나 그것이 큰 짐이 되어 올해 몇 달 쉬는 기간을 이용해 다시 썼습니다. 14년 전에 그 책을 쓸 때는 주일날 성인 집회가 600명 정도 됐고, 지금은 14,000명입니다. 초기에 사랑의교회 현장을 분석하는 내용을 책에 썼으니 당시와 지금과는 너무 다르죠. 그래서 다시 썼습니다. 이번에도 한 달 반밖에 되지 않았는데 벌써 3판이 나가네요. 이 책을 영어로 낼 수 있는지 지금 의논하고 있습니다만 저는 별 마음이 없어요. 한국 교회를 배경으로 쓴 책이기 때문입니다. 일본어로는 3년 전에 번역돼서 시중에 있습니다. 일본 교회와 한국 교회가 비슷한 상황이니까요. 한국인 학생들은 이 책 카피를 구할 수 있으면 구해서 읽어보시면 많은 도움이 되실 겁니다. 그러나 미국인 학생들을 위해서는 교회가 영어본을 곧 준비하려고 합니다. 필요하면 학교를 통해서든지 사랑의교회에 부탁하면 제가 카피를 보내드릴 수 있습니다.

저는 CRC 교회를 사랑합니다. 제가 미국에서 처음 공부한 학교이기 때문에 굉장히 정이 갑니다. 이 강단도 저는 너무 잘 알고 있습니다. 특별 강사가 와서 강의하면 한 스무 명씩 앉아 들을 때가 많아요. 저 같은 무명의 사람이 왔는데도 여러분, 많이 참석해 주셔서 얼마나 감사한지 몰라요. 저는 CRC 교회가 좀 부흥하기를 바랍니다. 여러분은 너무 아름다운 전통을 갖고 있습니다. 너무 값진 신학적인 유산을 갖고 있습니다. 여기에 조금만 더 하나님의 역사가 일어나면 주님을 더 기쁘시게 할 수 있다고 생각합니다. 제가 보기에 여러분은 어떤 조직에 강하게 묶여 있는 느낌을 받습니다. 하나님께서 여러분에게 자유함을 주시기를 바랍니다. 하나님의 영적 생명이 놀랍도록 폭발하는 그런 역사가 있었으면 좋겠습니다. 이 일을 위해 이번 강의가 여러분에게 조금이라도 도움이 되길 바랍니다.

1998. 9.(미국 칼빈신학교 특강*)

---

* 미국 미시간주 그랜드래피즈에 있는 칼빈신학교는 1997년부터 대표적인 복음주의 신학자 또는 목회자를 초청해 특강을 듣는 시간을 마련했다. 1997년 1회 초청자로는 영국의 존 스토트 목사가 특강을 했고, 2회 때 옥한흠 목사가 강사로 왔다. - 편집자 주

옥한흠

목
사
가 목
사
에
게
2

목회의 본질

교회를 교회답게 하는
제자훈련에 미치다

세 갑절의 은혜가
필요한 시대

오늘 이 자리에는 신학교를 이제 갓 입학한 1학년 형제자매들도
같이 계시는 것으로 알고 있고, 또 신학교 1년 공부 마치고 이제
대충 신학 공부가 어떤 것이다 하는 것을 감을 잡고 이제 다시 마
음을 다짐하는 2학년도 있고, 또 앞으로 목회 현장을 가야 하는
굉장히 의미 있는 시간을 앞에 놓고 마지막 학년을 보내는 졸업
반 형제자매들도 계실 거예요.

여러분, 하나님께서 이곳에 우리를 보내서 준비하게 하시
는 것은 그분이 아직도 이 세상을 향해 꿈을 갖고 계신다는 증거
라고 믿습니다. 세상이 아무리 뒤죽박죽이고, 아무리 악이 성행
하고 하나님을 대적하는 사람들이 큰소리를 치고, 아직도 세상에
서 자기 할 짓 다 하고 있지만 결국은 예수 그리스도가 승리할 것
입니다. 이 승리하실 주님의 나라가 임하도록 하려고 여러분을

신학교로 보내시고 준비시키시고, 사역의 장을 열어주셔서 한평생 하나님의 큰 뜻을 이루게 해주시리라고 믿습니다. 이런 의미에서 성령께서 이 시간 첫 시간부터 우리 각자에게 힘 있게 임재하셔서 하나님과 나만이 들을 수 있는 세미한 음성으로 우리 자신을 다시 한번 무장하게 하시는 귀한 시간, 귀한 기회가 되기를 바랍니다.

목사가 되기 싫었던 이유

오늘 첫 시간은 저의 목회 간증이라는 제목으로 이야기하려고 합니다. 제가 강단에 서면 '제자훈련에 대해 말할 것이다' 하는 것을 이미 다 알고 계시잖아요, 그렇죠? 그러니까 제가 왜 제자훈련에 그렇게 미치게 되었고 한평생 제자 만드는 일에 저 자신이 그렇게 몸과 마음을 던질 수 있었는가 하는 것을 말씀드리는 게 도움이 될 거 같고요. 또 이번 기회에 세미나 때마다 목사님들을 앉혀 놓고 제가 말하는 내용 일부를 여러분에게 해드리는 것으로 생각하면 되겠습니다. 여러분이 졸업하고 나서 제가 인도하는 세미나에 올 기회가 얼마나 있을지 모르기 때문에 이렇게 신학교 다닐 때 한번 문제의식을 이런 이야기를 들음으로써 한국 교회의 내일을 위한 진정한 목회 본질이 무엇인가를 깨닫는 귀한 은혜가 있기를 바랍니다.

저는 정말 목사 되기 싫어했던 사람입니다. 어떻게 보면 목사가 제일 싫었어요. 어린 나이에도 세상에 어디 할 것이 없어 목사를 하느냐는 식으로 막 나가는 생각까지 했던 사람이에요. 그리고 고등학교 졸업하면서는 목사 되기 싫어 정말로 있는 힘을 다해 도망쳤어요. 저는 그런 사람이에요. 50년 전만 해도 목사님들은 신실하셨어요. 지금 생각하면 그런 위대한 선배들을 나는 따라가지 못한다는 자책을 많이 받아요. 굶어도 복음을 위해 살려고 했고, 작은 교회 가서 천대받고 무시받아도 복음을 위해 기쁘게 살려고 했고, 교회 안의 못된 지도자들 때문에 어려움을 당하고 수모를 당해도 하나님 앞에 감사하는 그 귀한 분들을 보면서 저 자신이 감동해야 하는데 목사님들의 굽실굽실한 모습, 뭔가 한 가지밖에 모르는 것 같은 그 고집, 맨날 강당 밑에서 허리 꾸떡이면서 기도하는 모습, 강단에 올라가면 핏줄이 보일 정도로 소리소리 지르면서 설교하고 내려와서 보면 그렇게 강한 사람도 아닌데 강단에만 올라가면 그렇게 요란을 떨고 하는 목사님들이 그렇게 보기 싫었어요. 그래서 제가 목사 안 되려고 했습니다.

어머님은 제가 목사 되기를 위해 기도하고 계셨고, 교회 안에서 열 사람이면 열 사람 다 저는 목사 할 사람이라고 초등학교 때부터 찍어놨어요. 그런데 저는 싫었어요. 어린 나이였는데도 제 생각이 그랬어요. 교회 안에서 믿음이 좀 좋다 하면 전부 목사 되라, 주의 일을 하면서 세상 살아야지 어디 가서 되는 대로 살려고 하느냐, 세상일을 위해 그렇게 시간 보낼 생각하지 말고 주의 일을 위해 살아야지…… 맨날 하는 소리가 그거예요. 그래서 어린 마음에 무슨 생각이 들었느냐면, '그래 믿음 좋으면 다 신학교 가야 하고, 믿음 좋은 사람만이 주의 일을 한다. 그러면 다 믿음 좋아 신학교 가면 교회 안에 앉아 설교 들을 사람은 하나도 없겠네. 하나님께서 세상을 구원하시려고 할 때 전부 신학교 가버리면 세상에서 일할 크리스천은 얼마나 있겠냐!' 뭐 이런 생각들이었어요. 제가 어릴 때부터 평신도에 대해 남다른 시각을 있었다는 증거가 이런 것들이었다고 생각합니다.

아무튼 목사 되기 싫었어요. 초등학교 때 다니던 교회는 그저 100여 명 모이는 시골 교회였습니다. 그 교회 장로님과 가족들 그리고 그 장로들과 가까운 형제친지 몇 분이 중심을 이루고 힘을 쓰고 있었어요. 그 교회의 화려한 경력을 보자면, 한 3년 되면 목회자가 갈리는 거예요. 장로가 나가라면 나가야 해요. 어김없어요. 지금도 그 교회의 역사를 보면 거의 모든 내용이 누가 부임하고 누가 사임하고, 그게 전부예요. 목사님이 들어오셔서 사역을 잘해도 장로님은 가만히 안 둬요. 교인들의 관심과 사랑이 목사에게 가는 것을 보지 못하는 거예요. 파워 게임에서 자기가 지고 싶지 않은 거예요. 그러니까 무슨 허물을 뒤집어씌워서라도 쫓아내는 거예요. 어릴 때 저는 그런 걸 보고 자랐어요.

어느 날은 매우 소명감 있고, 이제 신학교 졸업하고 안수받은 젊은 부부가 오셨어요. 목회도 잘하셨어요. 어떤 때는 동네 뒷산에 가서 40일 금식기도도 하셨어요. 그리고 주일날 예배를 마치면 교인들 몇 명 데리고 북 들고 동네로 들어가 길거리에서 북을 치면서 사람들을 모아놓고 전도하셨어요. 초등학교 시절, 어린 학생인 저는 졸졸 따라다니면서 전도대에 합류하기도 했습니다. 그래서 온 교회가 그 목사님을 통해 은혜받고 정말로 신앙생활의 기쁨과 행복이 이런 것이구나 하는 것을 느끼며 살았어요. 당시에 8·15 해방되고 나서 가난에 찌들어 하루하루 사는 것이 지옥 같은 때이지 않았습니까? 게다가 이제 조금 지나고 나서는 6·25 전쟁이 일어나기 직전이었고, 빨치산들 때문에 밤이 되면 산꼭대기마다 봉홧불이 올라가고 저 같은 초등학교 학생도 밤새도록 창으로 만든 칼을 들고 보초를 서야 하는 정말 기막힌 상황에서 오직 교회만이 기쁨이요 행복이요 위로였던 시절이었습니다. 거기에 목회자 잘 만나니까 온 교회가 천국이 되었어요.

교회가 무엇인지 고민하지 않아도 되던 시절

저는 그렇게 행복하게 그 목사님 덕분에 신앙생활을 하는데 2년도 안 되어서 목사를 쫓아내기 시작하는 거예요. 안 나가려고 하니까 한 번은 자기 집에 목사님을 불러 린치를 가해 얼굴을 못 쓰게 만들어놨어요. 저는 어릴 때부터 그런 것을 보고 살았어요. 그래도 목사님은 "나를 이곳에 보낸 분은 하나님입니다. 그러니까 내가 이 교회를 떠나야 한다면 하나님이 가라고 해야 떠나지, 누가 떠나라고 한다고 해서 떠날 수가 없습니다" 그러고는 버티고 있었어요. 새벽기도를 합니다. 옛날에는 다 바닥에 앉아서 예배를 드렸잖아요. 그러니까 헌금 받으려면 헌금대가 긴 게 있어요. 작대기가 달린 헌금대가 있었죠. 그 헌금대로 호롱불을 다 깨버리고 그랬어요. 예배 못 드리도록 하기 위해서요. 결국 그 목사님은 쫓겨나갔어요. 제가 이런 거 저런 거 보면서, 왜 목사 하느냐, 그리고 목사가 좀 할 말 있으면 소리라도 좀 크게 내야 하는데 할말도 못하고 '주여' 하는 꼴이 멍청해보이고 … 하여튼 어릴 때 그랬습니다. 그리고 뭐 쌀독에 쌀이 없어도 굶는다는 소리도 못하고 그저 성미 갖다 주는 거 있으면 먹고 없으면 안 먹고 그게 어디 남자로서 할 짓이냐, 이런 생각들이 쌓이고 쌓이다 보니까 목사되는 것은 정말 싫었어요.

그래서 도망 다녔지요. 2~3년을 도망 다니다가 결국은 목이 꿰어서 돌아왔습니다. 그래서 저는 22살에 목사 되기로 결정한 사람이지만, 항상 하나님 앞에 그렇게 이야기합니다. '하나님, 저는요 강제 차출된 인간입니다.' 부산의 정필도 목사님 같은 분을 보면 초등학교 때부터 목사 되기 위해 얼마나 사모하고, 학교 가고 오는 길에 교회 들러 기도하면서 목사 되는 것이 꿈이고 그리고 목사가 되어서 하나님께 헌신하고 싶다는 부푼 꿈을 어릴 때부터 자랐다고 하는데 그런 사람 보면 이방인 보는 거 같아요. 항상 저는 그분 보면 기가 죽어요. 이 사람은 자원해서 주님을 위해 살려고 목사 된 사람이에요. 그런데 저는 도망 다니다가 할 수 없이 목이 끌려가지고 와서 목사 된 사람이에요. 게임이 안 되죠. 제가 성도교회 부목사 있을 때 정 목사님은 장충교회 부목사였어요. 둘이 서울 시내 다니면서 앞으로 우리가 어떻게 사역할까 뭐 이런저런 이야기도 했습니다마는 게임이 안 되는 거예요. 하나님이 보실 때 진정으로 자기를 헌신하려는 사람하고 오후 5시에 할 수 없어 포도원에 들어온 품꾼 같은 인간하고 비교가 되겠어요.

저는 그렇게 목사가 된 사람이에요. 그래서 저는 소명이라는 것에 대해서도 아리까리한 사람입니다. 목사를 시키려면 하나님이 나에게 소명을 주셔야지 어머님에게 소명을 주신 이유가 뭔가? 그렇잖아요? 그런 식으로 참 어설프게 소명감을 조금씩 키워나가게 되었고 그래서 목사가 되었습니다. 하지만 22살에 목사되기 위해 하나님 앞에 무릎 꿇고 항복한 다음부터는 지금까지 한 번도 좌우로 두리번거리면서 곁길로 들어간 일은 없습니다. 오직 한 푯대만 향해 지금까지 달려왔어요. 출발은 잘못됐지만, 출발은 하나님 앞에 죄송했지만, 그런 자책감이 있기 때문에 남보다 조금이라도 더 잘해보려고 달려온 것이 저의 생이었다고 말씀드리고 싶습니다.

그러니 여러분, 이 중에 소명감에 불타서 뜨거운 심정으로 오신 분들은 더 좋고요. 소명감은 별로 없는데 주변에서 가라고 하고 어머니가 너를 놓고 서원 기도했다고 해서 할 수 없이 끌려온 사람도 희망을 가지시기 바랍니다. 그리고 신학교를 들어왔지만 소명이라는 문제를 놓고 아직도 고민해야 하는 분들도 하나의 과

185

정이라고 생각하고 하나님의 은혜를 기다리세요. 그러면 하나님께서 이 학교로 부르신 이상 지금 내가 소명을 느끼던, 느끼지 못하던 그리 큰 문제가 되지 않아요. 어떤 사람은 완전한 과정일 수 있고, 어떤 사람은 불완전한 과정일 수 있어요. 그러나 분명한 것은 주님이 부르신 사람은 반드시 소명을 갖고 헌신하게 된다는 것입니다. 그것을 꼭 기억하시고 아름다운 신학교에서 여러분의 삶을 펼치길 바랍니다.

제가 이렇게 어설프게 신학교에 들어왔기 때문에 그럴 수도 있지만 저는 이 '교회가 무엇이냐'에 대해 생각을 잘 못했어요. 그리고 당시에 교회가 무엇인지에 대해 진지하게 가르쳐주는 과목도 없었고 교수도 없었어요. '교회가 뭐냐'라는 것을 정확하게 배우고 확인할 기회가 없으니까 '목회가 뭐냐' 하는 질문에 대해서도 대답이 별로 없는 사람이었어요. 선배들이 하는 식으로 하면 되겠지 그냥 그 마음이에요. 남이 다 하는 목회 내가 못할 게 뭐 있냐, 해보면 되겠지 이런 식으로 생각하고 신학교 다녔지, '교회가 뭐냐', '목회가 뭐냐'를 씨름하고 고민하고 하나님 앞에 부르짖고 한 일이 없었어요. 그런 기회와 동기부여가 없었어요. 여러분은 아마 다를 거예요. 거의 40년 전하고 지금 상황이 많이 다르죠. 하여튼 당시는 그랬어요.

신학교를 졸업하면 평생 교회를 위해 살아야 하고 교회 안에서 숨을 쉬고 살아야 하지 않나요? 평생 목회라는 것을 해야 하지 않나요? 교수 되는 사람, 선교사로 가는 분들은 전체에서 10%

나 되겠어요? 대부분은 목회자 되는 거 아닙니까? 저는 교수가 되면 좋겠다는 말을 신학교 때 들었습니다마는 하나님께서 저에게 주신 은사가 목회 쪽이 더 많다는 것을 알았기 때문에 저는 목회 쪽으로 고집했습니다. 그렇다면 교회가 뭐냐 목회가 뭐냐를 놓고 좀 고민하고 씨름하고 연구하는 자세가 필요한데 저는 그렇게 못했어요. 3년 동안…….

어떻게 보면 참 웃기지도 않는 일이에요. 시집 장가가는 젊은 이들이 평생 가정이라는 울타리 속에서 살아야 하는데 가정이 뭐냐 부부가 뭐냐 성생활이 뭐냐 자녀 키우는 게 뭐냐 하는 것을 놓고 나름대로 공부하고 준비하지 않고 그냥 나이 들었다고 장가가는 사람이 얼마든지 있지요. 우리가 볼 때 얼마나 어설퍼요? 그래서 우리 교회에서는 예비 신랑신부 교육이 철저합니다. 결혼하기로 딱 작정하고 교회에 날짜를 정해 주례를 부탁하는 사람은 5~6주 프로그램을 통해 가정이 무엇인지 하나님이 왜 결혼을 허락하셨는지, 결혼을 통해 무슨 목적을 살 것인지를 하나하나 가르쳐요.

그렇다면 목회할 사람도 교회를 놓고 그렇게 연구하고 고민해야 하잖아요? 남이 하니까 나도 한다? 뭐 과거에 제가 생각했던 것처럼 다 하는 목회 나라고 못할 게 뭐냐, 하나님 가라고 하는데 어디든지 가서 하면 되지 뭐 이런 식으로 생각했다 그 말입니다. 그리고 제가 신학교 다닐 때만 해도요 세계가 부러워하는 폭발적인 부흥을 체험하는 진원지에 살고 있었어요. 70년대 중반만 해도 1년에 교회가 4천 개가 새로 생길 정도로 엄청난 부흥을 하던 때입니다. 그리고 한국 교회 100년사를 기념하던 1984년도에는 공식적으로 개신교가 1,200만 명이라고 공표했어요. 엄청나지요? 그러니까 전도하면 "예! 교회 가보죠" 대부분 그런 반응이었고요, 교회 한번 가보는 것은 어쩌면 당연한 거라는 인식이 불신자들 세계에도 깔려 있었어요. 당시에 가톨릭이나 불교는 꼼짝을 못했어요. 그런 좋은 시대에 내가 신학교를 다녔고 신학교를 졸업하고 목회를 할 때니까 교회가 무엇인지 구태여 고민하지 않아도 문만 열어 놓으면 교회는 된다, 뭐 이런 식으로 자신만만했지요. 그런 시대에 제가 살았어요.

여기저기서 감지되는 교회의 위기 신호

그러나 여러분, 지금은 상황이 아주 다릅니다. 저는 여러분을 보면서 하나님이 옥 목사에게 주신 능력의 갑절 아니 세 갑절을 받아야 여러분이 목회할 수 있을 거라고 생각합니다. 여러분, 제가 목회를 시작할 때와는 어떻게 보면 하늘과 땅 차이예요. 너무나 달라졌어요. 저는 한국 교회 부흥의 와중에 있었기 때문에 교회론이 어설펐어도 목회가 되던 시대를 살았습니다. 지금은 한국 교회가 비실비실한 지가 20년이 되어가요. 아직도 회복이 안 되었어요. 그리고 교회 주변 상황은 점점 더 어려워져요. 과연 교회가 이 세상을 감당할 수 있을까? 아니, 세상이 볼 때 교회가 조금이라도 자기에게 도움이 되겠다는 생각을 할 수 있을까 하는 정도까지 위기를 맞고 있음을 아셔야 할 거예요.

저는 여러분보다 더 예민하게 봅니다. 서울에서 큰 몇몇 교회에 젊은이들이 모이고 교인들이 많이 몰려서 교회가 부흥한다는 것은 병적 현상이지, 한국 교회가 건강하다는 증거는 아닙니다. 작은 교회에서는 젊은이들이 빠져나가고 한국 교회 허리가 병이 들어 지금 구부정하게 기울어져 가는 이것을 놓고 한국 교회 잘 된다고 건강하다고 말해요. 대형교회 10개가 잘 된다는 소문으로 한국 교회가 잘 된다고 착각하고 있나요? 대형교회에 사람이 가지 말아야 해요. 작은 교회 중소교회에 사람들이 모여 알차게 신앙생활 하는 건강한 한국 교회가 돼야 해요. 그래야만 바로 잡히는 거예요. 대형교회만 크는 것은 기현상이에요. 머리만 커지는 교회예요.

그래서 저는 사랑의교회 교인들이 많이 몰려올수록 걱정이 태산이에요. 젊은이들이 우왕좌왕하다가 사랑의교회에 몰려와 등록하고, 교회 사이즈가 더 커지니까 제대로 관리가 안 되잖아요. 그런 상태에서 신앙생활 한다고 어슬렁어슬렁 왔다 갔다 하는 걸 보면 가슴을 칠 일이에요. 몇 백 명, 몇 천 명 모이는 좀 작은 교회, 중견 교회들이 이 젊은이들을 품에 안고 정말로 미래의 꿈을 심어주면서 영적으로 바로 세워주는 일들이 일어난다면 하나의 대형교회가 이 일을 감당하는 거보다는 300개의 소형교회

189

가 이 일을 감당하는 것이 한국 교회 미래를 위해 더 소망적이고 주님이 기뻐하시는 사역이 된다는 말이에요.

그런데 지금은 그렇게 안 되잖아요. 〈왕의 남자〉 봤어요? 저도 한번 봤어요. 또 이번 주 집회 마치고 나면 한 번 더 보려고 해요. 이유가 있어요. 그런 영화, 그런 문화코드 안에 교회의 위기를 읽을 메시지가 들어 있습니다. 이제 〈다빈치 코드〉가 또 개봉되면 얼마나 대단한 일들이 일어날지 우린 상상을 못해요. 그런 영화 속에서 사람들이 교회를 어떻게 보는지를 읽어야 해요. 젊은이들이 어떻게 하나님으로부터 멀어져 가는가를 우리가 읽어야 해요. 얼마나 어려운 시대인지요. 이런 어려운 때 여러분이 큰 책임을 지게 되었습니다. 그래서 제 이야기를 들으면서 나는 어떻게 준비해야 할까 하는 것을 사흘간 정리하시기 바랍니다.

제자훈련에
미치다

나의 목회 패러다임을 바꾼 사건

여러분, 저는 흐리멍덩한 사람이었어요. 신학교 다닐 때도 그랬
는데 제 패러다임이 바뀌는 결정적인 사건들이 저에게 일어났어
요. 다시 말하면 교회가 무엇인가를 놓고 고민을 안 할 수 없는
상황이 저에게 찾아왔다는 말이에요. 목회가 무엇인가를 놓고 나
름대로 씨름해야 하는 상황이 다가온 거예요. 판만 벌이면 잘 되
리라고 생각했는데 그게 아니라는 현실을 제가 목격하게 된 거예
요. 그러므로 여러분이 지금 어떤 상황에 있든지 간에 여러분이
겪는 상황을 통해 하나님이 주시는 메시지에 귀를 기울이면 굉장
히 힘든 고통스러운 과정이 내 패러다임을 바꿔주는 하나님의 손
길이 될 수 있음을 믿기 바랍니다. 만약에 제가 졸업하고 나서 기

성 교회에 부임해 담임목사가 되고 전통 목회에서 성공해서 사람들로부터 칭찬받고 했으면 제 패러다임은 전혀 바뀌지 않았을 겁니다. 우리 선배들이 하는 식으로 갔을 거예요. 선배들이 하는 목회는 농경 사회에서나 잘 들어맞는 목회 아닙니까? 솔직히 말해서 그렇습니다. 지금도 한국 교회, 특히 우리 교단 목회자 대부분을 보면, 제가 속단하는지는 모르지만, 반 이상은 5~60년 전 농경 사회에서 통하던 방식과 의식 그대로 목회하고 있어요. 그게 지금도 통한다는 게 기적입니다.

제가 신학교 3학년 졸업반 때 둘째 학기가 되었습니다. 그때까지 어느 교회에서 주일학교 중고등부를 맡아 하다가 장로하고 부딪혀 목이 날아갔습니다. 저도 참 못된 사람이거든요. 성경적이 아니거나 신앙 양심으로 저래서는 안 된다 하는 짓을 눈 하나 깜짝하지 않고 공공연히 하는 사람을 보면 못 참는 기질이 있어요. 담임목사님은 교회 평화를 위해 꾹 참고 말도 안 하고 있었지만 전도사가 보니 기가 막히는 거예요. 그러니까 '저 장로 내가 길들여놓고 나가야지. 목사님은 평생 이 교회에서 목회를 해야 하니까 트러블을 일으키면 곤란하겠지만 나야 뭐 전도사로 와서 언제 갈지 모르는 사람이니까 이왕 온 김에 장로 하나 길들여놓고 가는 것이 하나님이 기뻐하는 일이겠다' 생각하고 선전포고를 했지요. 선전포고하고 나서 일주일 만에 제 목이 날아갔습니다. 식구 셋을 거느리고 갈 데도 없었어요. 개척해야 하나 생각하고 동네 이곳저곳을 돌아다니면서 개척할 만한 장소가 있는지 찾아보기도 했습

192

니다. 근데 돈도 하나 없고요. 오라는 교회도 없고 그렇다고 유학이라도 갔으면 하는데 식구들을 두고 갈 수도 없고, 하여튼 참 어려운 때였습니다.

그런데 하나님이 하시는 일이 참 묘한 거 같아요. 그런 하나의 사건을 통해 제 인생에서 결정적인 코스로 들어가게 만들었어요. 서울 시내 어떤 교회에 제가 초빙을 받았어요. 그리고 대학부를 맡게 됐죠. 부목사일을 하면서 대학부를 한다는 것이 굉장히 힘든 일입니다. 저는 아직 안수도 안 받았는데 한 7~800명모이는 교회에서 부목사일을 맡긴 거예요. 목사님을 도와 설교도 자주 해야 하고 대심방도 다녀야 하는데, 그러면서 대학부도하래요. 그 교회 대학부는 제가 볼 때 참 기가 막힌 곳이었어요. 1970년대만 해도 주보 뒤에 보면 교회 통계가 나와 있어요. 주일날 예배 몇 명, 저녁 몇 명, 새벽 몇 명, 대학부 몇 명 하는 식으로통계가 나와 있어요. 여기에는 거품이 없었습니다. 당시만 해도목회자들이 참 양심적이었어요. 지금은 주보에 왜 통계를 못 내느냐 하면 거품이 너무 심하기 때문이에요. 당시는 있는 그대로예요. 근데 그 교회 대학부 출석 통계를 계속 보아도 계속 1명으로 나오는 거예요. 출석 1명인 그 대학부를 맡으라는 겁니다. 한번 생각을 해보세요. 이제 한두 달만 있으면 신학교를 졸업해요. 근데 당시 한국 교회 대학부가 대부분 지리멸렬할 때입니다. 영락교회 대학부는 자폭을 해버렸어요. 새문안교회 등 굵직굵직한교회들이 다 해산해버렸어요.

193

1명 남은 대학부와 씨름을 시작하다

제가 설문조사를 하면서 돌아다녀 보니까 주일날 대학생들이 스무 명이라도 모여 말씀을 같이 나누는 교회는 서울 시내에 스무 교회도 안 될 정도예요. 그러면 고등학교 졸업하고 학생들이 다 어디로 가느냐? 예배만 적당히 보고는 아웃사이더 처치Outsider Church로 갔나 봐요. 다시 말하면 CCC나 네비게이토, JOY나 UBF나 IVF나 전부 그런 대로 빠져요. 그러니까 기성 교회 대학부가 고사를 당하는 거예요. 제가 맡아야 하는 대학부 경력을 봤더니 그래요. 대학부를 살리려고 학위를 가진 신학교 교수 목사님을 모셔와 1~2년 맡겼는데, 참 수준 높은 강의를 했습니다마는 그게 안 먹히죠. 그래서 또 바꾸었어요. 젊은이 운동을 잘한다는 사람 불러 또 맡겼는데 잘 안 됐어요. 이리저리 잘 안 되고 자꾸 대학부가 줄어들어 간다 이 말이에요.

그러니까 할 수 없이 대학부를 조금이라도 모이도록 하기 위해 11시 어른 예배 직전 10시에 대학부 시간을 정하고 예배에 참석하는 학생이라도 붙들어놓으려고 몸부림을 치는데 마지막으로는 그 대학부를 맡았던 부장 장로님이 자원해서 나섰어요. 그 장로님은 헌병대 대장이었어요. 제대한 후 교회 장로가 되신 분인데 자기가 보니까 답답하거든요. 아마 군대에서 하던 식으로 팍팍하면 돌아갈 거 같은데 다른 사람이 와서 죽을 쓰고 나가니까 가만히 두어서는 안 되겠다 싶어 자기가 맡은 거예요. 그런데 그 장로님이 맡아서 반년도 안 되어 싹 쓸어 먹고 이제 한 명 남은 거예요. 그 대학부를 맡으라고 담임목사님이 명령하는데 거절할 수는 없잖아요. 그래서 주일날 대학부실에 가봤어요. 갔더니 10시가 됐는데 진짜 한 명이 와서 앉아 있어요. 하도 신기해서 "어느 학교 다니냐?" 했더니 고려대학교 3학년이라고 해요. "왜? 혼자 와서 앉아 있느냐?" 그랬더니 "목사님, 제가 회장입니다" 그러더라고요.

제가 그 대학부를 맡으면서 위기의식을 느꼈습니다. 내가 신학교를 졸업하면서 처음 공식적으로 맡는 사역인데 이 사역을 하면서 한 명이라도 씨름하다 손을 들거나 그 한 명까지 놓쳐버리고 완전히 공수로 돌아간다면 이 꼬리표가 평생 나를 따라다닐 텐데 어떻게 하면 좋겠나 고민했어요. 그래서 하나님 앞에 엎드려 열심히 기도해도 아무 말씀도 안 하셨어요. 이런 위기가 제게 있어 교회가 뭐냐 목회가 뭐냐 하는 것을 마음에 두고 고민하길 시작하게 한 동기가 됐어요. 그 한 명 남은 회장은 4학년 올라가는 사람이니 안 되잖아요. 1학년 입학하는 학생 하나를 붙들고 사정해서 대학부를 새로 시작했습니다. 그 입학한 학생을 시작으로 대학부를 살려보려고 몸부림치기 시작했어요. 그리고 시간도 10시에서 옮겨 12시 반, 대예배를 마치고 난 시간으로 정했어요. 10시에도 안 모이는 대학부인데 12시 반으로 해도 안 모일 거 뻔하니까 좀 느긋하게 시작하자 생각하고는 시간을 바꾼 거예요. 그래서 12시 반으로 시간을 바꿨어요.

둘이서 이제 열심히 했습니다. 그래서 두서너 명이 모이고 그랬어요. 그런데 어느 날 그 학생이 그래요. "전도사님, 제가 다니는 서울공대에는 네비게이토가 굉장히 활발합니다. 제가 거기에 들어가서 좀 배우면 안 될까요?" 가슴이 철렁 내려앉았어요. "너까지 가버리면 어떻게 하느냐?" 그랬더니 "아니, 가는 게 아니고요. 제가 그 네비게이토에 들어가서 처음부터 어떻게 하는지 잘 배우면 전도사님에게 도움이 될 것 같아서요. 그래서 거기서 나오는 자료라든지 가르치는 방법이라든지 그걸 좀 전해드릴게요." 하여튼 네비게이토만 들어가면 애들이 달라졌어요. 눈빛이 반짝반짝해요. 교회 다니는 애들하고 달랐어요. 그래서 제가 그 학생하고 서약을 했습니다. "나하고 서약하자. 네비게이토로 가지 않는다는 것을 서약하자. 그리고 네가 가서 배우는 대로 나를 가르쳐주고 자료도 좀 갖다 줘."

그 학생이 약속을 지켰어요. 근데 뭐 가져다주는 자료 보니 뻔하잖아요. 전도할 때 쓰는 브릿지 메모리 카드, 큐티하는 노트, SCL 성경 공부 교재를 보니까 참 어처구니가 없더라고요. 당시만 해도 질문하나 해놓고 성경 구절하나 딱 적어 놓고는 이만큼 칸을 만들어 놓고 뭘 쓰라고 하는 건지, 대체 이게 장난도 아니고 이게 뭐냐 하는 식으로 느낄 만큼 저에게는 수준 이하로 보였어요. 그래도 그 학생이 가져다주는 걸 계속 제가 검토했습니다. 그런데 한 놀라운 것은 한두 달이 지나니까 그 학생이 달라지는 거예요. 전도를 열심히 하질 않나, 기도할 때 눈물을 흘리지 않나,

성경을 손에서 놓지 않고 기도할 때 메모리한 성경 구절이 줄줄 나오고 사람이 달라지는 거예요. 그래서 '야, 이거 뭐가 있구나!' 생각이 들었습니다. 그래서 제가 좀 더 진지한 자세로 그 어설퍼 보이는 자료들을 검토하고 거기에서 그 젊은이들을 어떻게 지도 하는가를 하나하나 체크하기 시작했어요. 진리는 어려운 데 있는 것이 아닙니다. 진짜 해답은 모호한 데 있지 않습니다. 해답은 멀리 있지 않아요. 가까운 데 있어요. 왜 교회로부터 젊은이들이 밖으로 빠져나가는지를 제가 비로소 알게 된 거예요. 왜 파라 처치 사역에 많은 젊은이가 모이는지, 거기 들어가면 왜 젊은이들이 변화되는지 해답을 발견하기 시작했습니다.

제자훈련으로 복음의 불이 타오르다

거기 있는 자료들을 비교하면서 제가 맡은 대학부의 분위기와 내용을 검토해보니 중요한 문제가 하나 발생했어요. 파라 처치에 있는 세 가지가 우리 대학부엔 없더라 그 말입니다. 무엇이 대학부에 없느냐? 복음이 없더라 훈련이 없더라 비전이 없더라. 이 세 가지가 없어요. 파라 처치에는 복음이 살아 있어요, 훈련이 있어요, 비전이 있어요. 이거 뭐 평범하고 이상한 거 하나도 없어요. 너무나 평범한 거예요.

　그런데요 제가 이것을 발견하고 교회를 보는 눈이 달라졌어요. 복음이 없다는 말이 무슨 말인지 아세요? 기성 교회는 복음은 없는데 교리는 있더라고요. 학생들이 웨스트민스터 신앙고백 1조 2조 3조 … 소요리문답은 다 외워요. 교리는 있어요. 그런데 복음이 없더라고요. 네비게이토와 같은 파라 처치는 가니까 교리는 약간 산만한데 복음이 살아 있어요. 그러니까 복음이 젊은 이들을 사로잡는 거예요. 복음이 젊은이들의 가슴에 불을 붙이는 거예요. 복음을 통해 젊은이들로 하여금 예수 그리스도의 십자가 앞에 무릎을 꿇게 만드는 거예요. 그 복음 때문에 세계를 보는 눈이 달라지도록 성령이 역사하는 것을 제가 눈으로 봤어요.

그런데 기성 교회는 십자가라는 말은 하지만 복음의 감격과 능력이 식어버린 지가 오래되어 고난 주간이 되어서야 예수 그리스도의 죽으심을 설교합니다만 모두가 다 아는 이야기 또 하는구나, 하는 식의 반응이지 정말로 십자가 앞에 가서 자기를 위해 자기를 사랑해서 십자가에서 죽으신 그분 앞에 무릎을 꿇고 마음을 토하는 은혜의 감격이 없더라고요. 그러니까 머리로만 아는 것은 복음이 아니에요. 복음은 우리의 마음과 전 인격을 사로잡고 움직이는 하나님의 파워입니다. 그러니까 복음이 없다고 할 때 십자가 설교를 안 한다는 말이 아니고 예수 이야기 안 한다는 말이 아니에요. 살아 계신 예수 그리스도가 안 보이고 살아 있는 십자가의 피가 말라버렸다는 이야기예요. 그런데 파라 처치에서는 십자가의 피가 지금도 흐르고 있어요. 예수 그리스도 이름만 들어도 젊은이들의 눈에 눈물이 펑펑 돌아요. 주님을 위해서라면 땅

끝까지 달려가겠다고 하는 뜨거운 열정이 있어요. 그러나 기성 교회는 그게 없었어요. 게임이 안 되는 거죠.

오늘 우리가 몸담은 현실 교회는 안 그러나요? 여러분이 다니는 교회에서 복음이 살아있다고 확신할 수 있어요? 사람을 키우는 훈련이 얼마나 중요합니까! 사람을 만들어야 하잖아요. 기성 교회 대학부에서 회의는 많이 해요. 총회 임원회 회의는 많이 해요. 그러나 사람을 키우는 데는 관심이 없어요. 모이면 항상 임원회로 모여요. 동의 제창하는 자리예요. 아니면 목사가 그저 간단하게 설교하는 자리예요. 한 영혼을 붙들고 씨름하는 양육 훈련의 장이 없어요. 하지만 파라 처치에는 가보니까 한 사람 붙들고도 두세 시간 앉아서 그 영혼을 바로 세워주려고 정성을 쏟는 노력이 있어요. 그리고 그 젊은이들을 영적으로 성숙시키고 성장시키고 그래서 예수님을 닮아가는 사람으로 만들려고 끊임없이 교재가 나오고 자료들이 공급되면서 학생들이 자기도 모르게 주님을 닮아가지 않을 수 없도록 해요. 기성 교회는 그게 없어요. 그저 형식적인 공과 공부는 있지만 정말로 사람을 만든다, 인물을 만든다, 제자를 만든다는 철학은 없어요. 그러니까 게임이 안 되는 거죠.

파라 처치에는 비전이 있었어요. 세계를 그리스도의 복음으로 바꾸어놓겠다, 전 세계가 하나님 나라가 되도록 헌신하겠다 하는 큰 꿈을 젊은이들에게 갖도록 해주는데, 기성 교회는 기껏해봐야 교회 예산 타가지고 1년에 행사 몇 개 하는 게 꿈이에요. 도봉산 등산가는 거, 어느 교회하고 축구대회 하는 거, 그래서 돈

199

얼마 쓰고 하는 게 꿈이지, 세계를 가슴에 품고 참 환상을 보도록 만들지를 못했어요.

그러니까 보세요. 복음이 살아 있고 사람을 키우고 세계를 품는 비전이 있는 공동체와 그것이 없는 공동체와는 게임이 안 되는 거죠. 어디가 교회입니까? 어디가 진짜 교회입니까? 대답은 간단하잖아요. 제가 그 사실을 발견한 다음부터 제자훈련에 대해 어린아이와 같은 심정으로 배우기 시작했고 저 자신이 제자훈련을 하기로 작정했습니다. 서울공대 다니는 학생이 가르쳐주는 대로 학생들 십여 명 모아놓고 제자훈련을 시작했어요. 그리고 시작하면서 내가 잘못한 것은 네가 가르쳐줘, 내가 몰라서 실수하는 것은 네가 고쳐주고. 그렇게 같이 앉아서 했어요. 그 학생이 서울경기고등학교와 서울공대 나오고, 컬럼비아 대학교에서 교육학박사를 받은 방선기 목사입니다. 그가 친절하게 나를 잘 지도해주었어요. 그리고 제자훈련을 10여 명 할 정도로 학생들이 모이고 제자훈련을 시작하고 나서 보니 그때부터 이제 불이 붙기 시작했습니다.

복음으로 사람이 달라지기 시작하는 순간

십여 명이 토요일 오후에 모여 서너 시간 제자훈련을 하는데요. 두세 달 가니까 다 변하는 거예요. 옥 전도사부터 시작해서 전부가 사람이 달라지기 시작합니다. 그 자리에서는 설교 안 해요. 말씀 펴 놓고 서로가 받은 은혜를 나누는 거예요. 그리고 전도사는 이게 궤도를 이탈하지 않게끔 방향타만 잡아주면 돼요. 그래서 학생들하고 머리 맞대고 말씀 앞에서 옷을 벗기 시작하고 함께 은혜의 보좌 앞에 나아가고, 살아 계신 주님을 만나게 되고 하나님 말씀 앞에서 자신을 피드백하고 자기 안에 숨어 있던 잘못된 생각들이 그대로 노출되고 그것이 회개로 이어지면서 서로 손잡고 하나님 앞에 우리 모두를 드릴 때 성령께서 하나하나 만져 주시면서 전도사도 바꾸어 놓으시고 학생도 바꾸어 놓으시고, 그런 과정을 1년 이상을 계속 하니까 그 안에서 어떤 일이 일어났을지를 상상에 맡겨요.

제가 이 제자훈련에 눈을 뜨면서 얼마나 미쳐 버렸는지요. 가정도 잃어버렸어요. 그래서 우리 집사람이 고생 많이 했어요. 애들을 놓고 키우면서 고생 많이 했어요. 교회에서 쥐꼬리만 한 월급을 주는데 매달 모자라요. 그러니까 집사람이 얼마나 고생했겠어요. 하지만 그것도 눈에 들어오지 않았어요. 12시 반에 대학부가 시작되면 오후 4시 반이나 5시에 끝나요. 그것도 짧게 느껴져요. 토요일은 제자훈련하고 주일날 되면 대학생들 모아놓고 집회하는데 저는 설교도, 아무것도 안 해요. 그냥 뒤에 앉아 있어요. 제게 훈련받은 학생들이 모든 진행을 다 맡아서 해요. 마지막 한 10분 정도 남으면 제가 나가서 격려해주고 기도해주면 대학부 끝나는 거예요. 다섯 시간 동안 대학부 모임이 그렇게 해서 끝나요.

그리고 하루라도 공휴일이 있으면 학생들 데리고 기도원을 갔습니다. 그리고 여름에 일주일, 겨울에 일주일, 일 년에 두 번씩 학생들 수련회를 인도하는데 5년 동안 열 번을 제가 전부 다 했어요. 강사 초청할 돈을 안 주니까 그랬어요. 학생들은 계속 늘어갔어요. 그렇게 해서 나중에는 한국에서 제일 큰 대학부가 됐습니다. 많은 교회가, 내가 알기로는 120~130곳의 교회가 몇 년 동안 매주 몇 교회씩 견학을 와서 교역자와 장로와 부장 장로와 임원들이 뒤에 앉아 대학부를 견학할 때가 많았어요.

여러분, 제자를 만드는 것은 옥 목사의 브랜드가 아니에요. 다들 오해를 하는데요. 제자를 왜 만듭니까? 주님이 제자를 만들라고 하셨잖아요. 하늘과 땅의 모든 권세를 가지신 예수 그리스도, 십자가에 죄와 사망을 이기고 부활하신 하나님의 아들 예수님이 마지막으로 우리에게 하신 말씀 아니에요? 제자를 만들라고 했죠. 그것은 예수님의 브랜드죠. 예수님이 제자 만들라고 하셨잖아요. 그러니까 제자 만들라고 씨름하는 것이죠.

그러면 어떻게 하는 것이 제자 만드는 것이냐? 물론 견해 차이는 있을 수 있어요. 저는 제가 목회를 시작하며 위기를 만났을 때, 대학부 1명을 데리고 이제는 어떻게 하느냐고 씨름할 때 하나님께서 열어주신 길을 통해 주님이 제자를 만들라고 하신 내용이 무엇이고 제자 만드는 것이 어떤 것이며 제자를 만들 때 어떤 놀라운 은혜들이 쏟아지는가를 체험하게 하셨습니다. 그래서 5년 동안 제가 그 교회를 섬기면서 정말 행복한 젊은이 사역을 했습니다. 부목사로 일하면서 몸이 어떻게 되는지도 모르고 가정이 어떻게 되는지도 모르고 이 젊은이들과 씨름했어요.

　해보니 너무 너무 행복한 거예요. 여러분, 목회하면서 사람들이 말씀으로 변화되는 것을 보면 "뿅" 가버립니다. 하지만 5년, 10년을 목회해도 빤들빤들해서 그대로이면, 정말 힘듭니다. 목회를 하면 사람이 달라져야 할 것 아니에요? 장로가 바뀌는 걸 봐야 할 거 아니에요? 아무리 병든 교회라도 내가 가서 목회한 이상 그 교회가 건강한 체질로 돌아서는 것을 봐야지요. 하나님 말씀이 있고 성령의 능력이 있고 여호와의 영광이 있는 교회가 그렇게 되지 말라는 법이 어디 있어요? 근데 왜 안 될까요? 교회가 뭔가, 목회가 뭔가를 놓고 씨름하면서 해답을 얻지 못하고 있기 때문에 그래요. 가령 예수님이 왜 제자를 만들라고 했는지 그 사실에 대해 깊이 고민하면서 연구를 안 하니까 그렇죠.

목회 본질을 잡으면
느려도 느리지 않다

기성 교회에서 제자훈련이 힘든 이유

여러분, 전통 목회가 제자 만드는 것 하고는 조화가 잘 안 됩니다. 다시 말하면 전통적인 목회 토양에서는 제자 만들기라는 묘목이 잘 자라지를 못해요. 심어 놓으면 말라버리고요, 잘못하면 밟혀버리고 그렇게 돼요. 이상해요. 진짜 우리 교단만 해도 지금 90% 이상이 전통 목회입니다. 여러분은 졸업하고 대부분 그리로 가야 돼요. 아니면, 지금 부교역자로 거기서 생활해야 해요. 그런데 이 제자 만드는 목회로 방향 전환을 하려면 얼마나 어려운지 몰라요.

지금 목포에 가면 빛과소금교회라고 있어요. 통합측 교회입니다. 조현용 목사님 같은 분은 17년 전에 우리 세미나에 왔다 갔어요. 그러고 나서 제자훈련에 미쳐버린 목사가 됐어요. 그 목사님은 자기가 목회하는 조그마한 교회가 있었어요. 100여 명도 안 되는 목회에서 전통적인 목회를 열심히 했지만 어려움이 많았어요. 교인들끼리 갈리고 싸우고 재정 담당 집사가 교회를 좌지우지하고 너무너무 힘들게 하는 교회였어요. 그런데 제자훈련만이 교회를 건강하게 세우는 비결이구나 깨닫고 나서 자기도 옥 목사처럼 미쳐야겠구나 하고 미치기로 작정했어요. 그래서 돌아가자마자 여성도 몇 명을 데리고 제자훈련을 시작했어요. 남자들은 제자훈련하자니까 콧방귀 뀌고 안 하니까 할 수 없이 그렇게 했어요. 그러다가 그만 교회에서 쫓겨났어요. 교회에서 힘깨나 쓰는 남자 집사 두세 명이 와서 교회 문에 엑스자로 못질을 해버린 거예요. 목사가 못 들어가게 문에 못질을 했어요. 그러니까 목사가 갈 데가 없잖아요. 정말 기가 막히는 상황이죠. 그래서 어떻게 해요? 집에 앉아서 기도만 하는데 제자훈련받던 몇 명의 여자교인이 쫓아와서는 "목사님, 이렇게 쫓겨난 김에 어떻게 합니까? 여기에서 새로 교회 시작합시다" 해서 뭐 다른 길은 없으니까 제자훈련하면서 교회를 새로 시작했습니다. 그것이 15년 전 일이에요.

제가 지난 연말에 그 교회를 다녀왔는데 지금 목포에서 가장 앞서가는 교회라고 생각합니다. 얼마나 교회를 예쁘게 잘 지었는지, 터를 얼마나 넓게 잡아놨는지, 제자훈련을 얼마나 철저히 시켰는지 교인들 눈빛이 반짝반짝해요. 지금 1,500명 정도 모입니다. 와 내가 놀랐어요. 그러니까 그 사람에게 자극을 받아서 호남 지역에서 통합측 목사들이 세미나에 많이 와요. 그리고 가난한 목사들은 자기가 돈 내서 세미나에 보내줘요.

여러분, 기성 교회에서 제자훈련이 왜 어려울까요? 왜 목사들이 쫓겨나올 정도로 수난을 당해야 합니까? 바로 여기에 중요한 문제가 있어요. 기성 교회 목회가 본질에서 많이 이탈했다는 거예요. 기성 교회 목회의 몇 가지 특징을 들라면 일단 예배 일변도의 목회입니다. 이 말을 여러분도 이해할 거예요. 모든 게 예배예요. 다 모여도 예배고 심방 가도 예배고 무슨 회의를 해도 예배고 그 예배라는 것은 틀에 박힌 어떤 형식이라는 겁니다. 그것이 나쁘다 잘못됐다 하는 것이 아니에요. 오해하지 마세요. 그러나 목사는 단지 예배인도자로서 교회를 책임지고 있는 게 아니에요. 성경 보세요. 성령이 피로 값 주고 세워서 성도들 중에 감독자로 세웠다고 했을 때 그 감독자가 예배인도만 하라고 성경에 써 있는지 좀 보라고요. 물론, 교회 안에서 예배만큼 중요한 게 어디 있겠어요. 이 지상에서 하나님을 예배할 수 있는 영광스러운 공동체는 주 예수 그리스도를 믿는 성도 외에 누가 또 있어요. 얼마나 소중하고 소중한 겁니까? 얼마나 귀합니까? 그러니 목사가 예배인도 준비를 위해 많은 시간을 투자해야지요. 그것은 세상 끝날까지 계속해야 하고 더욱 최선을 다해야 하지요.

그러면 무엇이 문제냐? 예배 인도가 목회의 전부라고 생각하는 자세가 틀렸다는 그 말입니다. 예배 준비하는 것이 목회의

80%를 차지하는 그 의식구조가 잘못됐다 그 말이에요. 그러니까 예배 일변도의 목회가 되는 거예요. 대심방을 가도 교인 앉혀 놓고 그 영혼이 어느 정도 수준에 있는지, 어떻게 하면 이 영혼을 좀 더 건강하게 키울 수 있는지를 목사가 고민합니까? 들어가자마자 묵도합시다 하고는 그다음은 자신이 준비한 말씀 전하고 교인들도 성경찬송 와서 기다렸다가 설교나 축도 끝나면, 주기도문 끝나면 예배가 끝났구나 생각하고 커피나 과일을 내옵니다. 이런저런 잡담하다가 가죠? 예배 일변도의 목회가 이렇게 한국 교회의 중심이 되어버리니까 평신도가 전부 '병신도'가 돼버렸어요. 왜 그런 줄 아세요? 예배 군중으로만 가 있으니 그래요. 제가 좀 나쁜 말 썼어요. 성경적으로 이야기하면 '예배 무리'가 돼 버렸어요. 그래서 예배만 열심히 출석하면 자기 신앙은 상당한 수준에 이르렀다고 착각하게 만들어놨어요. '3년 안에 5년 안에 장로 되는 법' 같은 우스갯소리 있잖아요. 예배 빠지지 말고 참석해라, 점점 자리를 앞쪽으로 옮겨라, 목사 눈에 잘 띄는 자리를 고정석으로 만들어놓고 새벽기도부터 시작해 절대 예배에 빠지지 마라, 가끔 자주 손수건을 꺼내 눈물을 닦아라 그리고 교회가 필요로 할 때는 돈 아끼지 말고 뭉칫돈을 헌금해라, 그러고서 5년 안에 장로가 안 되면 내 손에 장을 지진다는 얘깁니다. 우스갯소리인데 그게 현실이에요. 성도들의 신앙 성숙도를 측정할 수 있는 바로미터가 예배가 되어버린 거예요.

본질을 붙들면 느리더라도 가능하다

여러분, 이게 성경적입니까? 예수님이 제자를 만들라고 하는 것이 이런 게 아닌가라고 생각할 수 있어요. 이 틀을 깨야 합니다. 그리고 예배라고 하면 항상 어떤 고정관념이 있잖아요? 어떤 틀이 있잖아요. 그런데 그 틀이라는 것은 성경 말씀처럼 불변의 틀이 아니거든요. 얼마든지 바꿀 수 있는 거 아니에요? 원리는 있어도 틀은 없단 말이에요.

내가 처음에 개척해서 한 십여 명 데리고 첫 주일 예배를 보는데, 몇 주 지나니까 20명 정도 모이더라고요. 어떤 점잖은 부인이 예배 중간에 들어와 뒤에 앉아요. 그럴 때는 천지가 환해집니다. 한 명 들어오는 게 얼마나 대단한지요. 그때 우리는 1인용 의자에 삥 둘러앉아서 예배를 봤어요. 사람이 20명도 안 되니까 마치 제자훈련하듯이 예배 인도를 하는데 그 부인이 뒤에 와서 앉아 한참 쳐다보더니 이게 예배라고 드리나 하고 벌떡 일어나서 나가버리더라고요. 나중에 보니 강북에 있는 큰 교회 권사님이었어요. 그러니까 그분 의식 속에는 예배 순서는 이렇게 저렇게 진행되고 목사가 앞에서 이렇게 해야 예배라는 개념이 딱 박혀 있는 거예요. 성경에서 그게 예배라고 정의한 데가 있나요? 둘러앉아서 예배드리는 것은 하나님께서 안 받으시나요? 성경 공부는 예배가 아닌가요? 하여튼 이상한 생각들이 사람들 마음을 꽉꽉 닫고 있어요. 그러니까 이렇게 예배 만능주의 예배 일변도 이것이 오늘날 한국 교회로 하여금 제자훈련을 못하게 하는 아주 좋지 못한 요소가 돼 버렸어요.

또 하나 있어요. 설교 만능주의예요. 예배를 중시하다 보니까 예배에만 치중하다 보니까 예배에는 설교가 꼭 들어가야 하잖아요. 그러다가 설교 만능주의에 빠져버렸어요. 목사들에게는 설교 하나만 잘하면 제자를 만들라는 말씀을 다 충족시킬 수 있다고 하는 이상한 오만함이 있어요. 그리고 설교를 좀 잘한다는 평을 듣는 사람일수록 자기 설교 하나면 모든 성도의 영적인 니즈를 다 채워줄 수 있다고 착각해요. 그래서 오늘날 얼마나 화려한 설교들이 많아요? 얼마나 설교를 자주, 많이 합니까? 그런데 왜 한국 교회는 변하지 않습니까? 왜 잘 안 됩니까? 왜 젊은이들이 설교에 귀를 막습니까? 웃기는 설교는 들어도 진지한 설교는 왜 안 듣습니까? 값싼 복음은 들어도 주님이 명령하시는 너무나 엄숙한 명령 앞에서는 왜 고개를 돌립니까? 설교가 그렇게 중요하다고 생각해 설교 만능주의에 빠졌으면 설교가 무슨 역사를 일으켜야 할 거 아니에요?

칼빈이나 루터의 설교를 한번 읽어보세요. 뭐 그때까지 안 가더라도 스펄전의 설교를 한번 읽어보세요. 조나단 에드워즈의 설교를 한번 읽어보세요. 맥클라렌의 설교를 한번 읽어보세요. 물론 책으로 나온 거니까 조금 다르겠지만 전체 내용은 다 파악할 수 있잖아요. 심지어 J.I. 패커의 설교를 한번 읽어보세요. 요사이 우리가 하는 설교하고는 비교가 안 됩니다. 정말 설교다운 설교를 한 시대에 나온 설교자들의 설교를 읽어보면 그리고 그 설교를 지금 내가 하는 설교와 비교해보면 우리는 물을 너무 많이 탄 설교를 하고 있다는 생각을 안 할 수가 없어요.

요사이 인터넷이다, 출판물과 번역물도 또 오죽 많아요? 설교 자료가 지금 너무 많아서 홍수예요. 그래서 적당히 짜깁기해서 들고 나가는 설교도 많고, 시간 급하면 그냥 예화 두 개 20분 때우고 미꾸라지 잡는 이야기를 한 10분 때우고 그러면 설교 끝나잖아요. 그리고 교인들이 웃어주면 은혜받은 설교라고 착각하고…. 그렇지 않아요? 교인들이 나가면서 은혜받았습니다 하고 악수해주면 그것 때문에 자기가 설교 잘하는 줄 착각해요. 은혜받았다는 사람, 상습범인 거 몰라요? 설교의 진가는 설교 듣는 시간에 나타나는 게 아니에요. 설교 들은 다음에 어떤 말씀의 능력으로 어떤 변화가 그 사람의 인격과 삶에 일어나는가가 설교를 잘했나 못 했나를 결정하는 거예요. 분위기를 이야기하면 안 되는 거예요. 물론 분위기도 중요한 요소이긴 합니다만 섣불리 은혜받았다는 소리를 함부로 하면 안 된다는 이야깁니다. 어떤 면에서는 오늘날 우리의 설교가 질이 많이 떨어졌어요. 그럼에도 설교에만 매달리니까 교인들이 점점 힘을 잃어버리는 거예요. 성도들이 영적으로 자라지를 못해요. 이게 오늘날 전통 교회의 실상입니다.

우리 한국 교회만큼 열심히 가르치는 교회가 어디 있어요? 얼마나 많이 가르쳐요? 얼마나 많은 프로그램을 도입해요? 그런데도 잘못된 거 하나 있어요. 지식 위주의 교육이에요. 얼마나 많이 가르치느냐 얼마나 많이 알게 하느냐에 초점이 있지, 그 사람의 인격과 삶을 바꾸어 그리스도의 제자로 헌신된 사람을 만들겠다는 데 목적을 두고 가르치는 경우가 거의 없어요. 그래서 많이 가르치면 가르칠수록 문제가 생겨요. 그래서 저와 가까이 지내는 서울 큰 교회 목회자 한 분은 다니면서 제자훈련 비판하는 사람이에요. 저와 그렇게 가까이 있으면서 비판하는 이유가 뭐냐고 물으면 이렇게 말해요. "교인들은 너무 많이 가르치면 안 돼요. 적당한 수준에 묶어두고 목사의 설교를 갈급하게 만들어야 합니다. 왜 많이 가르쳐선 안 되느냐? 머리에 뿔이 나서 교역자를 먼저 들이받거든요. 그러면 교회가 평안하지를 못해요. 그런 까다로운 평신도 데리고 목회하는 것은 굉장히 힘듭니다. 그러니까 적당히 가르쳐야 해요." 가는 데마다 그런 식으로 은근히 제자훈련을 비판해요. 그런데 그분이 한 가지 모르는 게 있어요. 머리를 겨냥해서 가르치는 교육을 하니까 잘못되는 거예요.

한국 교회가 지금까지 열심히 가르친다고 했는데도 바람직한 결과가 나오지 않은 이유는 성경을 지식으로 가르친 것 때문입니다. 성경을 예수님의 인격으로 가르치지 않았어요. 교훈과 책망과 바르게 함과 의로 교육함을 주시는 예수 그리스도 앞에 대면하도록 만들지 않고 얼마나 많이 아느냐에 초점을 두고 가르치다 보니 가르칠수록 병이 나는 거예요. 장로 세우기로 작정하고 투표에서 당선될 사람에게 1년 동안 성경 한 번 읽으라고 하면 안 할 사람 누가 있겠어요? 그게 성경 공부입니까? 거꾸로 가죠. 제대로 가르쳐서 말씀 앞에 철저히 녹아진 사람을 장로로 세우려고 하지 않고 세워놓고 성경 좀 가르쳐서 장로 만들려고 하는 것은 고쳐야 해요. 우리 교단도 마찬가지입니다. 이건 웃기는 거예요. 그렇게 하면 안 하겠다는 사람이 누가 있겠어요. 그래서 공부 좀 해서 성경 몇 번 읽고 교회 헌법 좀 알면 그다음부터 장로 되고, 그렇게 3년만 지나면 이상한 짓거리를 하기 시작하는데 그렇게 해서 본색이 드러납니다.

교회가 세상을 닮아가기 시작할 때

오늘날 이렇게 사람을 만드는 방법이 틀렸어요. 열심히 가르치기는 하지만 인격적인 삶의 변화가 없어요. 이게 오늘날 교회의 현실입니다. 그리고 값싼 복음이 너무 인기를 끌고 있어요. 보통 문제가 아닙니다. 값싼 복음이 뭔지 아시죠? 부흥회를 일주일에 몇 번씩 다니는 어떤 목사님 이야깁니다. 우리 집 애가 참석하고 와서 하던 이야기예요. 오래된 이야기인데 지금도 그렇습니다. 설교 중에 이런 질문을 합니다. "여러분 중에 브리사 타고 다니는 사람 있나요? 손들어 보세요?" 그러니까 몇 사람이 손을 들었어요. 제가 옛날에 개척했을 때 타고 다니던 똥차에요. 한국에서 제일 값싼, 제일 수준 낮은 차인데, 지금 티코보다 훨씬 못해요. 그 질문에 우리 집 애도 손을 들었대요. 자기 아빠도 브리사 타고 다니니까. 그리고 하는 말이 이랬습니다. "자 여러분, 손 내리세요. 오늘이 예배 시간에 헌금을 하겠습니다. 여러분, 헌금은 여러분이 작정하는 것입니다. 그런데 여러분이 최선을 다해 작정해 헌금 내면요, 금년 안으로 그렌저를 타고 다니게 될 줄 믿습니다." 그러니까 여기저기서 '아멘!' 합니다.

여러분, 이게 교회 집회라고 생각하십니까? 그런데 이런 일이 지금 공공연히 한국 교회에 퍼져 있고 이런 식으로 값싼 복음을 전하는 교회일수록 점점 대형교회가 되어가는 추세인 것이 오늘날 현실이에요. 기가 막히는 이야기 아니에요? 예수님이 그렇게 가르쳤나요, 복음이 그런 건가요? 그러니까 자연히 교회를 다니는 사람들 마음속에 어떤 사상이 자리 잡느냐 하면 믿는 것과 세상에 나가 사는 것은 다르다, 성과 속은 일치하지 못한다고 생각해요. 그래서 믿음은 믿음대로 세상살이는 세상살이대로 사는 거예요. 그래서 이원론의 종이 돼 버려요. 그리고 이원론의 종이 되면 심각한 상황에 빠지는데 그것이 세속주의입니다. 세상을 닮아가는 거예요. 가치관을 포함해 모든 것이 세상을 닮아가기 시작해요. 교회 와서 '할렐루야, 아멘'을 한참 하고도 나가고 나면 세상이 가는 대로 따라가는 거예요. 이것이 세속주 아닙니까? 그래서 교회가 자꾸 세상을 닮아가는 거예요. 세상이 교회를 닮는 게 아니라, 교회가 세상을 닮는 거예요.

여러분, 오늘날 한국 교회 안에 있는 교역자와 평신도의 가치관을 놓고 따져보세요. 세상을 닮아가지 않은 것이 몇 가지나 되나요? 교인들은 나가서 마음대로 땅 투기나 하고 그래서 와서 헌금 많이 하면 머리에 손 올려놓고 축복해주고, 하나님께 복받았다고 광고하고, 그게 어떻게 번 돈인지에 대해서는 하나도 생각 안 해요. 그래서 모두가 다 세상 가는 대로 따라 가는 거예요. 여러분, 요사이 이혼 문제로 교회 안에서 고민하는 소리 들어 보셨어요? 요사이 성적 범죄를 옛날처럼 벌벌 떠는 사람 봤어요? 요사이 〈왕의 남자〉 때문에 동성애에 대해 우리가 얼마나 관대해졌는지 아세요? 어떤 방법으로든 돈을 모으고 빈익빈 부익부의 이 양극화 속에서 하나님의 축복을 받아 돈을 많이 모으는 것만이 복이라고 생각하는 사람들이 교회 안에서 중요한 자리에 앉아 교회의 모든 정신세계를 지배하는 것이 오늘날 전통 교회 현실 아닙니까?

여러분, 이것이 정상입니까? 이렇게 가면 한국 교회의 마지막이 어떻게 될까요? 여러분이 앞으로 평생을 바쳐 사역해야 할 교회 현장입니다. 주님 앞에 피 끓는 가슴을 드리려고 하는 사람이 없어요. 세상에서 돌을 맞든지 사람들로부터 짓밟힘을 당하더라도 진리를 위해서는 내 생명 아낌없이 바치겠다고 결단하지 못해요. 주저주저해요. 세상이 너무 바뀌었기 때문에 그리고 좀 더 강한 메시지를 내면 교인들이 떠날까 봐 교인들 눈치 보느라고 꼭 전해야 할 말씀도 전하질 못해요. 맨날 그래서 교인들에게 기분 좋게 들릴 메시지만 골라잡느라고 정신이 없어요. 이것이 오늘날 여러분이 일할 풍토예요. 이런 기성 교회 전통 교회 안에서 "너희는 가서 모든 족속을 제자 삼으라"는 주님의 명령을 순종하는 것이 쉬울까요, 어려울까요? 스스로 잘 판단해보세요.

기성 교회를 가만히 보면 아예 제자를 만들지 말라는 풍토예요. 그래서 제자훈련하다가 호되게 당하는 목회자도 많아요. 그런데 감사하게도 그렇게 호되게 당한 목회자들이 다 성공하더라고요. 이렇게 예배 일변도로 일관하고 목회 설교 만능주의에 빠져 있는 목사의 의식세계가 있기 때문에, 성도를 하나하나 놓고 가르쳐서 그리스도 안에서 온전한 자로 키우는 데는 시간 투자 안 하고 맨날 밖으로 돌면서 노회나 총회에 가서 쓸데없는 짓거리나 하고 토요일에 돌아와 적당하게 설교 준비하고 사람만 많이 모이면 성공하는 목회자로 알고 있고, 그래서 자신부터 시작해서 교회 전체가 세상 흘러가는 대로 돌아가는 세속주의에 푹 빠져 있어요. 세상을 감당할 힘을 잃었어요. 이게 오늘날 우리의 현실이에요.

215

안 미치면 못한다

똑똑히 알고 목사 되려고 하세요. 우리가 하나님 심판대 앞에 서면 어떤 모습이 될지 생각해 보세요. 이런 모습으로 목회하다가 하나님 앞에 서면 어떻게 되겠어요? 평신도 하나하나가 얼마나 대단한 존재인지 아세요? 저만큼 아는 사람도 드물 거예요. 나는 목사보다도 바로 선 평신도가 하나님 앞에서는 몇 배로 능력 있는 사람이고 하나님을 기쁘시게 하는 사람이라고 믿고 있어요. 이런 평신도를 자기 하인 부리듯이 부려 먹으면서 교회 안에서는 자기 혼자 일을 다 하는 것처럼 착각하는 오늘날 목회자 여러분. 앞으로 한국 교회가 어떻게 할 거 같아요? 오늘날 목회 현장이 제자훈련을 하기에는 이렇게 각박하기 때문에 제가 목사님들에게는 자주 그럽니다. "제자훈련해서 교회를 건강한 체질로 바꾸고 평신도를 제자리에 세우고 싶습니까? 성경이 말씀하시는 평신도의 꿈을 한번 이루어보고 싶습니까? 그러면 당신은 미쳐야 합니다. 안 미치면 못합니다. 정신없는 사람처럼 덤벼야지 이것저것 기웃거려서는 아무것도 못합니다." 그래서 제가 세미나 첫 시간에는 '광인론' 강의를 합니다.

그런데 여러분, 목회하는 것만 사람이 미쳐야 합니까? 세상에 보면 미친 사람 많아요. 연극인 손숙씨를 제가 만나보니까 연극에 미친 사람이더라고요. 그리고 최근에 신문에서 보셨는지 모르겠지만 미친 사람 많아요. 정말 많아요. 〈왕의 남자〉 감독 이준익씨는 빚을 30억을 지고도 큰소리친 사람이에요. '나에게는 빚이 힘이다.' 이런 사람이 미친 사람이죠. 빚을 30억이나 짊어지고도 뭔가를 해내잖아요. 3대째 백자 굽는 무형문화재 한상구씨라고 있어요. 나이가 67세입니다. 평생 백자 굽느라 가난과 씨름하면서 살았어요. 그래서 지지리 가난하게 살았는데 이제 나이도 들고 이 백자 굽는 노하우를 자녀들에게 전하려고 하니까 마음이 당기지 않는 거예요. 아이들까지 가난하게 만들고 싶지 않았어요. 그래서 이거 어떻게 해야 하나 고민하는데 가만히 보니 아들 둘이 아버지 대를 이어 백자 굽는 일을 할 거 같단 말이에요. 그래서 자녀들에게 이렇게 말해야 하겠다고 생각해요. '그래. 백자 구워라. 그런데 생명은 걸지 마라.' 왜? 너무 가난해지니까요. 그렇게 중얼거리는 소리를 옆에서 듣고 있던 부인 소옥선씨가 이렇게 말해요. '여보, 그걸 말이라고 해요? 생명은 걸지 말라고요? 목숨 안 걸고 이걸 어떻게 한대요? 목숨 안 걸고 이걸 어떻게 해요?' 백자 하나 굽는 일에도 생명을 걸어야 한대요. 하물며 한 영혼을 구원하고 그 영혼을 예수님 닮은 제자로 만들어 하나님 나라가 이 땅에 임하게 하고 주의 뜻이 이루어지게 하는 일에 생명은 걸지 않고 적당히 해요. 그냥 고급차 타고 다니면서 대우만 받으면 그것으로 끝나는 거예요.

여러분, 제가 대학생 지도하면서 제자훈련에 이렇게 미쳤어요. 미쳐서 30년, 35년을 달려왔어요. 저는 절대 후회하지 않습니다. 저는 바른길을 택했다고 확신하기 때문에 많은 목회자에게 이 사실을 가르치고 있어요. 저는 1년에 4번 정기적으로 세미나를 합니다. 사랑의교회 현장을 오픈하기 때문에 450명 이상은 받지 못해요. 이번에 처음으로 인터넷으로 등록을 받았어요. 450명 등록받는 데 몇 분 걸렸는지 아세요? 4분 만에 다 끝났어요. 4분 되니까 자기가 등록 몇 번째 됐는지 일련번호가 쫙 나와요. 그리고 웨이팅 리스트에 자기가 몇 번째 있는지도 나와요. 너무나 많은 목회자가 제자훈련에 관심을 갖게 된 거 감사하고요. 그 이유가 뭔지 아세요? 옛날에는 사랑의교회만 샘플처럼 보였는데 이제는 한국에서도 정말 좋은 교회들이 수백 개가 넘어요.

〈디사이플〉이라는 잡지를 아시죠? 한번 보세요. 얼마나 기가 막힌 현장이 여기저기 우뚝 서는지 몰라요. 죽었다 하고 10년 정도 앉아서 제자훈련해서 교회를 완전히 바꿔 놓으니까 그다음부터는 하나님께서 그 교회에 복을 주셔서 성장하게 하시는데, 이웃 교회들이 입을 딱 벌리고 다물지를 못하게 만들었어요. 최근에는 딱 좋은 예가 대전 새로남교회입니다. 내가 그 교회로 보냈어요. 내 밑에서 10년 이상 있던 사람입니다. 저를 만나더니 그래요. "목사님, 제 몸 너무 뚱뚱하다고 욕하지 마세요. 몸이 이렇거든요." "왜 운동 안 하니?" "목사님 운동할 시간이 어디 있습니까? 지난 10년 동안 우리 집사람하고 둘이 들어앉아 맨날 제자훈련만 했는데요. 너무너무 힘든 교회였어요. 말도 못할 정도로 힘든 교회였어요. 그럼에도 사람 키우는 거 이거 실패하면 나는 끝장이다 하고는 밤이고 낮이고 제자훈련하는 데 혼혈을 다하기를 10년을 했습니다." 그렇게 하니 물갈이가 되고 제자훈련을 받으면서 변화되는 사람들이 점점 교회 안에서 중심이 되면서 일어나기 시작한 거예요. "그래, 제자훈련하는 거하고 몸 뚱뚱해지는 거하고 무슨 상관이냐?" "목사님, 보세요. 제자훈련하느라고 시간이 없어서 운동 못하죠. 더욱이 남자 제자훈련은 저녁에 하잖아요. 저녁에 하면 보통 1시 어떤 때는 2시에 끝나고 돌아와요. 돌아오면 배

가 너무 고파서 막 먹어요. 그러니까 몸이 더 불어납니다." 제가
그 말 듣고 감동을 먹었어요.

상황보다 내가 교회를 어떻게 보는지가 중요하다

여러분, 이 목회 본질을 이번 기회에 잡으세요. 저는 이렇게 여러
분이 알아듣기 쉽게 하는 거예요. 쉬지 말고 기도하는 것은 본질
입니다. 그러나 새벽기도를 꼭 다녀야 한다는 것은 비본질입니
다. 이해하겠어요? 성경 말씀을 주야로 묵상하는 것은 본질입니
다. 그러나 성경 하루 석 장을 반드시 봐야 하는 것은 비본질입니
다. 비본질이라면 해도 되고 안 해도 되는 것이에요. 신령과 진정
으로 예배드리는 것은 본질입니다. 그러나 찬송 부를 때 반드시
일어서야 한다는 것은 비본질입니다. 본질과 비본질을 여러분이
구별하셔야 해요. 이처럼 목회에 있어서 본질은 제자를 만드는
것입니다. 이것을 여러분 마음속에 잘 담을 수만 있다면 얼마나
좋을까요. 프랭크 리차드가 10년 전에 미국인 목회자 5천 명을 상
대로 설문 조사하면서 이것을 물었어요. "21세기가 되어 교회가
정말 교회답게 제 역할을 하려면 가장 먼저 해야 할 것이 무엇인
가?" 놀랍게도 100%로 나온 대답이 뭔 줄 아세요? 평신도를 발굴
하고 훈련해서 사역의 동역자, 즉 제자를 만드는 것이다는 답이
나온 거예요. 그게 본질이에요.

219

여러분, 이 자리에 천몇백 명 계시는데요. 제자 만들라는 예수님의 말씀을 여러분만이라도 가슴에 담고 자신이 먼저 제자 되기 위해 신학교 때부터 몸부림치고 그래서 내가 예수님을 닮아가고 예수님을 위해 죽기를 각오하는 제자로 여러분이 거듭나서 교회로 돌아가 여러분 덕분에 제자들이 벌 떼처럼 일어나면 한국 교회는 반드시 살아납니다. 아무리 지금 교회 현장이 제자훈련과는 어울리지 않는 현장이고 여러 문제가 너무 많고 세속의 물이 교회 안을 가득 채울 정도로 들어왔어도 지금 모인 여러분만이라도 먼저 그리스도의 제자로 바로 선다면 그리고 여러분을 통해 엄청난 제자들이 양산되면 그리고 그 제자들이 나가서 가는 곳마다 작은 자라도 천을 이루고 약한 자라도 강국을 이루는 하나님 나라 기적이 일어나기만 하면 교회는 이 세상의 소망이 될 수 있습니다.

변명하지 마세요. 성결교 신학교 대학원에 가서 강의를 했을 때입니다. 거기서도 제가 제자훈련에 대해 이야기했어요. 끝나고 나서 질문 좀 하라고 했더니 성결교 대학원에 나오는 사람들이 다 젊은 목사들이더라고요. 젊은 목사 하나가 딱 손들고 하는 말이 "목사님, 오늘 강의 들으니까 제자훈련은 목사님이 목회하는 서초동 같은 데, 지적 수준도 있고 생활도 안정된 그런 데라야 가능하지, 저와 같이 인천 달동네 정말로 네 사람이 둘러앉을 방도 없고 새벽이면 사람들이 함을 이고 시장에 나가는 그런 달동네에서 목회하는 사람에게는 안 되겠다고 생각하는데, 목사님 생각이 어떠세요?"라고 질문해요. 진지한 질문이에요. 제가 기도하면서 이렇게 말했어요. "목사님, 제가 대답하기 전에 질문을 먼저 해도 좋겠습니까? 잘 들으세요. 만약 옥한흠이라는 사람이 당신이 지금 목회하는 인천 달동네에 가서 목회한다면 제자훈련 할까요? 안 할까요?" 그랬더니 싱긋 웃으면서 "목사님 같으면 하시겠죠" 그래요. 그게 답이에요. 문제는 나예요. 내가 누구냐예요. 내가 어떤 사람이냐, 내가 어떻게 준비된 사람이냐, 내가 교회를 어떻게 보는 사람이냐, 내가 목회 본질이 뭐라고 생각하는 사람이냐, 내가 한 영혼 한 영혼에 대해 어떠한 환상이 있느냐 이게 중요한 거예요. 여러분, 내가 중요한 거예요. 할 짓이 없어서 먹고살기 위해 신학교 왔나요? 70세까지 정년 보장되니까 신학교 왔나요? 여러분, 세상에 이 문 저 문 두들겨 보고 문이 안 열리니까 신학교 왔나요? 뭐, 어쨌든 좋아요. 저처럼 도망 다니다 끌려온 사람도 있으니까 괜찮아요. 그러나 이 학교에 들어온 이상은 흔히 보는 대로만 하면 되겠지 하는 식으로 3년 보내지 마세요. 여러분 하나에 수십 수천 수만 명의 생명이 죽고 사는 문제가 달려 있어요.

저의 목회 간증을 이렇게 들으면서 교회를 보는 패러다임을 다시 바꾸고 목회를 보는 패러다임을 다시 바꾸어서 이 세대를 바로잡아 하나님께 영광 돌리게 하겠다는 큰 결심 각오를 하는 성령의 큰 은혜가 있기를 바랍니다.

2006. 3. 7 (총신대학교 특강)

221

Q & A

Q. 하나님의 말씀을 정말로 사모하는 경향이 지금 한국 교회에서
일어나고 있다고 생각하십니까?

A. 그 점에 대해서는 30년 전이나 지금이나 변함이 없이 굉장히
왕성하다고 생각합니다.

Q. 핍박이 올 때는 더 하나님의 말씀을 사모하고 그런 것이 자
연스럽게 일어날까요?

A. 예, 핍박이 오면 우리가 더 알게 되겠죠. 아직은 잘 모르겠어
요. 그러나 중국 교회를 보면 핍박이 올수록 말씀에 대한 큰 갈
망이 있다는 것을 우리는 알고 있습니다.

Q. 성경 공부 운동이 한국에서도 많이 일어나고 있다고 생각하시
는지요?

A. 지금까지 한국 교회는 성경을 정말 열심히 가르쳤습니다. 100년 전부터 한국 교회의 기초는 성경을 가르치는 데서 시작되었습니다. 세계 어느 교회보다도 한국 교회 성도들은 성경을 사랑합니다. 평신도가 조금만 열심을 내면, 매일 새벽에 한 번씩, 주중에 한두 번 그리고 적어도 두세 번의 설교를 듣고 하면 일주일에 거의 10번 이상 성경을 배울 기회가 생깁니다. 그러나 문제는 열심히 가르치지 않거나, 배우지 않는 게 아니라 그 가르치는 것이 좀 잘못됐다는 데 있습니다. 머리에 성경 지식만 많이 넣어주는 가르침이 오히려 지금 한국 교회를 해치고 있습니다. 그리고 신앙 고백만 입으로 달달 외우면 좋은 신자로 평가해주는 그 풍토가 평신도도 하여금 잠자게 만들고 있어요. 이와 같은 문제점을 해결하는 방안 중에 하나가 제자훈련입니다.

Q. DC3 여객기와 점보747 여객기에 관한 예화에서 두 비행기가 가는 방향이 틀리더라도 날기만 하면 되는 것으로 만족해서는 안 된다는 식으로 말씀하셨는데, 그 예를 어떤 맥락에서 사용하셨는지요?

A. 자녀들을 키워 보시니 아실 겁니다. 저도 아들이 셋 있습니다. 저와 저희 집사람이 은혜받은 방식으로는 우리 애들이 은혜를 못 받아요. 저는 "내 주의 보혈은 정하고 정하다" 찬송을 부르면 지금도 가슴이 뜨거워지고 눈물이 날 때가 많아요. 그러나

우리 애들은 그 찬송을 부른다고 눈물 흘리는 법이 없습니다. 그들에게는 그들의 마음을 터치하는 다른 믿음이 있습니다. 그러므로 그들에게 맞는 찬송을 부르도록 해야 하지요. 그렇지 않으면 그들이 인격적으로 그리스도를 만날 기회를 아예 놓치게 될지도 모릅니다. 오늘날 목회도 마찬가지입니다. 우리는 200년 전의 목회 스타일로도 목회할 수 있겠지요. 하지만 지금 그런 식으로 하면 많은 사람의 마음에 전혀 터치가 안 될 것입니다.

Q. 신앙고백서를 보다 깊이 있게, 인격적으로 공부하는 방법이 있을까요?

A. 젊은이들을 놓고 성경 공부를 할 때 "예수님이 우리를 위해 하신 일이 무엇입니까?" 하고 물으면 우리는 웨스트민스터 신앙고백을 외웠거든요. "예수 그리스도가 십자가에서 죽으시고 삼일 만에 살아나셨습니다." 이렇게 잘 외웁니다. 시험을 치르면 절대 틀린 답은 안 씁니다. 그러나 저는 이렇게 질문을 던집니다. "그 예수님이 누구를 위해 죽었다는 것입니까?" 대부분이 답하기를 '우리'we를 위해 죽었다고 합니다. 그 '우리'가 뭐냐고 묻습니다. 이제 거기서부터 진지한 질문이 계속되지요. 나중에 이제 이렇게 묻습니다. "예수님이 당신을 위해 죽었다는 것을 절실히 깨닫고 고백하게 된 것이 언제입니까?" 대부분의 학생이 대답을 못해요. 거기서부터 복음이 무엇인지 서서히 그들에

게 이해되기 시작하는 것입니다.

처음에 우리 교회를 9명 데리고 시작했는데 부인 몇 사람을 데리고 제자훈련을 시작해보았습니다. 신앙 경력이 오래된 사람들이었습니다. 성경 공부하자니까 싫어해요. 억지로 앉혔습니다. 그리고 요한복음 3장 16절을 이야기했습니다. 그 내용에 대해 질문하면 대답이 막히지를 않아요. 어느 부인에게 제가 이렇게 질문했습니다. "하나님께서 '이처럼' 당신을 사랑했다고 하죠? '이처럼'이라는 뜻이 뭔가요?" 그러면 대답을 잘 못해요. 나중에 다 설명을 해줍니다. 다시 질문합니다. 하나님이 이처럼 사랑하신 것을 당신이 언제 강하게 감동으로 받아들였냐고요. 모두가 고개 푹 숙이고 얼굴이 빨개져 대답을 안 해요. 그러니까 그 시간이 얼마나 힘들겠어요. 한 2개월 지나니 전부 다 떨어져 나가고 없었어요. 결국, 한 사람만 참석했어요. 우리 집 사람이에요.

Q. 23년 전에 고민하신 것처럼 지금도 신학교에서 이런 부분을 깊이 생각하지 않는 것을 저도 안타깝게 생각합니다. 저도 이제 신학석사M. div를 졸업했지만, 목사님께서 23년 전에 고민하신 부분에 대해 저희도 이 학교 공부를 통해서는 해결이 안 됐고, 이렇게 오셔서 중요한 말씀을 주시니 저희에게 도움이 되고 감사합니다. 환경이 바뀌면서 제자훈련 방법도 바뀌어야 되느냐 하는 질문을 드리고 싶습니다.

A. 이번에는 그 문제에 대해 자세하게 설명할 시간이 없을 거 같아요. 시간이 너무 짧아요. 다음에 좋은 기회를 갖길 바랍니다.

Q. 맨 처음 제자훈련 하셨을 때 교회에서 어떤 반응이었는지요?

A. 그 문제에 대해서는 마지막 시간에 좀 이야기해 드릴게요.

Q. 지난 7년 동안의 한국 교회 성장에 대해 평가하신다면요?

A. 지금 시간이 이런 걸 설명할 만큼 많지 않은 거 같은데, 한 마디로 이야기하면, 지난 7년 동안 한국 교회의 성장은 정체 상태고요. 통계를 보면 지금 마이너스 곡선을 긋고 있습니다.

Q. 한국의 새벽기도를 어떻게 생각하시나요? 진짜 기도하고 싶어서 오시는 것인지 아니면……?

A. 제가 판단하기로는 한국 교회의 생명을 지탱해온 가장 강력한 도구 중 하나가 새벽기도라고 생각합니다. 새벽기도에 계속 참석해 기도해본 경험이 없다면 그 파워가 얼마나 대단한가를 잘 모르실 겁니다.

그러나 한 가지 문제가 있습니다. 새벽기도를 좀 더 생산적으로, 영적으로 끌어주지 못하는 면이 있습니다. 한국에서는 새벽 4시가 되면 절간에서 '땅', '땅' 하고 승려들이 징을 칩니다. 그리고 승려들이나 불교신자들이 일어나 절을 시작합니다. 그걸 보고 하나님을 경배하는 자녀들이 잠을 잘 수 있겠어요?

Q. CRC 교회에서는 교리문답Confession을 많이 가르치는데요, 그것에 관해 목사님은 어떻게 생각하시는지?

A. 우리 장로교는 웨스트민스터 고백을 많이 가르치죠. 이 신앙고백은 대단히 값지고 아름다운 유산입니다. 이것은 가르쳐야 합니다. 그러나 가르치는 방법이 문제라고 생각합니다. 오늘날과 같은 다양한 정보가 주어지지 않던 시대에는 그 신앙고백문을 외우게 하는 것으로 족했고, 좀 설명을 해주는 것으로도 만족스러웠습니다. 그러나 우리가 경험적으로 분명히 알고 있는 것처럼, 내용을 암기한다든지 입으로 고백한다든지 하는 것도 중요하지만, 그것이 전혀 마음에 와닿지 않는 형식적인 것이 될 수 있음을 염두에 두어야 합니다. 그러므로 우리 교회 같은 경우는 꼭 카테키즘을 그대로 놓고 뭐 외우라고 하지는 않지만 제자훈련 교재 안에 교리적인 골격을 적절하게 심어서 그것을 자연스럽게 습득하도록 합니다.

Q. 소그룹에 관해 좀 더 자세한 설명을 부탁드립니다.

A. 아까 말씀을 드렸습니다만 지금 우리 교회 제자훈련을 전체적으로 놓고 볼 때 한 번 모였을 때 최장 3시간을 사용하도록 합니다. 처음 만나서 교제하는 시간 20분, 제자훈련 마치고 20분, 마지막으로 서로 차 마시거나 어떤 때는 간단하게 식사하는 시간까지 더해서 그렇습니다. 그러나 교제도 제자훈련입니다. 같이 앉아 먹는 것도 훈련이에요. 아주 큰 맨션에 사는 사람이 그

훈련받기 위해 다른 사람이 사는 작은 아파트에 가서 같이 식사하는 것도 그에게는 제자훈련이에요.

Q. 예수님의 제자가 된다는 것은 넓은 의미에서는 예수님을 닮아가는 일이라고 하셨는데, 제자훈련은 교회 성장과 연관해 볼 때 필수적인 것인지, 아니면 선택 가능한 것인가요?

A. 여러분, 오해하지 마세요. 제자를 '만든다'라는 표현을 쓰니까 교회 안에서 제자 아닌 사람이 있다고 생각할 수 있습니다. 그 것은 잘못된 생각입니다. 누구든지 예수 그리스도를 고백하고 중생한 사람은 제자입니다. 그러나 그 제자로서의 수준은 개인마다 다 차이가 있습니다. 어떤 신자는 육적인 크리스천이 있어요. 제자훈련 프로그램은 제자 아닌 사람을 제자 만드는 게 아닙니다. 이미 제자가 되어있는 사람을 좀 더 온전한 자리로 끌어올리는 과정입니다. 그리고 이 제자훈련 프로그램은 평생 하나님을 닮아가기 위한 하나의 시작에 불과합니다.

잘못하면 제자훈련을 마치 교회에서 뭐 유능하게 사용할 사역자를 만드는 하나의 제조 과정처럼 생각하기 쉽습니다. 제자훈련을 받은 사람이 목사와 함께 사역자가 되는 이유는 간단합니다. 그들은 성숙하기 때문에 일을 해야 합니다. 다른 사람을 위해 봉사해야 됩니다. 그렇지 아니하면 자신이 또 병듭니다. 그러므로 일하는 것입니다. 그러므로 뭐 유능한 기능공 하나를 만들기 위한 과정이 아니에요. 또 하나 중요한 거 있습니다. 목사가 전교인을 제자훈련 시킬 수 없어요. 예수님도 그렇게 하지 않았어요. 우리가 훈련을 통해 도와줄 수 있는 사람은 한정되어 있어요. 그러나 그들이 어느 정도 준비가 되면 그들을 통해 다른 많은 형제들이 그리스도를 닮아가는 삶으로 또 세움을 받을 수 있어요.

Q. 목사님들의 사역과 그 '작은 목사들'의 사역이 교회에서는 어떻게 구분되어 진행되는지요?

A. 우리 교회에서는 교역자가 할 사역과 평신도 지도자가 하는 사역은 분명히 구별되어 있습니다. 하나님께서 목회자에게만 맡기신 특별한 사역들이 있어요. 저는 평신도를 깨운다고 해서 교역자의 일과 평신도의 일을 막 뒤섞는 사람은 아니에요.

저는 교역자들이 하는 일을 크게 두 가지로 봅니다. 일단 평신도를 그리스도 안에서 온전한 자로 세우는 일에 헌신하는 것입니다. 두 번째로는 평신도 지도자들의 손이 미치지 못하는 곳을 교역자가 커버하는 것입니다. 우리 평신도 지도자들이 하는 사역은 이런 것입니다. 10명 이내의 형제들을 책임지고 영적으로 돌봐줍니다. 우리는 그들 모임을 다락방이라고 합니다. 그 다락방은 예수님이 하던 사역이 그대로 계승되는 현장입니다. 프리칭, 티칭, 힐링이 그 자리에서 계승되는 것입니다. 굉장한 역사들이 그 자리에서 일어납니다.

평신도 지도자들 사역은 사랑의 봉사 현장으로 나가는 것입니다. 우리 교회에는 다양한 봉사의 장이 열려 있습니다. 슬럼가에 가서 매일 식사를 준비해주는 일부터 시작해 고아원에 가서 아이들을 목욕시켜주는 일까지 수십 가지의 사역의 장이 열려 있습니다. 그리고 평신도 지도자들은 직장에서 증인 노릇을 합니다. 어떤 일이 있어 외국에 나갈 때는 자비량 선교사로서 복음 전하는 일에 쓰임받으려 합니다. 마지막으로 또 하나 중요한 일이 교역자들을 위해 중보 기도하는 일입니다.

Q. 대학교를 졸업해야 훈련을 받을 수 있습니까?

A. 제가 볼 때는 학력하고 관계가 없습니다. 그러나 교회마다 평균적인 교육 수준이 있지 않습니까? 그래서 평균 교육 수준이 높은 데서는 아무래도 그 정도의 교육을 받은 사람이 좋죠.

Q. 한국에서의 교회 개척에 대해 어떻게 생각하십니까?

A. 지금 한국은 교회 개척이 너무 많아져서 고민합니다. 한국에서 매일 몇십 개씩 생기는 것은 술집하고 교회라는 말이 있을 정도입니다. 그러기 때문에 교회만 개척하는 것이 능사가 아니라고 생각합니다. 그러나 지금 몇 개가 시작되었습니다. 앞으로 적절하게 계획을 하려고 합니다. 지금까지 한 것 중에서 가장 성공적인 것은 LA에 있는 사랑의교회입니다.

Q. 온전한 사람을 만든다는 것에 대해 좀 더 풀어주신다면?

A. 네. 제가 그 질문이 나오리라 생각했습니다. 상당히 어려운 질문입니다. 사실 그 온전하다는 말을 어느 표준에다 대고 이야기해야 하는지, 굉장히 힘든 이야기입니다. 그렇게 어려운 말을 사용한 것은 하나님이 책임을 지셔야지요(웃음). 어려운 말을 쓰신 분이 하나님이니까 그 단어에 대해 혼란이 일어나더라도 책임을 져야 해요. 그러나 제가 분명히 아는 게 있습니다. 그것은 하나님 마음에 있는 어떤 이상이라고 생각합니다. 자녀를 키우는 엄마에게는 마음에 그 자녀를 향한 꿈이 있어요. 그 꿈은 자녀로서는 평생 도달할 수 없는 꿈일지도 모르죠. 그럼에도 어머니는 자녀에게 이러한 꿈을 갖고 있다고 이야기합니다. 그러나 자녀는 그 의미를 잘 모릅니다. 그래서 자녀를 키운 10명의 부모 중에서 8명은 전부 실망합니다.

하나님도 이런 꿈을 갖고 계신다고 생각합니다. 그것을 온전하다는 말로 표현하시는 거 같아요. 그 하나님의 꿈이 구체화된 것이 예수님의 모습입니다. 그리고 그분의 삶입니다. 우리는 말씀을 통해 그분을 보는 거죠. 그리고 그분을 닮아가려고 최선을 다하는 것이 우리의 자세입니다. 최선을 다하십시다. 그러면 온전한 자로 걸어가고 있다고 믿어도 될 것입니다. 그리고 우리가 이루지 못한 것은 주님 앞에 설 때 흠과 티가 없게 완전하게 해주실 것입니다. 감사합니다.

EPILOGUE
목사님에게
못다 한 이야기

김명호 목사 (1981-2013년)

김만형 목사 (1982-2000년)

최재하 목사 (1990-2003년)

이찬수 목사 (1992-2002년)

김건우 목사 (1992-2012년)

김경옥 목사 (1999-2009년)

조칠수 목사 (2000-2006년)

※ 괄호 안 연도는 사랑의교회 사역기간

은혜의 발걸음, 열린 소통

•

김명호 목사 대림교회 담임목사, 전 국제제자훈련원 대표

언젠가 옥한흠 목사님과 몇 분의 지인들이 함께 차를 마시며 대화를 나누던 자리였다. 옥 목사님께서 나를 가리키더니 "저 친구는 늘 야당이야"라고 하시며, "아무래도 난 성자인가 봐"라고 말씀하시는 게 아닌가? 순간 모두가 어리둥절해서 바라보고 있는데, 옥 목사님은 특유의 장난꾸러기 같은 미소를 날리시며 "내가 저 김명호 같은 친구와 함께 일하는 것을 보면 내가 성자지 뭐냐?"라고 덧붙이셨다.

가만히 생각해 보니 난 겁도 없이 옥 목사님께 야당 노릇을 많이 했던 것 같다. 옥 목사님은 내게 목회의 대선배이자 신학교 은사이기도 해서 늘 아버지 같은 분이셨다. 그럼에도 불구하고 목사님의 결정이나 목회 방침이 이해가 되지 않을 때에는 내 나름대로의 생각을 거침없이 피력했다. 그리고 보면 나와 같은 좌충우돌형의 사람이 옥 목사님과 30여 년을 함께 일할 수 있었다는

사실이 신기할 뿐이다.

종종 그분과 내가 오랫동안 함께 사역할 수 있었던 원인이 무엇이었을까 생각해 본다. 답은 나에게 있는 것이 아니었다. 나와 같은 사람을 품고 함께 사역할 수 있었던 그분의 열린 리더십에 있었다. 옥 목사님은 여러 면에서 열려 있는 목회자셨다. 나 같이 까마득한 후배가 늘어놓는, 되지도 않는 이야기도 경청할 정도로 열린 귀를 가진 분이셨다. 이런저런 결정을 내렸더라도 부교역자들의 이야기를 들어 보고 이해가 가면 언제든지 자신의 입장을 내려놓을 수 있는 분이셨다. 또한 자신이 내렸던 결정에 문제가 있다고 판단되면 후배들에게도 잘못했다고 용서를 구하는 분이셨다. 나 같은 후배들의 이야기에도 귀 기울여 들으시는 열린 마음 때문에 내가 하고 있는 사역이 옥 목사님의 사역이 아니라 나의 사역이 될 수 있었다.

나는 누군가를 존경하고 따른다 할지라도 그의 프로젝트가 되고 싶은 생각은 추호도 없다. 나 자신이 리더로부터 어떤 프로젝트로 취급받거나 소모품으로 대접받는다고 느끼면서도, 그를 리더로 따르고 온전히 헌신할 사람은 없을 것이다. 자신의 야망을 위해 필요할 때만 사용하고 버리는 제왕적 리더가 아니라 나와 함께 꿈을 꾸고 나를 동역자로 인정해 주는 리더가 있었기에, 그분과 긴 세월을 함께할 수 있었다. 나를 인격체로 대해 주며 내 이야기를 들어 주고, 나를 도구가 아닌 같은 동역자로 인정해 주는 분이 계셨기에 30년을 한결같이 함께 일할 수 있었다고 생각한다.

옥 목사님은 우리 교역자들에게 늘 목회자로서 긍휼의 마음을 가지라고 귀가 따갑도록 요청하셨다. 자신이 그렇게 사셨고 우리에게도 그렇게 요구하셨다. 교역자 회의를 하면서 우리를 혼낼 때에는 대부분 목회자로서 가져야 할 긍휼이 없다고 느끼셨을 때였다. 누군가를 통해 힘들게 투병하는 성도의 이야기를 듣게 되면 담당 교역자에게 심방을 했는지, 그 성도를 어떻게 섬겼는지를 확인하셨다. 그런데 그 성도의 상황을 파악하고 있지 못하면 그날은 그야말로 날벼락이 내렸다.

한번은 경기도 가평에 있는 광성교회 훈련원에서 교역자 여름 수양회를 한 적이 있다. 그 즈음에 옥 목사님은 교역자들이 제출한 심방 보고서를 통해 암으로 시한부 생명을 선고받고 고통받는 성도들의 상황을 듣고 안타까워하셨다. 교통사고로 중환자실에 누워 있는 성도 때문에 힘들어하기도 하셨다. 교인 수가 많다 보니 불치병이거나 대형사고와 같은 웬만한 어려움이 아니면 보고할 수도 없는 상황이었다.

그런데 이들의 기도제목을 놓고 기도하면서 자신의 영적 능력이 부족하다고 느끼셨던 것 같다. 경건회를 하던 도중, 목사님은 교역자들 한가운데로 가서 무릎을 꿇으시며 고통받는 성도들을 잘 돌볼 수 있는 영적 능력을 위해 기도해 달라고 부탁하셨다. 그때 함께 목사님의 어깨에 손을 얹고 기도에 동참하면서 약한 자들을 향한 긍휼의 마음을 배웠다.

옥 목사님은 안식년을 가져 본 적이 없다. 대신 매년 7, 8월 두 달을 안식년 삼아 설교를 쉬면서, 연구도 하고 못했던 일들도 하셨다. 그중 하나가 교회 구석구석을 돌보는 일이었다. 설교할 때에는 예배당 밖에서 어떤 일이 벌어지는지 알 수가 없었기에, 설교가 없는 주일이면 여유를 가지고 혼자서 조용히 이곳저곳을 돌아다니셨다. 발자국 소리도 없이 각 부서를 돌아보며 다니시는 목사님의 모습을 보고 붙여진 별명이 '공중부양'이었다. 이런 행차를 할 때마다 힘든 곳에서 봉사하는 분들을 찾아 격려하는 일을 잊지 않으셨다. 좁은 공간에서 땀을 흘리는 방송실 직원을 찾아가 격려하고 그들의 어려운 사정에 대해 경청하셨다. 힘들게 땀 흘리며 교통정리를 하는 교통 봉사자들을 찾아가 일일이 손을 잡아 주면서 그들의 수고와 헌신을 치하하고 기도해 주셨다.

사람들 앞에 서서 우러러보는 위치에 있다 보면 목회자가 아닌 경영자가 될 가능성이 높다. 성도들의 고통과 아픔이 목회자에게 가슴으로 전달되지 않으면 긍휼함을 잃어버리고, 야망 외에는 다른 사람들이 안중에 없는 영적 소시오패스sociopath가 되기 쉽다.

옥 목사님은 교역자들에게 이런 영적 덫에 걸리지 않도록 늘 경고하셨다. 제자훈련도 교회 성장을 위한 수단이 아니라 영혼을 사랑하는 도구일 뿐임을 강조하셨다. 일부 목회자들 사이에서는 제자훈련을 강남에 잘나가는 중산층 엘리트에게나 가능한 목회 방법으로 오해하는 일도 있었다. 하지만 옥 목사님은 제자훈련이 가장 작은 자가 천을 이루고 가장 약한 자가 강국을 이루는 사역이라고 가르치셨다. 사람들 눈에 별 볼 일 없어 보이는 시시한 한 사람을 붙들고 예수님을 닮은 사람으로 만드는 것이 제자훈련이라고 가르치셨다. 그래서 제자훈련의 핵심은 은혜에 있다고 강조하셨다.

나는 옥 목사님께서 돌아가시기 직전에도 그 두꺼운 요세푸스의 전집 중 교회사 책에 밑줄 그으며 읽으시는 모습을 보았다. 이러한 새로운 지식에 대한 열린 마음도 은혜를 사모했기 때문에 가능했다고 생각한다. 시간만 나면 워크맨(Walkman, 휴대용 카세트 레코더)에 이어폰을 끼고 걸으면서 당대의 유명한 목회자들의 설교를 귀담아들으셨던 것도 더 큰 은혜를 사모했기 때문이었다. 주일 아침 1부 예배가 시작되기 전까지 설교를 놓고 고민하며 원고를 수정하셨던 이유도 하나님 아버지의 은혜를 사모하는 마음 때문이었다. 네다섯 번의 주일 설교로 녹초가 된 상황에서 그 주일에 외쳤던 본인의 설교를 다시 들으셨던 이유도 더 깊은 은혜를 사모했기 때문이었다.

옥 목사님께서 은퇴하실 때, 지금까지 어떻게 이런 목회를 할 수 있었느냐고 여쭤 보았다. 옥 목사님은 자신이 가진 능력과 재능 때문이 아니라 오직 하나님께서 부어 주시는 은혜로 사역했다고 말씀하셨다. 그저 입에 발린 상투적인 말투가 아니었다. 진지하게 말씀하셨다. 오로지 하나님의 은혜였다고. 그 은혜를 사모하는 마음 때문에 다른 사람들의 이야기에 귀를 열고, 약하고 고통 중에 있는 성도들의 아픔에 마음을 열며, 하나님의 능력을 힘입고자 무릎 꿇어 연약함을 시인하고, 새로운 지식을 향해 열린 마음으로 탐구하셨던 것이다. 나도 그렇게 되고 싶다. 그분에 비하면 아직도 멀었지만 하나님의 은혜를 사모하며 열린 마음으로 소통하는 그런 목회자가 되고 싶다.

좋은 목회자로 빚어지기까지

●

김만형 목사 친구들교회 담임목사

사역자들에게 있어서 회의는 부담이면서도 기회다. 나의 교역자 회의는 옥한흠 목사님과 함께 시작되었다. 그 후 18년 동안 그분과 함께 교역자 회의를 했다. 이 교역자 회의는 오늘의 나를 만든 중요한 과정이었음을 고백한다.

모든 사역자는 전임사역자가 되고 나서 첫 3년이 중요하다는 말이 있다. 그 기간에 사역자로서의 모습이 거의 다 형성되기 때문이다. 사랑의교회 초창기에는 부교역자 수도 적고, 사역의 경험도 많지 않았기 때문에, 주로 옥 목사님이 사역자들에게 말씀을 나누면서 교훈하는 시간으로 교역자 회의가 진행되었다.

목회 초년생에게 교역자 회의는 도전의 연속이었다. 교역자 회의에서 옥 목사님의 가장 큰 장점은, 말씀을 전하면서 자연스럽게 부교역자들과 공유하는 시간으로 이어 가신다는 점이다. 보통 말씀을 전하면 1, 20분간 일방적인 설교로 끝날 것을 기대한다. 그러나 옥 목사님은 설교하는 것 같다가도 어느새 소그룹 나눔으로 이어 가셨다. 이후, 동역자들과 함께 나눈 말씀의 내용과 깨달음들은 목회 초년생인 우리가 건강한 목회자로 서는 데 많은 도움이 되었다. 이때 옥 목사님이 주로 강조한 것들은 사역자의 자세와 태도, 삶의 모습, 성도를 목양하는 사람으로서 놓치지 말아야 할 점 등이었다. 언제나 옥 목사님의 교훈은 통찰력이 있었다.

시간이 흐르면서 교회가 커지고 교역자들이 조금씩 늘어나자 교역자 회의 분위기는 바뀌기 시작했다. 주로 지적하고 꾸중하는 시간이 많아진 것이다. 목회 초년생인 새로운 교역자들이 많아지면서 아무래도 말씀을 하시면 주로 지적과 꾸중을 많이 하실 수밖에 없으셨던 것 같다. 하지만 오히려 그것이 목회를 막 시작하는 사역자들에게 참으로 유익했다. 한편으론 피하고 싶은 시간이기도 했지만, 좋은 목회자로 빚어지기 위해서는 꼭 필요한 시간이었다.

일반적으로 교역자들은 어린 나이에 경험 없이 각 부서의 책임을 맡아 이끄는 지도자로서 역할을 감당하게 된다. 그러다 보니 다른 사람들의 지적을 받을 기회가 별로 없다. 성도들 가운데 누가 감히 지적할 수 있겠는가? 그래서 자칫 쉽게 교만해지고, 자기가 제일 잘난 것처럼 행동할 수 있다. 결국 이것은 목회자를 거만하고 고집 센 독불장군으로 만든다. 옥 목사님의 꾸중은 이렇게 막 사역을 시작하는 무딘 사역자들을 다듬는 데 양약이 되었다. 꾸중을 좋아할 사람은 없겠지만, 우리 동역자들은 꾸중을 통해서 더 유능하고 성숙한 사역자로 성장해 갈 수 있었다.

또한 옥 목사님에게서 개인적으로는 지적을 받지 않기 위해 더 철저하게 일하는 계기가 되었다. 아울러 동역자들 사이에 서로를 격려하고 챙겨 주는 팀워크를 형성하게 되었다. 1990년대 중반에 교역자 모임을 팀으로 구성한 것도 바로 이런 흐름을 살리기 위한 노력이었다.

선임 부목사로서 개인적으로는 교역자 회의가 긴장 그 자체였다. '혹시라도 혼날 교역자들이 있지는 않을까? 어떻게 그들을 보호할까? 사역들이 잘 준비되지 못해서 분위기가 무거워지지는 않을까?' 이런 생각들을 하면서 늘 긴장했던 기억이 많다. 하지만 그 긴장의 순간들은 또 다른 발전을 위한 소중한 기회였음을 고백하고 싶다.

교역자들도 교회의 유기체를 이루는 한 식구로 인정받고 각자 은사를 발휘해 하나님 나라에 이바지하도록 돕는 것이 교역자 회의의 본질이라고 생각한다. 그런 점에서 사랑의교회에서의 화요 교역자 회의는 이런 본질을 찾으려고 서로가 힘쓰는 시간이었음이 분명하다.

들꽃에게 희망을!

최재하 목사 예수사랑의교회 담임목사

우리는 그해 설악산에서 수양회를 하고 백담사를 걸어 올라가고 있었다. 산행은 두 그룹으로 나누어졌다. 맨 앞에는 젊고 산을 타기 좋아하는 교역자들이었고, 뒤쪽에는 여성 동지들과 천천히 걷는 것을 좋아하는 교역자들이었다. 물론 옥 목사님은 카메라를 메고 천천히 걷고 계셨다. 아마 중간 정도 올라갔을 것이다. 앞서 가던 옥 목사님이 어깨에서 카메라를 천천히 내리더니 길가에 무릎을 꿇으셨다. 한동안 아무런 미동도 없으셨다. 그러고는 셔터를 누르셨다.

저만큼 떨어져서 그 광경을 바라보던 나는 사진작가가 주목하는 꽃이니 희귀종 야생화일 것으로 추측했다. '대단한 꽃을 발견하셨구나!' 그러나 그게 아니었다. 그 꽃은 평범한, 너무나 평범한, 오히려 길가에 피어 있어서 고요한 아름다움이 여기저기 훼손된 그런 꽃이었다. 내가 그 꽃을 들여다보고 있는 사이 옥 목사님은, "왜 이 꽃을 주목하셨습니까?"라고 질문하고 싶은 내게서 저만큼 달아나셨다. 그때 나는 질문 대신 이런 시를 마음에 새겼다. 그리고 그 시를 1998년 12월 1일, 옥한흠 목사님 60회 생신(실제 생신은 12월 5일) 기념으로 교역자들이 모여 축하하는 자리에서 노래했었다.

들꽃에게 희망을!

나는 들꽃입니다.
가냘픈 들꽃이었습니다.

나는 들꽃입니다.
볼품없는 들꽃이었습니다.

나는 들꽃입니다.
겁 많은 들꽃이었습니다.

나는 들꽃입니다.
병든 들꽃이었습니다.

나는 들꽃입니다.
아무도 보아 주지 않는 들꽃이었습니다.

나는 들꽃입니다.

벌레 먹고 바람에 찢겨진 들꽃이었습니다.

나는 들꽃입니다.

이름 없는, 그냥 이름 없는 들꽃이었습니다.

그러나

당신께서 다가와

겸손히 무릎을 꿇으시고

카메라 셔터를 터뜨리셨을 때

드디어 나는 한 송이 꽃이 되었습니다.

이 시를 낭송하자 목사님은 매우 쑥스러워하시면서 "내가 받기에는 너무 과하다"고 말씀하셨다. 물론 이 시는 옥 목사님을 통해 주님께서 부어 주신 사랑과 은혜를 노래한 것이다. 예수님의 제자가 된다는 것은 과연 무엇인가? 아무것도 아닌 내가 온유하고 겸손하신 주님께 주목받는 일일 것이다. 그리고 이제는 누군가를 위해 겸손히 무릎을 꿇고 주목해 주는 일일 것이다.

옥 목사님은 교역자 모임이나 수양회에서 자주 말씀하셨다.

"내가 제자가 되지 못하면서 다른 사람에게 제자가 되라고 말할 수 있겠는가!"

사실 그것은 옥한흠 목사님의 고민이었고 그를 사랑하고 존경하는 우리 부교역자들의 고민이었다.

나는 오늘도 이렇게 기도한다.

"주여! 제가 유명한 인물은 못 되더라도, 주여! 제가 큰 인물은 못 되더라도, 주여! 제가 큰 업적은 못 남기더라도 더 낮고 더 소외된 곳으로 주님처럼 내려가 누군가를 주목하게 하소서."

교역자 회의에서
나는 목회의 정답을 배웠다

●

이찬수 목사 분당우리교회 담임목사

간혹 후배 교역자들이 내게 묻곤 한다.

"목회자의 자질을 갖추기 위해 가져야 할 가장 중요한 항목이
있다면 무엇이라고 생각합니까?"

이런 질문을 받을 때마다 나는 이런 대답을 던진다.

"정답을 알고 사는 것이다."

나 스스로를 돌이켜 봐도 비록 아직 정답대로 살지 못하는 부
분이 많지만, 무엇이 정답인지를 정확하게 알고 있는 것은 삶과
목회에 큰 영향을 미친다.

이런 맥락에서 나는 옥한흠 목사님을 만나게 된 것을 감사하
게 생각한다. 옥 목사님을 통해 매주일 설교 시간마다 '하나님의
사람이 가져야 할 삶의 태도'가 어떠해야 할지를 배울 수 있었고,
매주 화요일 아침마다 열리던 교역자 모임에서는 '목회자가 가져

야 할 삶의 태도'가 어떠해야 하는지에 대한 수업을 받았다. 그 주옥 같은 가르침을 주시던 음성이 아직도 귓가에 들리는 듯하다. 때로는 따뜻한 어머니와 같은 리더십으로 격려해 주시고, 때로는 엄한 아버지의 위엄을 가지고 무섭게 나무라시던 그 모습을 통해서 우리는 목회의 본질이 무엇인가를 철저하게 배울 수 있었다.

옥 목사님께서 교역자 모임에서 불같이 화를 내셨던 몇 번의 경우를 기억한다. 하나같이 "연약한 성도를 돌보지 않고 그들의 필요에 무관심했던 젊은 교역자들의 방심"과 연관되어 있었다. 그때를 떠올리면 지금도 등골이 오싹해진다. 이런 깨달음을 주셨기에, 담임목사가 된 지금도 "혹시 내 목회를 옥 목사님이 보시고 혼내시지는 않을까?"라는 질문을 던지며 스스로를 곧추세워 보곤 한다.

그런데 내 기억에 옥한흠 목사님과 우리 젊은 교역자 사이에 신비로운 부분이 하나 있다. 목사님께서 아무리 엄하게 야단치셔도 우린 상처를 받지 않았다는 사실이다. 때로는 심하다 싶을 정도로 직설화법으로 야단을 맞아도, 민망한 마음은 생길지언정 그것이 상처로 연결되는 경우는 없었다.

이것이 어떻게 가능했을까 생각해 보니, 옥 목사님은 단 한 번도 '기능'을 가지고 야단치신 적이 없고 늘 '본질'을 가지고 말씀하셨기 때문이다. 그리고 그 야단 속에 어떤 사적인 것이 조금도 들어 있지 않고 오직 하나님의 나라와 영광만 생각하시는 애틋함이 담겨 있었기 때문이라고 생각해 본다. 뿐만 아니라 그 경고의 메

247

시지 속에는 늘 '당신도 예외가 아니라는 사실'을 전제하고 계셨기에 아직도 애틋한 마음이 남아 있는 것 같다.

하나님 앞에서 부족함을 토로하시며 눈물로 기도하시던 모습이 아직 뇌리에 남아 있다.

그때, 그 귀중한 수업을 통해 나는 목회자가 가져야 할 삶의 태도에 대한 '정답'을 배웠다. 그리고 교회를 개척한 이후로 사람이 '정답을 알고 산다는 것'이 얼마나 중요한지를 수없이 느꼈다. 쉬운 길로 가고자 하는 유혹이 있을 때마다 '나는 정답을 알아 버린 사람인데, 이 길로 가면 안 되지'라는 내면의 목소리가 자주 들리곤 했다.

그럴 때마다 그 정답을 깨우쳐 주시기 위하여 매주 화요일마다 애써 주신 옥 목사님께 감사가 나온다. 그리고 옥 목사님을 통해서 그 일을 이루어 주신 하나님께 감사가 나온다.

그리고 기대해 본다. 언젠가는 깨닫게 된 정답대로 제대로 사는 날이 올 날을….

커다란 그늘이 되어 주신 분

•

김건우 목사 좋은씨앗교회 담임목사

"옥한흠", 그 이름과 모습을 떠올리면 지금도 애틋하다. 귀하고 좋은 분과 동역할 수 있었고, 가까이에서 배울 수 있었음이 늘 감사하다.

생각해 보면, 생전에는 오히려 그런 마음을 많이 표현해 드리지 못했던 것 같다. 가까이 있었기에 그랬는지도 모르겠다. 목사님께서 그런 것을 불편해하시고 멋쩍어하심을 잘 알고 있었기 때문인지도 모르겠다. 하지만 은퇴하신 후로도 성도들의 작은 마음, 제자훈련 하는 목회자들의 작은 마음, 그리고 어려움을 이겨내고 목회 잘하는 목사 이야기를 접하면 그 어떤 일보다 좋아하고 감동하시던 모습이 떠오른다. 그러나 이제 목회의 길에 들어선 내가 더는 그런 마음을 표현할 수 없고, 멘토인 목사님에게 지혜를 구할 수 없으며, 목회 현장에서 일어난 좋은 소식을 전해 드리거나, 교우들과 함께 스승에 대한 감사를 표현할 수 없음이 너무나 아쉽다.

오랜 시간 가까이서 뵈었던 한 사람으로 진실을 말한다면, 옥 목사님도 완전한 분은 아니셨다. 실수도 하시고, 인간의 연약함도 갖고 계신 분이셨다. 때론 귀도 얇고, 인간의 정에도 흔들리시는 분이셨다. 그러나 만약 누군가 옥 목사님에 대해 함부로 말하면, 나도 모르게 흥분하는 내 자신을 본다. "당신이 그분을 아는가? 그분을 얼마나 안다고 그분에 대해 함부로 말하는가? 당신은 그분만 한 목회자가 될 수 있다고 생각하는가? 그러니 그분의 삶과 사역을 함부로 평가하고 말하지 말라." 가까이에서 섬기던 사람의 마음에 이런 마음이 있음을 보면 옥 목사님은 참 잘 사신 분이다. 나도 그렇게 잘 살고, 신실하게 사역하고 싶다.

옥 목사님은 주일 강단을 지키는 것, 순장반을 지키는 것, 그리고 교역자들과 만나는 시간을 참 소중하게 여기신 분이다. 여름과 겨울에 있었던 수양회는 쉼을 제공하고 영적으로 채워 주며, 목회자로서의 소명과 사역의 본질을 회복하는 시간이었고, 주중 또는 주일 모든 예배를 마치고 열리는 교역자 회의 시간은 목회 멘토링과도 같은 시간이었다. 자주 뵙는 담임목사님에게 늘 감동하고 배우기란 쉽지 않은 일인데, 그 시간은 언제나 무언가를 메모하게 되는 시간이었다.

대부분은 목회철학과 목회자의 자세에 대해서, 특히 제자훈련하는 목사는 어떤 리더여야만 하는지 본질적인 부분에 대해서 말씀하셨다. 그리고 교회 전반적인 부분에 대해 시어머니처럼 시

시콜콜 짚고 넘어가시는 경우도 많았다. 때로는 직설적인 화법과 불호령으로 우리들의 실수와 잘못을 지적하기도 하셨다. 큰소리치지 않으셔도 괜히 나를 두고 이야기하시는 것 같아 옷깃을 여미게 만드는 시간이기도 했다. 남아 있는 그때의 메모들을 다시 읽어 보면, 짧은 메모인데도 내 마음을 움직이는 힘이 있다. 그러니 옥 목사님과 함께 하는 교역자 회의 시간은 형식적이거나 단순히 행정적인 회의 그 이상이었음이 틀림없다.

언젠가 목사님과 함께 일본 집회에 가게 되었을 때, 숙소에 있는 작은 온천에서 목사님과 몸을 담그고 대화를 나눈 적이 있었다. 뜨거운 온천을 오래 즐기시는 스타일도 아닌데, 그날은 잠시였지만 함께 온천욕을 하며 이런 질문을 드렸다. "목사님, 왜 후배들이나 부목사들을 불러 구체적으로 멘토링을 하거나 가르쳐 주시지 않습니까? 모임이나 네트워크도 만들 수 있고요. 후배들을 코칭하시는 어른들도 많지 않습니까? 불러서 밥도 사 주시고, 가르침도 주시고 그러세요. 목사님의 말 한마디가 큰 영향을 끼치고 저희들이 바로 세워지는 데 큰 힘이 될 텐데요. 말씀하시면 다들 들을 텐데요."

그러자 목사님께서는 이렇게 대답하셨다. "김 목사, 이미 내가 가르치고 있잖니…. 앞에서 하는 그 말을 알아듣고 깨닫지 못하는 친구는 내가 개인적으로 불러서 말해도 아무 소용이 없다. 목사는 자기가 스스로 깨달아야 하는 거야. 너도 알다시피 개인적으로 불러서 멘토링하는 것은 내 스타일도 아니고…." 나는 그때 교역자 회의 시간이야말로 목사님께서 후배들을 코칭하고 멘토링하는 중요한 시간이었음을 다시 한번 깨닫게 되었다.

목사님은 늘 겸손한 배움의 자세를 잃지 않으셨다. 90년대 초반인지 중반인지 기억나지 않지만, 그 해 겨울 교역자 수양회는 그야말로 말씀과 기도로만 진행했던 기억이 난다. 성령 충만과 성령의 은혜에 대해 말씀을 나누고 기도하는 시간이 수양회 기간 내내 계속됐던 것 같다. 그리고 목사님께서 가운데 앉으시고 부교역자들이 둘러서서 기도해 달라고 하신 기억이 새롭다. 진정성이 없는 행동은 비웃음을 살 뿐이지만, 진정성과 겸손으로 하는 행동은 언제나 감동을 불러일으키기 마련이다. 그런 모습은 나의 마음에 남아 나 역시 진정성을 가진 목회자, 겸손하고 늘 배우는 자세를 잃지 않는 목회자가 되고자 하는 소원을 갖게 된다.

한번은 "목사님, 그간의 목회 경험, 배우고 묵상하신 것을 책으로 남기면 어떻겠습니까? 우리 후배들에게는 정말 필요한 책이라고 생각합니다"라고 말씀드렸다. 그러자 목사님은 "김 목사, 아직도 읽어야 할 책이 너무 많아서 책을 쓸 시간이 없다"라며 일축하셨다. 늘 그런 식이셨다. 개인적인 대화였으니 그 마음은 목사님의 진실한 마음이셨으리라.

육신의 연약함은 목사님께서 짊어진 가시와도 같았다. 교역자 회의 시간인지 교역자 수양회 때였는지 정확히 기억나진 않지만, 이런 질문을 드린 기억이 난다. "목사님, 치료차 1년여 만에 돌아온 후로 크게 달라지신 점이 있다면 무엇인가요?"

그러자 평생 잊지 못할 답변을 들려주셨다. "약한 사람을 이 해하게 된 거다. 난 그전엔 약한 사람을 잘 이해하지 못했던 것 같다. 하면 되지, 열심히 해야지, 안 해서 그렇다고만 생각했었 지. 그런데 내가 누워 있어 보니 하고 싶어도 안 되는 게 있더라. 아파 보니 약한 사람, 따라오지 못하는 사람을 더 이해하게 된 것 이 나의 가장 큰 변화야." 목사님의 마음은 여전히 연약한 사람들 을 향해 있었다.

멀리서 보면 차갑고 냉철한 분이지만 가까이에서 경험해 보 면, 정이 많고 사람을 귀히 여기며 사랑한 분이셨다. 특히 작고 약하고 불쌍한 사람에게는 한없이 약한 분이셨다.

가정 형편이 어려운 나에게 유학의 기회를 열어 주실 때, 나 를 조용히 불러 봉투 하나를 쥐어 주셨다. "미국의 기숙사는 냉장 고나 세탁기는 있겠지만, 그래도 가구나 책상이나 필요한 게 있 을 거다. 보태거라." 유학길에 오르기 전 마지막 기도를 부탁했을 때, 우리 부부를 위해 간절히 기도해 주신 것을 잊지 못한다. 그 리고 그 뒤로도 내 인생에 어려움이 있을 때마다 많은 말이 아니 라 행동으로 방패가 되어 주셨다. 나는 그 은혜를 잊지 못한다.

은혜에 보답하는 길은 신실하게 목회를 하는 것, 목회자로서 정상적이고 바르게 목회하는 것이라고 믿는다. 내가 아는 옥 목 사님은 그것을 원하실 것 같다. 살아 계셨다면 달려오셔서 좋은 이야기도 많이 해 주셨을 텐데, 내 목회에 힘도 실어 주셨을 텐데 하는 아쉬움이 크지만, 하나님께서는 자신을 위해 충성한 아들을 아끼셨기에 이 어려운 시대에 더 놓아 두지 않고 부르신 것 같다.

늘 기회를 주시고, 한 번 잘못했다고 그 기회를 빼앗아 버리지 않으시는 분, 한 사람의 목회자가 자랄 수 있도록 모험하시는 분, 그런 큰 그늘 아래 있었기에 나도 이나마 사람 구실하고 사는 것 같다. 이제 나도 누군가의 그늘이 되어 줄 수 있으면 좋겠다는 소원을 가져 본다. 옥 목사님만큼 큰 그늘이 되지는 못하겠지만, 나에게 주어진 은혜와 능력 안에서 누군가의 그늘이 되는 목회자가 되기를 소원한다.

나는 거인의 기도를 배웠다

●

김경옥 목사 푸른사랑의교회 담임목사

지금은 철제 계단에 가려져 잘 보이지 않지만, 사랑의교회 주차장에서 바라보면 '벽돌로 새겨진 십자가'가 있다. 1999년 4월 신대원 3학년 때, 나는 이 벽돌을 보면서 벧엘의 야곱처럼 욕심이 담긴 기도를 했다. "주님! 옥한흠 목사님 밑에서 사역을 배울 수 있게 해 주시고, 사랑의교회에서 목회자로서 성공할 수 있는 길을 발견하게 해 주시옵소서." 당시 나는 주일학교 교역자가 되기 위해 김만형, 이찬수 목사님과 만나 면접을 마치고 나왔었다.

하나님은 욕심이 가득한 내 기도를 응답해 주셨고, 5월에 사랑의교회에 부임하게 되었다. 부임 첫 주일에 김만형 목사님은 옥한흠 목사님 앞에서 나를 장교 출신이며, 주일학교 사역을 잘할 것이라고 소개했다. 옥 목사님은 자리에서 일어나 내 앞에 살며시 다가오시더니 돌직구를 던지셨다. "너, 사랑의교회를 이용하러 왔니?" 그때 옥 목사님 앞에서 나는 벌거벗겨진 느낌이었다.

지금도 그때의 아찔한 느낌이 심장에 고스란히 남아 있다. 이후 11년 동안 사랑의교회에서 사역하면서, 옥 목사님의 첫 말씀을 잊은 적이 없다.

그리고 1년 6개월 후에 나는 전임 사역자가 되었다. 전임 사역자의 특권 중 하나는 옥 목사님과 교역자 회의를 하는 것이었다. 파트타임 사역자는 교역자 회의에 들어갈 수 없었기 때문에, 그동안 나는 2층 회의실로 향하는 선배들이 한없이 부러웠다. 나는 선배들을 보면서 기도했다. "주님! 저도 교역자 회의에 들어가서 옥 목사님을 보게 해 주시고, 저 선배들처럼 탁월하게 사역할 수 있게 해 주시옵소서." 드디어 전임 사역자로서 첫 번째 교역자 회의에 들어가는 날, 나는 하늘을 날 듯 기쁜 마음으로 달려갔다.

그러나 나는 첫 교역자 회의 시간을 잊을 수 없다. 당시 옥 목사님은 항상 말씀을 전한 후 기도를 하셨다. 혼자서 한 시간 가까이 기도할 때도 있었고, 부교역자들에게 기도제목을 주고 이름을 불러 시키기도 하셨다. 하필 그날이 시키는 날이었다. 목사님께서 주일학교 사역을 위한 기도제목을 주셨는데, 혹시라도 시킬까 봐 얼마나 떨었는지 모른다. 천만다행으로 내 옆에 앉은 청소년 사역자가 당첨되었다. 지금도 그 기도가 생각난다. "아버지, 오늘 이 시대의 청소년들을 불쌍히 여겨 주옵소서. 아버지, 청소년들이 불에도 넘어지고, 아버지, 물에도 넘어지고 있사옵니다. 아버지…." 기도가 끝난 후 옥 목사님께서 한마디 하셨다. "야, 너는 아버지가 도대체 몇 명이냐?" 그리고 목사님은 교역자 전체를 향해 말씀하셨다. "기도할 때 쓸데없는 소리 다 빼고 하나님께 바르게 기도하십시오. 성도가 목회자의 기도를 듣고 감동을 받아 영혼이 울릴 정도로 영감 있는 기도를 해야 합니다."

목사님은 이어서 교회와 교역자들을 위해 간절히 기도하셨다. 아마 30분 이상 꽤 길게 하셨던 것 같다. 아침 6시에 모임을 시작했기 때문에 피곤하고 졸릴 법도 한데, 이상하게 나는 그 기도를 따라 하고 싶었다. "주님! 옥 목사님처럼 기도하게 해 주시고, 영혼을 울리는 영감 있는 기도를 배우게 하옵소서." 그날 옥 목사님의 청아한 음성과 깊은 묵상을 따라 30분이 어떻게 지나갔는지 모를 정도로 행복했다. 비로소 나는 기도의 참맛이 무엇인지 느꼈던 것 같다. 이후 모든 회의 시간에 옥 목사님의 기도를 마음속으로 따라 하면서, 나는 거인의 기도를 배울 수 있었다.

2010년 강동에서 나는 푸른사랑의교회를 개척했다. 개척할 때 옥 목사님은 생전에 마지막 축사를 보내 주셨다. 그 격려사를 읽을 때마다 가슴이 뛰는 것은 옥 목사님께 배운 기도의 은혜 때문일 것이다. 현재 푸른사랑의교회는 개척 3년 차에 접어들었고, 5명의 교역자들과 20여 명의 순장들이 섬기고 있다. 나는 옥 목사님께 배운 영감 있는 기도를 푸른사랑의교회의 목회 현장에 충실하게 실천하고 싶다. 그때 배운 거인의 기도를 후배 목회자들, 그리고 성도들과 함께 나누고 싶은 것이 나의 작은 소망이다. 그래서 작은 자가 천을 이루고, 약한 자가 강국을 이루는 거인의 꿈을 이루고 싶다.

가정을 잘 돌봐야 해!

●

조칠수 목사 하나사랑의교회 담임목사

사랑의교회에 부임하던 2000년, 수양관에서 신임 교역자들이 옥한흠 목사님과 함께 만찬의 시간을 가지게 되었다. 그 당시 새로 부임한 교역자가 10여 명 되었는데 처음으로 갖는 자리였다. 신임 교역자들 모두 흥분과 기대감에 가득 차 있었다. 옥 목사님은 함께 테이블에 둘러앉아 사랑의교회에 부임한 첫 느낌, 소감을 물으셨다. 어느 누구도 선뜻 나서서 말하기는 부담스러운 자리였다.

잠시 침묵이 흐르자 옥 목사님께서 "조 목사가 부임한 소감을 한번 말해 봐!"라고 말씀하셨다. 나는 당황스러운 나머지 엉겁결에 "예, 행복합니다"라고 대답했다. 그러자 "무슨 그런 추상적인 대답이 어디 있나?"라는 연속된 질문에, 그만 평소 생각대로 "다 좋습니다"라고 말씀드렸다. 결국 다른 교역자들의 말을 듣는 쪽으로 넘어갔다. 모두 감사하고 기대가 되고 너무나 좋다는 이야기들이 이어졌다. 이어서 궁금한 것이 있으면 질문하라고 하셨다. 격의 없이 편안한 분위기에서 함께 대화를 나누었던 그 시간은 잊지 못할 행복하고 소중한 시간이 되었다.

옥 목사님은 당신과 함께하는 시간을 마무리하는 차원에서, "당신도 할 말 있으면 한마디 하지!"라고 사모님에게 말씀하셨다. 사모님은 "옥 목사님께서는 부교역자 시절부터 사랑의교회를 개척한 후에도 사역밖에 모르고 가정을 돌보지 않았습니다. 그때는 너무나 야속하고 힘들었습니다. 그러나 지나고 보니 그런 열정, 희생이 오늘의 사랑의교회를 이루는 데 좋은 밑거름이 된 것 같습니다"라고 말씀하셨다. 공감이 되었다. 그런데 사모님의 말씀이 마무리되기도 전에 옥 목사님께서 사모님 어깨를 살살 치시며, "이제 그만 우리가 자리를 뜰 때가 됐네"라고 말씀하셨다. 그러고는 "내가 하나만 더 부탁하고 갈게" 하시며 한마디 덧붙이셨다.

"여러분, 잘 들어. 그 당시에는 사회구조가 나같이 해도 통했어. 사회 전반이 못 사는 시대였으니까 남자들이 먹고살도록만 해 주면 나름대로 만족했어. 그런데 이제는 달라. 그렇게 하면 안 되지! 시대가 많이 변하고 달라졌어. 가정을 잘 돌봐야 돼. 특별히 청년 대학부 교역자들 명심해. 청년들과 매일 밤늦게까지 같이 보내면서 가정을 잘 못 돌보면 큰일 나. 알겠어?"

그 말씀을 듣는 순간 생각했다. '역시 생각하시는 것이 큰 인물이구나. 보통의 경우는 내가 이렇게 했으니 너희들도 그렇게 해야 한다고 할 텐데, 시대를 정확하게 꿰뚫고 거기에 맞게 말씀하시는구나!' 옥 목사님이 너무나 훌륭하게 여겨졌다. 이런 생각은 교역자 회의를 할 때마다 더욱 굳어져 갔다. 시대를 바라보시는 감각, 통찰력! 그래서 교역자 회의가 끝난 후 우리끼리 주고받은 말이 있다. "목사님은 60대이신데 40대인 우리보다 더 젊고 신선한 사고를 가지고 계셔"라고 말이다.

교역자 기도회 때 옥 목사님이 주시는 말씀 중 계속 기억나는 내용들이 너무나 많다. 그 중 하나는 목사님께서 교역자나 성도에게 문제가 보일 때 당장 불러 지적하고 혼내지 않으시고, '내가 저를 사랑하고 있는가?'라는 거름망을 통해 점검하신다는 말씀이었다. 그래도 계속 문제가 보이면 한 번 더 '내가 저를 사랑하고 있는가?'라고 스스로에게 물으며 돌아보신다는 것이다. 그럼에도 계속 문제가 보이면 그 교역자나 성도를 불러서 호되게 혼낸다는 것이다. 그 사람이 그 문제를 고치지 않으면 그것 때문에 더 큰 치명적인 문제가 발생하기 때문이다. 그때는 지적해서 수정해 주는 것이 그를 진정으로 사랑하는 것이라고 할 수 있다. 시간이 한참 지난 지금, 나도 담임 목회를 하면서 적용해 보는 너무나 중요한 사랑의 원칙이 되었다.

한번은 옥 목사님께서 조기 은퇴를 결정하신 후, 그 진행 과정을 설명해 주셨다. 그러면서 "내가 이렇게 결정을 하는 데 있어서 장로님들도, 순장님들도 누구 하나 반대 없이 다 좋게 여기면서 받아 주었어요. 이것은 두 가지로 해석할 수 있죠. 내가 너무 설득력 있게 말을 잘 했거나 아니면 그렇게 하는 것이 당연한 것이라고 여기거나. 봐요, 지금 여러분에게도 말하지만 어느 누구도 반대가 없잖아요?" 그 순간 맨 뒤에 앉아 계시던 정해용 목사님이 갑자기 손을 번쩍 드시면서 "목사님! 목사님은 더 하실 수 있고, 더 하셔야 합니다"라고 말하셨다. 그러나 옥 목사님은 약간 재미있는 미소를 살짝 지으시며 눈을 지그시 감으시고 고개를 끄떡이면서 "음, 내가 자네의 충성심은 익히 알고 있었네!"라고 말씀하셨다. 그 순간 교역자들이 폭소를 터뜨리고 말았다. 이처럼 목사님의 예상치 못한 순발력 있는 멘트 덕분에 가끔 폭소를 터뜨리곤 했다. 이런 일들은 교역자 회의 시간에 종종 있는 일이었다.

부록

사역자를 위한
아포리즘

사역 자세 | 섬김 자세 | 목양 자세
자기 관리 | 물질 관리 | 사역 관리
강단 사역 | 훈련 사역 | 전도 사역

※ 이 내용은 교역자 회의 시간에 옥한흠 목사님이 설교를 마친 후, 교역자들에게 전해 주
신 공지사항을 모은 것이다. 메시지 못지 않게 교역자들에게 꼭 필요한 내용들이 담겨 있으
며, 목사님의 생각과 고민, 삶과 철학을 가까이에서 들을 수 있다. 각 주제에 따라 연도별로
정리되어 있다.

사역 자세

교회 중심의 사역

교회를 사랑하십시오. 마음을 주고 사랑할 이유가 충분히 있습니다. 교역자들이 자기가 섬기는 교회에 대해서 사랑하는 마음 없이 사역하는 것은 양심에 관한 문제가 아닌가 생각합니다. 어떤 사역을 하든 자기 사역을 만들지 말고 교회 사역으로 만드십시오. 교회를 돕고 교회 사역을 하는 것이지, 자기가 좋아하고 원하는 사역을 만들어 가는 것이 아닙니다. 이 사실을 명심하십시오. 훈련 사역을 할 때도 마찬가지입니다. 이 교회가 필요로 하는 일꾼들을 훈련하는 것이므로 항상 교회를 사랑하도록 가르치십시오. 의도적으로 자기를 위해 사람을 훈련해선 안 됩니다. 그런 점에서 교회와 관계없는 훈련은 좋지 않습니다. 교회를 구심점으로 협동할 수 있도록 가르쳐 주십시오. 담임목사와 영적 지도자들을 존경하고 따르며, 다른 지체들과 서로 사랑하고 협력할 수 있도록 가르쳐야 합니다. 아무쪼록 최선을 다하길 바랍니다. _001017

배움의 자세

사랑의교회를 배우십시오. 과거에 어떤 경력을 가지고 일했든지 사랑의교회를 배우십시오. 사랑의교회 현장에 대해서 제대로 감을 잡으려면 2년 정도 걸린다는 사실을 꼭 기억해야 합니다. 따라서 다 안다고 생각하지 말고, 성도를 만나기 전에 선임 교역자

나 순장들에게 조언을 구하십시오. 그들은 사랑의교회를 잘 아는
선배들이므로 미리 도움을 청하면 시행착오를 줄일 수 있습니다.
_001017

자유와 양심

일반 직장에서 근무하는 사람들을 보면 엄청난 스트레스를 받으
며 일하고 있습니다. 우리 교회 일터는 다른 곳과 비교할 수 없는
이점이 있습니다. 자유함이 있고 또 하고 싶은 일을 하고 있습니
다. 얼마나 성격이 다릅니까? 뿐만 아니라 양심껏 주님 앞에서 일
하도록 일임하고 있습니다. 또한 위에 상사들이 즐비한 닫힌 구
조에서 일하는 것이 아니라 사역을 통해 존경받고 사랑받는 형
제, 자매들이 있습니다.

이런 상황과 조건 가운데 일하면서 최선을 다하고 양심적으로 일
하지 않는다면 삯꾼이 될 가능성이 있습니다. 교회 일을 해야 하
는 시간에 자기 자신을 위해 시간을 쓰지 마십시오. 개인적으로
할 일이 있다면 개인 시간에 잠을 줄여서 하십시오. 사회에서 열
심히 사는 평신도들에 비해 더 당당하고 떳떳하게 사역해야 합니
다. _001017

인사 매너

저를 비롯하여 우리 교회 교역자들도 격식에 얽매이기를 싫어하
는 분위기입니다. 이것이 좋은 점도 있지만 정신을 해이하게 만

드는 단점도 있습니다. 상대방과 인사를 나눌 때, 성의를 다한 인사가 되도록 매너를 갖추십시오. 머리를 숙이고 진지하게 마음과 마음이 오가는 인사가 되도록 하십시오. 고개만 까딱하는 것은 일대일 관계에서 상당히 무례한 행동입니다. 사도 바울은 "내가 여러 사람에게 여러 모습이 된 것은 아무쪼록 몇 사람이라도 구원하고자 함이니"(고전 9:22)라고 말했습니다. _010925

주인의식

아직도 교역자들을 보면 너무 무관심하고 뻣뻣합니다. 오늘 있었던 한 예로, 2부 예배 후 교인들과 인사하려고 교역자들이 마당에 서 있었습니다. 이제 성도들이 각 출입구에서 나올 상황인데 입구에 놓여진 안내 표지를 아무도 옮기는 사람이 없었습니다. 급기야 황급히 뛰어나온 안내 담당 집사님이 치우는 것을, 제 방 2층 창문을 통해 목격했습니다. 우리 세대와 여러분 세대가 어쩌면 이렇게 다른지 모르겠습니다. 사역반, 제자반에서 안 해도 될 말을 하는 등 우리 때와 너무 다릅니다. 이제 여러분에게 좋은 말만 하지 않겠습니다. 주인의식을 가지고 일하십시오. 그런 상황에서 담임목사라면 절대로 그냥 지나치지 않았을 것입니다. 만일 담임목사가 되어서도 그런 의식으로 일한다면 절대로 목회를 잘할 수 없습니다. _011223

사역 자세

자기 분야에서 적극적으로 뛰어 주시기 바랍니다. 성도들이 교역자들을 볼 때에 "정말 쉴 새 없이 뛰는구나!" 하는 인상을 받도록 정성을 쏟으시길 바랍니다. 반대로 성도들로부터 "교역자들이 왕자병을 앓고 있구나"라는 말을 듣는 것만큼 비참한 것도 없습니다. _020811

일정 관리

일정표대로 움직여야 일을 많이 할 수 있습니다. 즉흥적으로 일하는 사람은 도태되기 쉽습니다. 자신의 시간을 개방하고 성도들의 사정에 맞게 조율하면서 사역하십시오. _020901

물질에 대한 자세

교역자가 물질에 대해 취할 수 있는 제일 좋은 자세는 초월하는 것입니다. 제가 고생을 해봤기 때문에 기본적으로 여러분이 돈으로 인해 가정에서 어려움을 겪어선 안 되겠다는 생각이 있습니다. 그래서 그 부분을 항상 신경 써 왔습니다. 교역자는 돈을 초월해서 일하십시오. 아무것도 받지 않아도 주를 위해 뛰겠다는 열정과 순수함을 가지십시오.

물론 교회가 교회답게 사역을 하려면 갖추어진 지도자를 확보하기 위해 투자해야 합니다. 교회로부터 대우를 받으면 받을수록 더 최선을 다해야겠다고 생각하십시오. 이곳에서 받는 대우를 감사하게 여기고, 하나님께 드릴 일이 있으면 드리십시오. 물질을 초월해서 헌신하는 아름다운 자세가 있었으면 합니다. _021126

교역자의 인격과 품위

교역자가 거의 80퍼센트 바뀌었습니다. 2, 3년마다 교구 교역자가 새로 바뀌면서 교인들이 힘들어합니다. 심방하면서 이름, 생일, 직업 같은 것은 물어보지 마십시오. 지혜롭게 접근하고 지혜롭게 일을 하십시오.

지난 몇 개월 동안 상당히 힘든 과정이었는데 다시 새롭게 출발할 수 있는 체제가 되었습니다. 서로 사랑 안에서 하나 되어 힘차게 출발하십시오. 교역자들 가운데 이상한 사람 한두 명만 있어도 분위기가 힘들어집니다. 간혹 이상한 기질을 가진 사람들이 있습니다. 이제부터는 저도 과감하게 대처하겠습니다. 사과 하나가 썩으면 상자 전체가 다 썩고 맙니다. 교역자의 인격이 안 되겠다 싶으면 교회가 손해를 보더라도 손을 쓰겠습니다.

교역자 수가 많아지면서 제가 한눈에 놓고 점검할 수가 없습니다. 여러분이 알아서 잘하십시오. 오래 일한 사람일수록 권위를 세우고 교회에 대한 불만을 터뜨려서 분위기를 오염하면 안 됩니다. 교회에서 오래 사역했으면 말 한마디라도 덕을 세우십시오. 부족한 점이 있어도 서로 세우고 품으십시오. 이제부터는 교역자의 품위에 어울리지 않는 사람은 제하도록 하겠습니다. 전문 사역 분야에서 오랫동안 일한 사역자는 우리 교회 이미지와 사역철

학을 담고 있으므로 더욱 잘하십시오. _021203

안정적인 자리매김

일단 맡은 사역을 파악하려면 밤낮 없이 수고해야 합니다. 적당히 넘어가면 상당히 시간이 흘러서야 사역에 감을 잡게 됩니다. 이제 갓 들어와 사역을 하는 분은 적어도 몇 개월 앞당겨 사역해야겠다는 마음가짐이 있어야 합니다. 특히 목양 사역자의 경우 더욱 그러합니다. 지금 교인들이 정신이 없습니다. 교역자가 너무 바뀌어서 이제 불평도 안 나올 정도입니다. 순장을 비롯하여 다들 마음이 떠 있습니다. 지금은 굉장히 정서적으로 어려운 상황입니다. 이 상황을 안정시키려면 그만큼 노력해야 합니다. 교회 앞에 약속한 임기를 지키고 장기적으로 사역할 수 있었으면 합니다. 다른 마음을 먹고 신문지를 뒤척이지 마십시오. _030826

자율 시스템

교역자로 생활하면서 정시에 출퇴근을 해야 한다는 생각을 갖고 있는 사람이 있는 것 같습니다. 제가 볼 때 문제가 있다고 봅니다. 우리 교회는 개인에게 자율적으로 맡겨서 내가 당회장이라는 의식을 가지고 일합니다. 그런데 이런 자율성을 인정해 주면서 독자적으로, 창의적으로 일할 수 있도록 하고 있는데 이것을 악용해선 안 됩니다. 이런 식으로 사역하면 참 어렵습니다. 성도들이 필요로 할 때면 언제든지 출동하는 119 자세를 가지고 일하십시오. 제가 볼 때 이 정도는 대기업들이나 은행들에 비하면 아무 것도 아니라고 생각합니다.

우리 교인들 가운데 일반 회사에서 인정받는 사람들이 어느 정도로 뛰는지 알고 있을 것입니다. 거기에 비하면 교회는 상당히 자유롭습니다. 상사도 없고, 경쟁적인 인간관계도 없으며, 달성해야 할 목표량도 없습니다. 간혹 밤에 전화기를 아예 꺼놓고 있거나, 집에 전화해도 안 받거나, 사모가 받아도 남편이 어디 있는지 모르는 경우가 있습니다. 이런 일이 있으면 안 됩니다. 스스로 독서하고 나름대로 시간 활용을 하기 때문에 주 5일제 근무하는 사람보다는 여유롭게 일하는 풍토이지만 스스로를 채찍질해야 합니다. 누가 봐도 일반 회사 직원들보다 더 열심히 일하는 모습을 보여 주어야 합니다. _030826

269

오픈 시스템

여러분 사이에 선의의 경쟁도 있겠지만 오픈 시스템입니다. 나 혼자 뛰어나고 나 혼자 앞서간다고 평가받는 곳이 아닙니다. 안 되는 부분은 서로 머리를 맞대고 도움을 얻도록 하십시오. 혼자 제자훈련을 잘해서는 안 됩니다. 우리가 먼저 지체된 모습을 교인들에게 보여야 합니다. 나보다 앞서는 사람을 본받겠다는 자세가 아닌 악의적으로 눌러야겠다고 생각해선 안 됩니다. 좋은 정보나 아이디어가 있으면 몇 번 검증한 후, 이메일을 통해서든 공유해 보십시오.

이랜드에서 말하는 '지식경영'을 한마디로 표현하면 다음과 같습니다. "잘하는 것은 더 잘하고 새로운 것은 혁신시켜라!" 한마디로 기업을 위해 좋은 아이디어를 다 통합하여 가장 좋은 아이디어를 극대화시키는 것이라고 할 수 있습니다. 요즘 이렇게 해야 살아남는 시대가 되었습니다. 목회도 열려 있어야 합니다. 내 것이라고 움켜쥐면 구식이 되고 맙니다. _030826

팀장의 역할

팀장은 자신이 속한 팀을 자기 생각대로 주도하지 마십시오. 팀원들이 마음껏 일할 수 있도록 도우십시오. 여러분은 매니플 [1]maniple, 즉 보병 중대로 역할 해야지, 딕타토르[2]dictator, 즉 독재관으로 역할 해선 안 됩니다. 팀 운영을 잘하십시오. _030826

섬김 자세

신속한 섬김

요즘은 서비스 시대입니다. 그런 면에서 우리 교회도 많이 좋아졌지만 아직 좀 더 자세를 낮춰야 할 필요가 있습니다. 성도들과

---

1   고대 로마의 보병 중대로서 60-120명으로 구성되어 있다.
2   로마 공화정 시대에, 비상시 최고 권력이 부여되었던 독재 관직.

인사할 때 뻣뻣한 자세로 손만 내밀지 않도록 하십시오. 자신이 섬기는 예배의 현장에서 청각, 시각, 후각을 열어 놓고 미흡한 부분을 재빨리 바로잡아 주시기 바랍니다. 무엇을 도와야 할지 빨리 파악해야 합니다. 모든 오감을 총동원하여 성도들이 예배 드리는 데 지장이 없도록 봉사해 주시기 바랍니다. 성도들이 안심하고 예배드리며 은혜 받을 수 있도록 하는 것이 우리의 의무입니다. _010828

섬김의 질

구석구석을 살펴보면 교역자와 직원이 섬기는 사역의 장 가운데 아직도 섬김의 정신이 발현되지 않는 곳이 있습니다. 교회에서 일하는 사람답지 않게 아직도 경직된 모습을 보여 줄 때가 많습니다. 요즘은 서비스 시대입니다. 병원이나 은행만 가도 얼마나 친절한지 모릅니다. 21세기에는 고객 서비스service에서 한 걸음 더 나아가 질quality적인 경쟁을 벌이게 될 것입니다.

직원이 잘못하는 경우라도 부서 교역자에게 책임을 물을 수밖에 없습니다. 직원들을 철저하게 교육시켜 주시기 바랍니다. 항상 교회가 뒤떨어집니다. 현대는 농경사회와 산업사회를 거쳐 지식정보화사회를 맞고 있는데, 여전히 교회는 농경사회의 사고 속에서 섬기고 있습니다. 달라진 사회에 위기의식을 느끼지 않는 사고방식은 거침돌이 될 수 있습니다.

수양관의 경우, 서비스를 개선하여 철저히 관리하자 금세 서비스

질이 달라졌습니다. 교회 안에서 불친절한 모습으로 인하여 한 사람이라도 상처받는 일이 없도록 노력합시다. 또한 각 부서마다 직원을 고용할 때, 서비스가 탁월한 사람을 뽑으십시오. _010916

예배 섬김

연말 연초가 되면 예배 참석수가 증가합니다. 주일날 신경을 곤두세우고 봉사 위치를 지켜서 성도들이 불편하지 않도록 하십시오. 구석구석에 서서 성도들이 길을 못 찾아 헤매거나 불편을 느끼지 않도록 최대한 섬기십시오. 2-5부 예배까지 다 신경 쓰되 3부가 제일 혼잡하므로 특별히 신경 써 주십시오. 비록 예배 장소가 불편해도, 웃는 얼굴로 안내하고 봉사하는 여러분의 모습을 통해 감동을 전달하십시오.

제가 병원에 갈 때마다 얼마나 간호사들이 친절한지 늘 감동을 받습니다. 어느 부서를 가도 마찬가지입니다. 우리 교회가 서비스에 있어서도 앞서야 합니다. 비록 장소는 불편해도 즐겁게 예배드릴 수 있도록 힘껏 도우십시오. _021201

목양 자세

심방 사역 가이드

교역자는 교인을 위해 존재합니다. 성도들의 상황을 늘 살피십시오. 첫째로 생활상 변화는 없는지, 둘째로 영적 생활에 변화는 없는지, 셋째로 특별히 씨름하는 문제가 있는지, 넷째로 이전 심방과 비교해 오늘 한 심방에 어떠한 차이가 있는지 점검하십시오. 따라서 심방할 때 주의를 기울이고 진지하게 임하십시오.

예전에는 심방 가서도 예배가 우선이었습니다. 그러나 사람에 대해 모르고서 어떻게 예배만 드리고 심방했다고 말할 수 있겠습니까? 진정한 예배는 함께 예배하는 지체들에 대한 앎과 이해가 전제되어야 합니다. 그 속에서 찬양이 가능합니다. 예배의 틀과 형식만 중요한 게 아닙니다. 진정한 예배를 위한 터 닦기가 더 중요합니다. 그러려면 먼저 교제가 필요합니다. 서로 대화를 나누면서 그 가정에 꼭 필요한 말씀을 달라고 기도하는 마음으로 성령님께 의지합니다. 그런 다음 심방한 성도에게 성령께서 주시는 말씀으로 권면하며 예배로 이어지는 것이 자연스럽습니다.

그냥 한 바퀴 도는 심방이 되어선 안 됩니다. 각 가정마다 영적인 은혜를 주는 심방이 되어야 합니다. 심방은 팔로워십followership을 형성해 주고 상담counseling 효과를 가져다 줍니다. 그런 점에서 사람을 양육하기 위한 심방이 필요합니다. 심방을 통해서 그 사람을 깊이 이해하고 상담이 이루어지도록 하십시오. 심방 비율은 3(새가족):2(비순원):1(순원) 정도로 하되, 균형 있는 사역이 필요합니다. _991228

교구 관리

교적을 열어보면 지난 2년 동안 한 번도 기록이 안 된 성도가 있습니다. 빠른 시간 내에 접촉을 해서 교구 상황을 완전히 파악해두도록 하십시오. 특히 자주 찾아가서 특별 관리가 필요한 그룹과 일 년에 한 번 심방해도 괜찮은 그룹, 그리고 교회에서 만나도 되는 그룹 등으로 지혜롭게 구분하여 사역하도록 하십시오. _010114

어려운 가정 돌봄

성도들 가운데 특별히 어려움에 처한 가정이 있는지 잘 살펴서 담당 부서에 구제신청을 하십시오. 이런 가정은 더 자세히 살펴야 합니다. 교회가 생활비 전액을 지원하진 못하더라도 적은 액수나마 관심을 갖는 게 중요합니다. 목양 교역자들은 전화도 더 자주하고, 힘들어 할 때는 먼저 심방 약속을 하여 특별 관리를 하십시오. _010415

여름철 목양 사역

여름 동안 사고가 난 가정이나 어려운 가정은 없는지 신경 써서 관리하십시오. 그리하여 7, 8월에도 사역에 차질 없이 일하시기 바랍니다. 교역자들의 자세가 조금 풀어져 있는 것 같습니다. 이 기간은 적당히 보내는 기간이 아닙니다. 쉴 때는 쉬되 일할 때는

열심히 일하도록 하십시오. _010716

경조 사역

밤낮으로 뛰면서 경조 사역까지 감당하느라 고생이 많습니다. 교회 안에 슬픔을 당한 가정이 있다면 할 수 있는 대로 몸과 마음을 아끼지 말고 헌신하도록 하십시오. _010909

겨울철 목양 사역

날씨가 추워지는데, 가난하고 어려운 형편 때문에 힘들어하는 가정이 있는지 살피십시오. 작은 도움이 큰 힘이 될 수 있습니다. 만일 교역자들이 눈감아 버리고 살피지 않으면 자신에게 실책이 됩니다. 특별히 어려운 가정이 있다면 교회와 의논하십시오. _011125

틈새 목양

저희 교회는 작심하지 않으면 신앙생활 하기가 힘듭니다. 더군다나 본인들의 마음을 끌 만한 것이 없을 때는 교회에 오기가 싫어집니다. 대형 교회가 잘못하면 영적으로 교인들을 해이하게 만들 위험이 있습니다. 건강하지 못한 교인들을 양산하지 않도록 경계를 늦추지 마십시오. _020505

적기에 심방

관심을 기울여야 될 사람에 대해서는 어떻게든 개인적으로 접촉하여 이끌어 주십시오. 등록한 가정은 꼭 심방해야 합니다. 특별히 어려운 가정의 경우, 타이밍을 놓치면 그 후에 아무리 잘해도 소용 없는 경우가 있습니다. 불행한 실수가 생기지 않도록 방심하지 마십시오. 우리에겐 감독이 없습니다. 하나님만이 우리의 감독이십니다. 최선을 다하십시오. 보고서에 심방수가 많은 것만이 잘하는 것은 아닙니다. 적정 수준에서 꾸준히 하는 게 중요합니다. 전화할 사람, 만나야 될 성도들을 확인해서 효율적으로 사역하시기 바랍니다. 보고서 때문에 움직이면 사역자로서 비참해집니다. _020707

심방시 주의 사항

가정 단속을 잘하십시오. 가정에서 틈이 생기면 사역이 힘듭니다. 저처럼 하지 마십시오. 제 때는 이해가 되는 풍토였습니다. 그래야 경건하다고 느끼는 풍토였습니다. 특히 남자 교역자들은 아내에게 잘하십시오. 가족과 반드시 시간을 가져야 할 때는 거기에 우선을 두십시오. 쓸데없는 말도 좋으니 부부간에 대화를 하십시오. 다 때가 있으니 잘하시기 바랍니다.

교역자는 사역상 주로 여성들과 많이 만나는 직업입니다. 어떻게 보면 정말 위험한 낭떠러지 사역입니다. 그러므로 조심하십시오. 우리 교회 안에서 지금까지 이성 문제로 문제가 된 적은 희소합니다만 이런 일이 절대로 일어나선 안 됩니다. 여성도만 있는 아파트에 들어가 문이 잠긴 상태로 심방하지 마십시오. 여의치 않으면 순장과 만나거나 밖에서 만나십시오.

일단 말이 퍼지기 시작하면 걷잡을 수 없습니다. 의심받을 만한 일이 없도록 자기 단속을 잘하십시오. 특별히 우울증이 있거나, 부부관계가 안 좋거나, 남편이 출장 및 해외여행이 잦거나, 유난히 관심을 갖고 따르는 여성도를 조심하십시오. 사람을 판단하고 분석하십시오. 제자훈련 하는 교역자들은 특히 조심해야 합니다. 일반적으로 은혜는 상처가 많은 사람이 받습니다. 사역하면서 성도든 교역자든 시험에 빠지는 일이 없도록 하십시오.

반대로 여교역자를 이상적인 여성으로 보는 사람도 있습니다. 신앙 상담을 한다고 하면서 자주 전화해 오는 분을 조심하십시오. 또한 남자 교역자의 경우, 여성도가 혼자 있는 집에 단둘이 만나는 일은 피하십시오. _020826

환우 가정 돌봄

교구에서 급한 환자가 있거나 젊은 사람이 사고 난 경우는 꼭 말씀해 주십시오. 사역에 늘 쫓기겠지만 이들을 섬겨야 될 1순위로 삼고 성의껏 도우며 기도해 주시기 바랍니다. 감당할 수 없을 정도로 충격적인 사건을 만나면 암에 걸릴 확률이 높습니다. 그 가정들에 대해선 특별한 돌봄을 해 주십시오. 믿음으로 극복하도록 말씀으로 의미 있게 권면하십시오. 적어도 그러한 어려움을 당한 사람들은 3-5년 정도 제정신이 아닙니다. 아무리 믿음이 좋아도 소용 없습니다. 그러나 교회밖에 의지할 데가 없다는 마음을 갖게 되면 그들에게도 소망이 생길 수 있습니다. _020922

자기 관리

건강 관리
건강 관리를 위해 좋은 습관을 가지십시오. 특히 적정 체중을 넘긴 교역자들은 철저한 관리가 필요합니다. _010401

여름철 시간 관리
아직 우리 교회 분위기를 파악하지 못해 교인들에게 손 벌리면 안 됩니다. 자기 내면의 것을 충족시키기 위해서 일하면 안 됩니다. 환경이 주는 영향은 저와 30대 세대가 다르다 할지라도, 성경이 주는 영향은 다를 바가 없다고 생각합니다. 여름 휴가를 잘 보내되 유익하게 사용하십시오. 목양 교역자들은 두 달을 휴가 아닌 휴가로 보낼 수 있습니다. 그렇다고 이 기간을 개인 휴가처럼 보내는 교역자를 보면 무엇 때문에 교역자가 되었는지 묻고 싶습니다. 7, 8월 동안 착실하게 사역을 준비해야 사역의 빈자리를 메울 수 있습니다. 시간이 여유로울 때, 독서도 하고 개인 충전도 하면서 효과적으로 보내십시오. _030708

경건 생활

제가 제일 걱정스러워하는 것은 교역자마다 개인의 경건 생활을 어떻게 유지하는가에 대해서입니다. 정신을 조금만 흩뜨리면 아무것도 못합니다. 늦잠 자거나, 피곤하다고 다음으로 미루거나, 조금만 나사를 풀어 버려도 하루 종일 뛰다가 하루를 마감합니다. 묘한 것이 교역자의 세계입니다. 사람들 앞에서는 완벽한 모습을 보여 주어야 하기 때문에, 어떤 때는 제대로 하는 것처럼 이야기할 때가 있습니다. 교인들을 위해서 말입니다. 그러나 24시간을 쫓기다 보면 '나는 언제 은혜 받나?' 하고 참담해질 때가 있습니다. 예배도 제대로 못 드릴 때가 많습니다. 예배를 드리더라도 서로 평가하듯이 예배드리면 은혜 받는 것과는 거리가 멀어집니다.

교역자가 10-15분 기도하면 사역을 지탱하기 힘듭니다. 그런 점에서 부교역자의 영성 생활을 빨리 이끌어야 한다는 마음이 있습니다. 여러분이 새벽기도를 안 하는 것도 저를 닮는 건 아닐까 하는 생각도 들지만, 새벽기도에 나왔다고 해서 자신의 경건 생활이 강화된다고 보진 않습니다. 새벽기도를 강화할수록 교역자들이 성도들을 안내해야 하기 때문에 개인의 영성 측면에서는 더 약해질 수 있습니다.

물론 그 반대의 상황도 약점이 있음을 잘 압니다. 시험에 들지 않게 깨어 있어 기도하라고 말씀하셨는데 벌써 시험에 든 경우가 있습니다. 사역보다 중요한 것은 개인의 영적 건강을 유지하는 것입니다. 특히 대학부와 청년부 교역자들의 경우, 여러분이 받는 도전이 엄청나다는 사실을 알아야 합니다. 만일 제가 지금 대학부를 맡는다면 옛날과는 다르게 할 것입니다. 사람이 다르기 때문입니다. _030826

물질 관리

예산 편성 원칙

먼저 사역의 방향과 내용을 정확하게 갖추는 것이 필요합니다. 돈을 많이 써서 일을 벌이려고 하지 마십시오. 예산이 남았다고 해서 연말에 쓰겠다고 마음먹어선 안 됩니다. 의식을 바꿔야 합니다. 대형 교회라고 해서 자기 맘대로 쓰는 사고는 나쁜 사고입니다. 모자라면 담대하게 지출을 요청하더라도 일단 정확한 목표와 계획에 따라 돈을 지출해야 합니다. 사역에 대한 분명한 철학, 계획, 정신이 있어야 합니다.

평소에 쓰는 돈을 아껴야 합니다. 아직도 낭비적인 요소가 많습니다. 안 만들어도 될 인쇄물을 왜 만듭니까? 걸지 않아도 될 광고물을 왜 겁니까? 중복되는 일들을 좀 더 체계화시키면 비용을 절감할 수 있습니다. 주인의식을 갖고 예산, 재정에 대해 정리를 잘하십시오. 목사님이 나보다 더 앞선다는 인식을 평신도들로 갖게 하십시오. 그렇지 않으면 속으로 멸시할 수도 있음을 알아야 합니다.

저는 어느 목회자처럼 펑펑 쓰지 않습니다. 써야 될 땐 과감하게 써도, 아낄 땐 그들보다 더 아낍니다. 제가 맘대로 쓰지 않습니다. 꼭 의논을 합니다. 이번 집회 후 이벤트 건도 마찬가지입니다. 먼저 전화를 해서 협조를 구했습니다. 지도력을 갖고 있던 사람이 뒤로 물러나면 거기에 대한 보복이 반드시 나타나기 마련입니다. 부서에서도 지도자가 돈을 다루는 문제에 있어서 본이 되십시오. 예산을 세울 때 소신 있게 세우십시오. _011030

예산 집행 원칙

돈이 많다고 사역을 잘하는 것이 아닙니다. 각 부서에서는 예산이 책정된 범위 안에서 10퍼센트 정도 남겨야겠다는 생각을 가지고 집행하십시오. 어떤 부서는 이런 면에서 상당히 효과적으로 사역하고 있습니다. 돈이 남았다고 사역을 못한 것으로 생각한다면 그것은 케케묵은 사고입니다. 쓸 때는 쓰되 10퍼센트 정도는 절약하십시오. 이런 원칙을 가지고 예산을 집행하십시오. _030107

근검절약

절약에 관한 한 우리가 앞장서 모범을 보여야 합니다. 모임을 마친 후 불도 안 끄고 나가는데, 앞으로 이 부분을 철저하게 훈련하십시오. 담당자를 한 사람 정하든지 하여 어떤 모임이든지 불을 끄고 나가도록 하십시오. 화장지나 물 쓰는 것을 봐도 너무 의식이 없습니다. 교역자들이 에너지 절약을 위해 솔선수범하십시오. 각 부서별로 지침을 정해 철저하게 실천에 옮기고, 지속적으로 교육하여 점검하십시오. 나중에 환경을 위해 몇 배의 돈이 들어가는 것은 전혀 생각을 안 합니다(분리수거. 일회용 종이컵 사용 자제).

제자훈련과 사역훈련, 그리고 모든 모임마다 교역자가 먼저 본을 보여야 합니다. 인터넷에 올라오는 글을 보면 음식 먹는 데 돈을 많이 쓴다는 지적이 있습니다. 먹어도 적당히 먹는 게 아니고 잘 먹는 쪽으로 기울어지고 있습니다. 꼭 먹어야 되면 간단하게 드십시오. 근검절약하는 자세를 가지십시오. 마치 먹기 위해 모인 것처럼 말 한마디라도 그렇게 하면 안 됩니다. 예산을 세웠으니까 이 정도는 먹어야 된다는 식으로 방향을 이끌지 마십시오. 우리 나라는 쌀 몇 톨 나오는 것 외에는 아무것도 없는 나라입니다. 교역자실이든 어디든 불을 끄지 않고 나가면 제가 사나워질 것입니다. 앞으로 연대책임을 묻겠습니다. 써야 될 때는 써야겠지만, 안 써도 될 일에 펑펑 쓰면서 사역하면 안 됩니다. 교인들이 허리를 조여 매는 만큼 우리도 최선을 다해 근검절약해야 합니다. 의식을 갖고 가르치십시오. 이것이 교역자의 모습입니다.

제게는 근검절약하는 아내가 있어서 때로 짜증스러울 때가 많습니다. 저보다도 아내가 더 많이 아낍니다. 집에 가족이 없다 보니 거실에 불 켤 일도 없습니다. 혹시나 여러분이 "우리 목사님은 비싼 데 가서 먹는 것을 좋아한다"는 말을 들었다면 이미 권위를 잃

은 것으로 알고 자중해야 합니다. _030218

봉사자 발굴

필요 없는 자리에 사람을 앉히는 경우가 있는데, 자원 봉사자들을 잘 발굴만 해도 비용을 절감할 수 있습니다. 일할 때에 시간이 걸려도 봉사자들을 활용하십시오. 다들 부자병에 걸려 있습니다. 앞으로 구조조정이 따를지 모릅니다. 하여튼 절약하십시오. 부서마다 다시 정확하게 점검하십시오. 가장 좋은 것은 봉사자를 키우는 것입니다. _030708

청빈낙도(淸貧樂道)

여러분이 옥 목사의 좋은 점은 본받는 것도 좋습니다. 우리 집 안방에 가 보면 붙박이장이 있는데 문이 덜렁덜렁해도 손을 안 봅니다. 물론 너무 그래도 탈이긴 합니다. 소파도 공장에서 싼 값에 산 것이라 구식입니다. 텔레비전도 구식입니다. 남들은 옥 목사가 엄청 화려한 생활을 할 거라고 말합니다. 그것은 일반 목회자들의 관점입니다. 제가 불편하지 않을 정도면 그것으로 감사할 뿐입니다. _030708

사역 관리

사역 보고 피드백 1

사역 보고서를 다 읽어 봤습니다. 짧은 글에서나마 깊은 은혜를
받았습니다. 동역자들에 대해 신뢰를 높일 수 있는 계기가 되었
습니다. 교회 규모가 크다 하더라도 우리 교회가 가지고 있는 동
역자들의 잠재력을 최대한 발휘한다면 두려울 것이 없으리라고
봅니다. 허리띠를 졸라매고 함께 나아갑시다. _010826

사역 보고 피드백 2

대각성전도집회 이후 사역의 리듬을 빨리 되찾아 각자 하는 일
에 착오가 없도록 하십시오. 주일 사역 보고를 눈여겨보고 있습
니다. 한 주간만으로는 한 사람의 사역을 종합적으로 평가할 수
없어서, 두 달 정도 기간을 두고 대조 검토cross checking를 하려고 합
니다. 종합적으로 그림이 그려지면 여러분의 사역을 이해하고 평
가하는 데 도움이 될 것 같습니다. 사실 매주 사역 보고서가 필요
없는 분도 있습니다. 그분들은 한 달 주기로 대략적인 보고를 해
주십시오. _011028

사역 보고 피드백 3

대략적으로 여러분의 사역이 파악되고 있습니다. 이해가 안 되
는 교역자도 몇 사람 있는데, 개별적으로 물어볼 것입니다. 분명

히 해야 될 일이 있습니다. 놀리면서 밥 먹여 주는 직장이 없습니다. 거액의 월급을 받는 시니어들도 한번 일을 맡으면 진이 빠지게 일합니다. 내가 할 수 있는 최대치로 일하십시오. 일정을 짜도 최대치로 짜십시오. 6일의 노동과 7일의 안식일이 분명해야 합니다. 의심이 가는 사역을 하면 불이익이 발생할 수 있습니다. 주님의 일이기 때문에 당연히 열심히 일해야겠지만, 사회에서도 그렇게 일합니다.

일을 제대로 하는 사람들은 자기 시간이라는 것이 없습니다. 사랑의교회처럼 감독 시스템이 없다는 것은 여러분에게 맡긴다는 것을 의미합니다. 어떤 목양 교역자는 일주일 동안 네 가정밖에 심방을 못했던데, 만일 400가정을 맡고 있다고 한다면, 한 주에 40가정을 심방해도 10주가 걸립니다. 만일 20가정을 심방하면 반년 만에 다 돌기도 어렵습니다. 비목양 교역자 가운데에는 힘들겠다는 생각이 들 만큼 열심히 사역하는 교역자도 꽤 많습니다. 자기 자신이 일을 만들어 놓고 목표를 향해 달려가는 것을 봅니다. _011211

사역 보고 피드백 4

주간 사역 보고서를 읽으면서 감동을 많이 받습니다. 간결한 내용이지만 더러 사역의 현장을 깊이 인식할 수 있는 좋은 자료도 있습니다. 제가 양식을 주지 않은 이유는 짧은 한 페이지를 백분 활용할 수 있도록 하기 위함입니다. 거기엔 사역과 관련하여 자세한 내용을 담고 있기도 하고, 어떤 것은 제가 알 수 없는 사역의 애로도 담겨 있습니다. 매주 어떤 형식이든 자유롭게 쓸 수 있도록 장을 열어 놓은 것이므로 긍정적인 면으로 활용하십시오. 제가 읽지 않고 넘긴다고 생각하지 마십시오. 3, 40분이면 다 읽을 수 있습니다.

글을 쓰고 정리를 하면서 자신을 돌아보고, 어떻게 사역하면 좋은지 판단하는 계기가 되었으면 합니다. 너무 자세하게 쓰면 시간이 많이 걸리므로 2, 30분 내로 정리하십시오. 아직 제출하지 못한 교역자들은 요령껏 짧은 시간 안에 써 내십시오. 새로 온 교역자들의 경우 이제부터 차분히 정리해서 내십시오(인수인계 사항 등등). _021210

사역 보고 피드백 5

여러분이 제출한 보고서를 찬찬히 읽고 있는데, 정신적으로라도 여러분의 사역에 동참한다는 점에서 의미가 있습니다. 어떤 교역자의 경우엔 많은 도전을 주기도 합니다. 몇 주 동안 사역 보고서를 더 지켜보려고 합니다. 사역 보고서의 양식을 주지 않은 이유는 A4 한 장을 맘껏 활용하라는 데 있습니다. _021215

사역 보고 피드백 6

요즘 사역 보고서를 읽으면서 신이 납니다. 한 40분이면 다 읽는데, 이제는 아내도 읽도록 하고 있습니다. 사역 보고서를 통해서 개인과 사역에 대한 이해의 폭이 열리고 있습니다. 편지를 쓰는 분도 있고, 간결하게 적는 분도 있고, 사역의 고충을 이야기하는 분도 있고, 또 때에 따라 여유가 없으면 간결하게 써 내는 분도 있습니다. 제가 틀을 주지 않은 이유가 여기에 있습니다. 보고서를 잘 활용하십시오. _021229

강단 사역

설교의 은사

수요예배 설교자는 설교 기회를 통해 자신에게 설교의 은사가 있는지 평가해 보십시오. 노력해서 보완할 부분은 무엇인지, 노력해도 안 되는 부분이 무엇인지 잘 평가해서 최선의 길을 놓고 기도하며 선택하는 것이 중요합니다. 설교할 때 최선을 다하되, 자신에게 안 되는 영역은 고민하지 말고 내려놓으십시오. 대신 자신이 갖고 있는 것 중에서 최선의 영역이 무엇인지 분별할 필요가 있습니다. 내가 아무리 열심히 한다고 해도 사람들에게 전달되지 않으면 소용이 없습니다. _010722

새벽예배 인도

새벽기도회를 인도하는 교역자들을 보면 잘하는 교역자들은 잘하는데, 피드백이 안 좋은 교역자들이 있습니다. 흡인력 있는 은혜를 주지 못하고 뒷말만 나오게 만드는 경우입니다. 요란하게 설교 원고를 써 오는 교역자는 진짜 못하는 사람입니다. 설교 할 본문을 충분히 묵상하고, 15분 동안 무엇을 말하려고 하는지, 성도들이 무엇을 깨닫고 적용해야 하는지 미리 생각하십시오. 복잡한 본문일수록 간결하게 하는 사람이 잘하는 사람입니다. 새벽기도는 그 핵심을 어디에 두느냐가 중요합니다. 머리를 써서 잘하십시오.

또한 새벽기도회를 인도하는 교역자는 마이크 쓰는 법을 잘 알아야 합니다. 마이크에 대한 감각도 모르는 교역자가 어디 있습니까? 볼륨을 잘 조정해서 듣기에 부담 없도록 하십시오.

설교가 끝나면 주기도문으로 마치지 않을 경우, 교역자가 마무리 기도를 한 후에 꼭 필요한 기도제목을 이야기하십시오. 기도할 분위기를 만들어 주어야 합니다. 새벽기도의 영성이 어디에 있는지 아십시오. 새벽기도회를 인도하는 사람은 한 주간 동안 그리고 한 달 안에 어떤 중요한 일이 있는지 알아야 합니다(대각성전도집회, CAL세미나, 선거, 치유 기도 등).

새벽기도회가 마친 후 다른 경로로 여러분에 대한 이야기가 들어오기도 합니다. 그 이야기를 듣고 제가 당장 여러분에게 전화해서 나무라지 않는 이유는 여러분에게 성장 가능성이 있기 때문입니다. 작은 일 하나하나에도 잘하십시오. 교인들이 감사해서 어쩔 줄 몰라 할 정도로 하십시오. _021126

훈련 사역

제자훈련 마무리 단계

제자훈련과 사역훈련이 막바지에 이르렀습니다. 기도를 많이 하면서 마무리를 잘하십시오. 제가 30년간 제자훈련을 하면서 깨달은 것이 있습니다. 제자훈련은 교제나 프로그램이 아니고 지도자가 어떤 사람이냐에 따라서 그 색깔이 결정된다는 것입니다. 이것은 불변의 법칙입니다. 제자훈련은 자신의 수준 이상을 뛰어넘지 못합니다. 나만큼만 갑니다. 따라서 내가 어떤 지도자인가에 따라서 제자훈련의 모든 것이 결정됩니다. 교역자 70명에게 제자훈련을 맡겼다면 70가지 모습으로 제자훈련이 진행되고 있다고 봐야 합니다.

특별히 사역에 쫓기는 교역자들은 조심하십시오. 사역에 쫓겨서 잠을 못 잔 피곤한 모습을 보여선 안 됩니다. 내가 잘못해서 열 명의 제자훈련생을 놓쳐 버리면, 그들에게는 다시 기회가 없습니다. 조심해서 마무리를 잘하십시오. 시간이 된다면 제자훈련, 사역훈련 지도자들을 따로 만나는 시간을 갖도록 하겠습니다.

_011009

제자훈련 면담 1

새 학기가 시작되면 특히 남자 교역자들의 경우 시간을 잘 지키십시오. 주어진 시간을 넘기지 말고, 평신도의 눈높이를 맞추어

훈련하십시오. 상식이 통하는 선에서 일하면 좋겠습니다. 그리고 훈련 시간에 쓸데없는 자료를 많이 주지 마십시오. 요즘은 남아도는 게 자료이므로 지정된 것 외에는 주지 마십시오.

제자훈련 신청자가 마감되면 개별 심방을 할 텐데, 사전에 준비할 것을 미리 지시하고 심문하는 교역자가 있다고 합니다. 가장 좋은 것은 자연스러움입니다. 훈련생 심방뿐만 아니라 일반 심방에도 마찬가지입니다. 군림하려고 하지 마십시오. 영적으로 노예를 만들지 마십시오. 교회 안에서는 평신도가 왕입니다. 지나친 것은 강요하지 않은 것이 교역자가 지켜야 할 예의입니다.

흔히 자격 없는 사람이 더 열정적입니다. 제자훈련 지원자 심방 시 예수 믿은 지 얼마 안 되거나 신구약 성경을 한 번도 안 읽은 사람들, 또는 가슴만 뜨거워서 가만히 앉아 있지 못하는 사람들은 조금 기다렸다가 다음에 하도록 잘 권면하십시오. 그리고 순장들에게 제자훈련 받으면 좋겠는데 너무 신중해서 망설이는 사람이 있으면 추천해 달라고 부탁하십시오. 그래서 탈락된 사람들의 공백을 메우길 바랍니다. _011211

제자훈련 면담 2

면담하면서 들려오는 잡음을 도무지 이해하지 못하겠습니다. 왜 주어진 양식에 더 보태서 심문하듯이 면담을 합니까? 교인들 앞에서 목에 힘을 주고 권위를 내세우지 마십시오. 교역자가 교인들에게 요구하는 것은 최소치여야 합니다. 최대치를 요구하여 도리어 최소치를 얻어선 안 됩니다. 사랑의교회는 알아서 스스로 움직일 만큼 성숙한 현장입니다. 면담할 때에 이 부분을 유의하십시오. 탈락되는 사람에 대해선 그 사람이 감동받고 탈락될 수 있도록 배려하십시오. 권위를 사용하여 자르듯이 하지 마십시오. _011223

겸비한 자세

사랑의교회 약점은 제자훈련에 도통하다고 여기는 것입니다. 그런 생각으로 머리가 굳어지면 큰일 납니다. 이미 잘 알고 숙달된 일이라 하더라도 탐구하고 앞을 향해 나아가는 자세를 취하십시오. 이미 다 아는 것처럼 듣지 마십시오. _020127

사역적 균형

쓸데없이 튀지 마십시오. 제자훈련의 목적이 어디에 있는지 아십시오. 훈련생들 가운데에는 생활수준 차이가 커서 가슴앓이를 하다가 시험받는 경우도 있습니다. 훈련생들을 위한 시간투자가 큰데, 그들에게 특혜를 주는 듯한 사역을 하면 다른 사역을 할 수 없습니다. 그 부분을 계속 감독할 것입니다. 교제나 인도자 지침에 준하여 하십시오. 여러분에게는 수백 명의 다른 성도들도 있습니다. 그들에 대한 시간 안배도 해야 합니다. 과거에는 이런 잡음들이 없었습니다. 요즘은 숫자가 많아지면서 이상한 잡음들이 많이 생깁니다. 튀는 이벤트나 프로그램을 가지고 제자 만들기는 간단

합니다. 이런 부분에서 특별히 조심하십시오. _021126

사역훈련 면담

사역훈련을 맡은 교역자들은 지원자들을 개인적으로 상담하면서 싹둑싹둑 자르지 마십시오. 처음 만나는 사람을 단 몇 가지 모습으로 판단하기엔 이릅니다. 조금 문제가 있을지 모르지만 3, 4명씩 자르지 마십시오. 사전에 다 거르고 나면 사역훈련이 잘될 것 같지만 실상 그렇지 않습니다. 비록 제자훈련에서 문제가 발견됐어도 사역훈련에서 다듬어 보자는 마음으로 품어야 합니다. 탈락시켜야 할 특별한 사유가 있으면 제게 보고하십시오. 사람을 정확하게 보십시오. 교회 안에서 훈련생 선발의 기본은 믿음 좋은 사람이어야 합니다. 그런데 어떤 사람을 추천할 때 믿음만으로는 안 될 때가 많습니다. 함부로 사람을 평가하지 마십시오. 지금은 부족해도 가능성이 있는 사람인가를 보아야 합니다. 그래서 입학 시의 낙제생을 우등생으로 만들어 보십시오.

단, 걸러야 할 사람들이 있긴 합니다. 신앙이 너무 어려서 제자훈련을 감당할 수 없는 사람입니다. 제 경우 초창기에 그런 사람들까지도 모아서 했지만 그다지 실패하지 않았습니다. 내가 제자훈련을 할 수 있는 능력만 있으면, 하나님의 능력만 있으면 약간 문제가 있는 사람도 괜찮습니다. 그러나 성경의 내용도 이해하지 못 하고 말도 알아 들을 수 없는 정도라면 걸러야 합니다.

다음의 경우를 유념하십시오.

첫째, 훈련을 감당할 수 없는 사람인지 점검해 보십시오.

둘째, 성격이나 정신적인 부분에서 문제는 없는지 점검해 보십시오.

눈빛을 보면 알 수 있습니다. 눈을 못 맞추고 이야기하면 정서적으로 문제가 있을 수 있습니다.

셋째, 가정 형편이나 부부관계에 심각한 문제가 있는지 점검해 보십시오.

이혼 직전이거나 별거 중에 있진 않은지, 자녀가 가출하여 집중할 수 없는 환경은 아닌지 확인이 필요합니다.

넷째, 학력에 대한 콤플렉스가 없는지 점검해 보십시오.

학력이 낮은 게 흠이 될 수는 없습니다. 그러나 자존감이 낮은 경우, 공동체 안에 들어와 어울리면서 스트레스를 받을 수도 있고 콤플렉스 증세가 심화될 수도 있습니다. 훈련받다가 학력 때문에 오히려 시험에 드는 경우도 종종 있으므로 미리 확인해 보십시오.

다섯째, 신체적으로 어떤 결점은 없는지 점검해 보십시오.

평신도 지도자를 세우는 훈련이므로 말을 더듬거나 발음이 분명하지 못하다면 한번 고려해 보십시오.

이런 기준을 고려하려 정리를 하더라도 신중해야 합니다. 사역훈련은 되도록 제자훈련 교역자들이 올린 그대로 받길 바랍니다.

_021210

거시적 안목

제자훈련을 준비할 때, 성경 말씀을 볼 때, 넓게 보는 눈이 필요합니다. 근본주의자처럼 외골수로 성경을 들여다보지 마십시오. _021229

전도 사역

팔로업

해마다 느끼는 부분인데 결신자들을 주일예배로 이끄는 것은 너무나 힘든 일입니다. 결신해서 열매 맺기까지는 남모르게 팔로업follow up을 해야 합니다. 그렇지 않으면 결신의 열매를 놓치기 쉽습니다. _021027

막판 스퍼트 last spurt

대각성전도집회가 한 달도 안 남았습니다. 마지막 한 달을 어떻게 이끄느냐에 따라 후반기 사역의 힘을 모을 수 있으리라 생각합니다. 저 같은 경우 실천할 수 있는 세 가지를 정했습니다. 물론 실천할 확률은 10퍼센트에 불과하지만, 그 적은 확률을 가지고도 실천한다면 놀라운 효과를 얻을 수 있을 것입니다. 담임 목사가 앞에서 이야기하는 것만으로는 부족합니다. 함께 노력해 주기 바랍니다. _010826

회심의 은혜

오늘 대각성전도집회 저녁 메시지에 많은 감동을 받았습니다. 신기한 것은 많은 이야기를 나누면서 자연스럽게 감동을 주는 이런 메시지에도 결신자 수가 적을 수 있다는 것입니다. 오히려 단순한 메시지로 복음을 전했을 때 엄청난 회심을 하는 것을 봅니다. 이것이 바로 주님이 주시는 은혜입니다. 주님께서 하시는 일입니다. 오늘 한 영혼을 구하는 마음으로 편하게 마음 먹고 콜링calling을 했습니다. 마지막 날까지 최선을 다해 주기 바랍니다.

_011021

전도 설교

9, 10월 리더십 교체로 대각성전도집회에 결집이 안 되어 있습니다. 어느 정도 집중하느냐에 따라 결과가 달라질 것입니다. 대각성은 생명을 살리는 일이기에 대충 할 수가 없습니다. 이 일을 제대로 하려면 부교역자들이 눈을 떠야 합니다. "최선을 다하자"라는 열린 마음을 가지고 일하면 더 많은 태신자가 등록할 수 있을 것입니다.

1999년도 설교 원고를 뽑아서 검토해 봤는데, 놀라운 것은 9, 10월 설교가 대단했다는 점입니다. 그해에 대각성전도집회 열매가 정말 대단했습니다. 마침 『전도자』(국제제자훈련원)라는 책에 그때 설교가 거의 다 실려 있었습니다.

강단에서 시작해서 전 교역자와 평신도 지도자가 똘똘 뭉쳐 한 영혼을 구원하는 데 힘써서 얻은 결과임을 새삼 느꼈습니다. 만일 그해 설교가 만족스럽지 못하면 열매가 신통치 않습니다. 남은 시간 최선을 다합시다. _030826

전도집회 섬김

교역자들이 역할 분담을 잘하십시오. 태신자·결신자 수를 세고 통계를 내는 것은 하나님이 어떻게 역사하시는지를 볼 수 있는 자료에 불과합니다. 우리의 기대 이하로 결신할 수도 있습니다. 지금은 서비스 시대입니다. 뻣뻣한 사람에겐 절대로 가만 있지 않겠습니다. 서비스 정신을 가지고 한 영혼을 위해서 썩는 밀알이 되겠다는 자세를 가지십시오.

교역자들이 아직도 경직되어 있습니다. 우리 몸에 배인 온기가 성도들에게 전달되도록 해야 합니다. 누구에게 어떤 필요가 있는지, 불편하진 않은지, 왜 왔다 갔다 하는지 볼 수 있어야 합니다. 부목사는 담임목사의 70퍼센트밖에 보지 못합니다. 나머지 30퍼센트는 제가 여러분을 독촉함으로 채워질 수 있습니다. 우리에게는 성령이 있고, 아가페의 사랑이 있고, 기도가 있는데 안 될 게 뭐가 있겠습니까? 자신 때문에 마음이 닫힌 사람이 없도록 부단히 노력하고 힘쓰십시오. 다른 교회와 비교할 것 없습니다. 다른 공공기관에 비하면 우리는 아직도 멀었습니다. 교역자들이 교회의 얼굴이자 이미지CI. Corporate Identity요, 하나님 나라의 창문이라는 사실을 명심하십시오. 기도뿐만 아니라 이미지에도 신경 쓰십시오.

각자의 섬김 위치에서 사람들의 필요를 채워 주십시오. 봉사자들은 지침대로 할 수밖에 없지만, 여러분은 자율적으로 창의적으로 얼마든지 섬길 수 있습니다. _021016

현재진행형 전도자

부교역자는 교인들이 열심히 전도하도록 하고 이 일을 지도하는 일이 우선이지만 자신도 앞장서야 합니다. 교역자들은 안 믿는 사람과의 접촉이 적어 태신자를 적어 내기가 힘들지만 그래도 노력해야 합니다. 빌 하이벨스 목사님은 그 정도의 규모에서도 항상 전도의 대상자로 접촉하는 이웃이 있습니다. 그래서 설교할 때도 전도에 대한 간증이 있습니다. 여러분도 기도만 하지 말고 불신자를 등록시키고 한 명이라도 접촉할 수 있도록 하십시오. 그렇지 않으면 영적으로 식어 버릴 위험이 있습니다. 직접 뛰어드십시오. 심방할 때도 자신만의 전도에 대한 간증이 있을 때 평신도가 눈을 뜨게 됩니다. 살아 있는 간증이 있는 교역자가 되십시오. _010828

동기부여

대각성전도집회도 이제 막바지 준비에 돌입했습니다. 이를 위해 각자 맡은 일이 있을 것입니다. 정말 중요한 것은 순장이 기쁜 마음으로 순원들과 함께 기도하고 집회에 참여하도록 하는 것입니다. 주일학교 교역자도 맡고 있는 부서에서 학생들의 영혼을 살리는 일에 쓰임받고, 그들이 살고 있는 주거지에 직접 복음을 들고 뛸 수 있도록 동기부여를 해야 합니다. 이것이 교역자의 역할입니다. 기도와 설교를 통해 그들의 가슴이 뛰도록 만드는 것이 우리의 역할입니다. _011009

한 발 앞선 자세

이번에는 대각성전도집회 끝난 후에 교역자들이 직접 태신자를 분석하겠습니다. 우리가 한 걸음 더 앞서야 합니다. 그러면 우리 가슴 속에 불을, 능력을 주실 것입니다. 20년간 대각성을 끌어오는 것이 얼마나 힘든 일인지 잘 알 것입니다. 특히 해마다 열기를 뜨겁게 하는 게 얼마나 힘든지를 말입니다. 그러나 지금까지 하나님께서는 많은 열매를 주셨습니다. 그리고 이를 통해 한국 교회에 작은 메시지가 되지 않았나 합니다. 자신을 위해서라도 이 기회를 최대한 활용하십시오. 들을 것은 듣고 함께 뛸 때는 뛰십시오. _011009

기도에로의 동참

태신자 작성이 문제가 아니라 집회 때 얼마나 오느냐가 문제입니다. 태신자 작성은 성도들이 목표를 갖고 뛸 수 있게 해 주는 도구입니다. 어느 교회처럼 우리 교회가 1년에 3,000명을 전도하겠다고 목표를 세우는 일은 제 적성에 맞지도 않습니다. 하지만 이 일에 열을 내야 합니다. 각 다락방에서도 이 일을 위해 열심히 기도하십시오. '24시간 기도 체인지'에서 누락된 다락방이 있다면 체크해서 연락하고 사유를 점검하십시오. 검증이 안 되면, 점검을 안 하면 풀어지기 쉽습니다.

교역자들에게 부탁합니다. 사택이 멀어서 교회 오는 것이 무리가 될는지 모르지만 기도회에 뛰어 오십시오. 아니면 가까운 교회에서 기도하는 방법을 선택하여 함께 기도하도록 하십시오. 사모님까지 깨워서 같이 기도하십시오. 어린아이가 있어서 불가능한 가정이 있겠지만, 이런 일에는 전력을 쏟을 필요가 있습니다.

_011009

사역적 긍지

우리 교회의 대각성전도집회는 많은 영적인 의미를 갖고 있습니다. 이것이 만족스럽게 끝나면 '교회가 잘 돌아가고 있다, 사역이 잘 먹혀 들고 있다'라는 생각을 하게 됩니다. 그러나 그렇지 않고 뭔가 석연치 않게 끝나면 우리 자신이 흔들리는 경우가 과거에 있었습니다. 이번 집회의 전반적인 흐름과 영적인 깊이, 그리고 영향력 면에서 직감적으로 점검해 보면, 아직 우리 교회는 병들지 않았다는 생각이 듭니다. 그렇다고 참석자 수나 결신자 등록에 큰 비중을 두는 것은 아닙니다. 다만 '복음을 전했구나, 반응이 좋았구나, 지금도 교회가 열심히 전하기만 하면 사람들의 마음이 열리고 소망이 있구나' 하고 느꼈으면 족한 것입니다. 그렇게 되면 교회가 긍지를 가지고 뛸 수 있습니다. 그러나 이 긍지가 무참히 깨지면 목회하기가 어렵습니다. 하나님께서 우리를 사용한다는 긍지를 가지고 오늘도 목회 현장에서 열심히 뜁시다. _011030

300

오후 다섯 시
일꾼이라도

● "타다다다 타다다다닥"

회의실 한 귀퉁이에서 오늘도 난 목사님의 말씀을 활자로 담아내
기에 여념이 없다. '서기관'이라 불리며 회의록을 기록한 세월이
곧, 내가 사랑의교회에서 사역한 기간이다.

사실 옥 목사님은 회의록 메시지를 정리하라고 말씀하신 적
이 한 번도 없으셨다. 그냥 좋아서, 토씨 하나 놓치지 싶지 않아
서, 모든 말씀을 고스란히 마음에 담고 싶어서 그렇게 기록한 세
월이 10년이다. '닳아 없어진 지문 대신 말씀의 지문을 새기자'라
고 마음 먹던 시간들.

언제고 책으로 출간되면 그동안의 녹취록들을 흔쾌히 넘겨주
리라 마음먹었었다. '아니 이미 건네받은 원고로 작업하고 있을
지 몰라. 오히려 그런 날이 빨리 오면 좋겠다'는 생각뿐이었다. 그
런데 정말 이렇게 기록한 내용이 책으로 나오리라고는, 그것도

내가 그 도구가 되어 나오리라고는 생각지도 못한 일이었다. 마치 마태복음 20장에 나오는 '오후 다섯 시'에 일꾼으로 부름받은 심정이라고 할까. 이윽고 300페이지로 예상한 책이 500페이지로 나왔다. 그만큼 하실 말씀이 많으셨던 걸까? 아니면 우리가 그만큼 듣고 싶었던 말씀이 많았던 걸까?

교역자 회의에 참석하면서 잊히지 않는 목사님의 기도제목이 있다. 그것은 바로 "우리 교역자 중에 한 사람이라도 삯꾼 목자가 되지 않게 하시며"라는 대목인데, 특히 그 '삯꾼 목자'라는 단어를 들을 때마다 귀에 거슬렸다. 목사님은 유독 그 단어를 자주 사용하여 기도하셨는데, 그때마다 자존심이 상했다. "그 많고 많은 기도제목 중에 하필 '삯꾼 목자'가 뭐람? 우리 중에 누가 '삯꾼 목자'가 되기라도 한다고 말이야."

그런데 10여 년의 시간이 지나고 나서야 왜 그 기도를 하셨는지 깨닫게 되었다. "예수 그리스도를 변함없이 사랑"(엡 6:24)하고, 그분이 맡겨 주신 양 떼들을 변함없이 사랑하기가 얼마나 힘든 일인지 알게 된 것이다.

어느 날 회의 시작 초반에 옥 목사님은 "주님의 빚진자"(김석균 작사, 곡)라는 곡을 선창하셨다. 순간 심장이 멈추는 것 같았다. 이 찬양은 신대원 채플시간에 옥 목사님이 설교자로 오셔서 부른 찬송이었기 때문이다. 그때 노골적일 정도로 은혜의 민낯을 보여 주는 가사에 큰 충격을 받았다. "죄악에 썩은 내 육신을 주님이 쓰시려 했네 죽음의 덫에 걸려 있는 몸 주님이 쓰시려 했네… 생

명 주신 이 주님이시라 능력 주신 이 주님이시라 말씀 전하여 복
음 전하여 주님의 빛을 갚으리"

그 후로 난 제자훈련 시간에 한 번씩 이 찬송을 불렀다. 이 찬
양 가사를 읽을 때마다, 이 찬양을 부를 때마다 난 목사님이 생각
난다. 정말 목사님께 어울리는 찬양이다. 한 절 한 절 목사님의
고백이 담긴 찬양이다. 목사님의 목소리는 매끄럽거나 울림이
큰 잘생긴 목소리는 아니다. 하지만 다소 투박하기까지 한, 결이
있는 목소리에서 진솔하고도 순수한 열혈청년을 만나게 된다.
목사님과 함께 찬양을 하다 보면 저 멀리 원초적인 복음의 산실,
천막 교회 한가운데서 뜨거운 마음으로 찬양하는 기분마저 든다
고 할까.

또한 옥 목사님은 흔히 말하는, 설교에 재탕이 없으셨던 분이
셨다. 그 원칙을 성도들뿐만 아니라 부교역자들에게도 지키셨다.
그래서 회의 때마다 교역자들에게 말씀을 차려 주실 때면 늘 따
끈한 밥상이었다.

아직도 그분이 손수 지어 주신 그 밥맛을 잊지 못하며, 손수
만들어 주신 그 손맛을 잊지 못한다. 입에 달콤하게 감기는 메시
지를 전하시는 법이 없었고, 귀에 별똥별을 달아 주는 것 같은 환
상적인 메시지를 전하시는 법도 없었다. 딱딱하고 단단한 야무진
말씀을 전해 주실 뿐이었다.

그래서 목사님과의 회의가 끝나고 나면, 마치 독감 예방주사
를 맞은 것처럼 어떠한 사역의 겨울 한파라도 두렵지 않았나 보

다. 목사님의 말씀은 늘 정신을 똑바로 차리게 하는 말씀이었다. 지금도 내 무딘 영성을 쥐어 파는 말씀이 있다.

"교역자의 기도의 내용은 곧 그의 영성의 깊이다."

요즘 와서는 무릎 꿇기 힘든 증세로 그마저도 힘들지만, 무릎 꿇을 수 있을 때 무릎 꿇고, 엎드릴 수 있을 때 엎드리고, 순종할 수 있을 때 순종하면 목사님이 걸어가신 길에 발 하나를 포갤 수 있을까 하는 마음이다.

내 눈에서 뜨거운 눈물을 뽑아낸 설교를 뽑으라면 교회 이름을 사랑의교회로 개명하면서 설교하신 "사랑의교회"(1981.9.6)라는 제목의 설교와 그 후 4년이 지나서 하신 "사랑을 느끼게 하는 교회"(1985.6.23)라는 제목의 설교다. 교회에 대한 목사님의 말씀에서 주님의 마음이 느껴져 눈이 퉁퉁 부르터서는 목사님께 메일을 보냈었다. 그해 2006년 2월, 겨울 끝자락에서 목사님은 봄소식 같은 답장을 주셨다.

"메일을 주어서 고맙다. 최선을 다하고 있는 너를 주님께서 기쁘게 사용하시기를 빈다. 나의 지나간 설교를 조용히 듣고 음미할 수 있는 기회가 너에게 있다는 것은 또 하나의 은혜인 것 같구나. 조금이라도 우리 교인들에게 축복의 씨앗이 되는 말씀이 되었으면 좋겠다. 항상 기도하면서 최선을 다하기 바란다. 샬롬."

그분의 말씀엔 삶의 온도가 있다. 그분의 말씀엔 예수님의 체온이 느껴진다. 살아 보지 않은 말씀은 전하지도 않으셨기에 그분의 말씀에는 늘 고뇌와 진심, 땀과 희생이 녹아 있다. 그래서 그분의 말씀을 접하는 사람들마다 눈물로 은혜로 뒤범벅이 되어 애통하고 감사하며 예수님께 접붙임 받는 역사가 일어난다.

무엇을 해도, 어떤 선을 베풀어도 결코 생색내는 법이 없으신 목사님, 그분의 미담(美談)을 어찌 한 권의 책에 다 담을 수 있겠느냐마는, 많은 사람들의 기억과 그들의 삶 속에 여전히 닮고 싶고 따르고 싶은 가치로 남아 있다.

인생의 높음과 깊음의 양 극단 사이에서 머뭇거림 없이 쉼표를 찍을 때와 마침표를 찍을 때를 숨 고르듯 나열하며 사신 목사님. 누구도 훼방하지 못할 견고함과 거룩한 평정심을 유지할 수 있으셨던 것은 평소 무욕의 신앙과 삶에 담긴 힘이 아닐까 생각한다. 그 힘은, 내 생명이 다하는 날까지 내가 죽도록 배우고픈 힘이기도 하다.

그동안의 말씀을 정리하면서 때로는 2000년으로 돌아가 신임교역자로서 긴장된 모습으로 의자에 앉아 보기도 하고, 때로는 2009년으로 돌아가 어엿한 교역자의 모습으로 목사님 앞에 서 보기도 했다. 사랑의교회 최연소 전임사역자 부임이라는 말을 듣던 게 어저께 같은데 벌써 앞자리 수가 두 번이나 바뀌었다. 따갑고 치열한 말씀 덕에 이만큼 성장했다. 몇 달간 그분의 말씀과 함께 주야를 지내다 보니 옷깃을 여밀 때도 있었고, 마음이 아플 때도 있었다. 세상에서 큰 힘이 되는 메시지임과 동시에 가장 아픈 말

쓴이기 때문이다. 비워야 가는 길, 비움 없이는 갈 수 없는 길, 다시 그 길을 향해 떠나야겠다. 마라나타.

임문희

목
사
가

목
사
에
게
2

옥한흠 목사가 목사에게 2

초판 1쇄 발행 2013년 9월 20일
개정판 1쇄 발행 2021년 10월 11일

지은이 | 옥한흠
펴낸이 | 김윤정

펴낸곳 | 하온
출판등록 | 2021년 1월 26일(제2021-000050호)
주소 | 서울시 종로구 삼봉로 81, 두산위브파빌리온 442호
전화 | 02-739-8950
팩스 | 02-739-8951
메일 | ondopubl@naver.com